销售人员

徐慧霞 编著

员

必知的

财务知识

经济管理出版社
ECONOMY & MANAGEMENT PUBLISHING HOUSE

图书在版编目（CIP）数据

销售人员必知的财务知识/徐慧霞编著. —北京：经济管理出版社，2013.1
ISBN 978-7-5096-2307-7

Ⅰ.①销… Ⅱ.①徐… Ⅲ.①企业管理—财务管理—基本知识 Ⅳ.①F275

中国版本图书馆 CIP 数据核字（2013）第 014390 号

组稿编辑：何　蒂
责任编辑：杨国强
责任印制：木　易
责任校对：超　凡　曹　平

出版发行：经济管理出版社
　　　　　（北京市海淀区北蜂窝 8 号中雅大厦 A 座 11 层　100038）
网　　址：www. E-mp. com. cn
电　　话：(010) 51915602
印　　刷：北京世知印务有限公司
经　　销：新华书店
开　　本：720mm×1000mm/16
印　　张：18.75
字　　数：294 千字
版　　次：2013 年 2 月第 1 版　2013 年 2 月第 1 次印刷
书　　号：ISBN 978-7-5096-2307-7
定　　价：39.80 元

前言

在市场经济飞速发展的时代，会计已不再是"账房先生"的专利，财务知识在经济往来中的作用和影响力越来越大。不论是公司总裁、高层经理，还是销售人员，抑或是其他相关经济工作者，都迫切需要了解一些基本的财务知识。本书就是在这样一种大背景下完成的，主要是为那些在市场前沿辛勤耕耘的销售人员提供帮助。

华为总裁任正非说："在国外做销售有两个条件：一是把技术澄清，讲清楚是怎么一回事；二是把商务澄清，商务澄清就是商务承诺，讲好融资条件和手段。"由此可见，财务知识对于销售人员是多么重要。如果销售人员欠缺财务知识，为了规避财务风险，签订合同时需要财务人员或专业顾问参与，这既麻烦又不现实。经济越发展，财务越重要，作为销售人员，你可以不是财务专家，但不能不懂财务。

因此，掌握基本的财务知识是销售人员必备的职业素质之一。在市场竞争及商业活动中，财务的价值越来越重要，财务素养已经成为销售人员成功的重要砝码之一。销售人员只有不断提升自身的财务素质，才能为业务的成功奠定良好的基础。

本书内容共分八章，每章介绍一个财务专题。第一章介绍了销售人员必知的会计基础知识；第二章介绍了销售人员必知的证账与账务处理程序；第三章介绍了销售人员必知的财务术语和支付、结算手段；第四章介绍了销售人员一定要看懂财务报表；第五章介绍了销售人员怎样使用和保管发票；第六章介绍了销售人

员必知的税务常识；第七章介绍了销售人员如何做好应收账款管理；第八章介绍了销售人员如何掌控现金和现金流。本书几乎涵盖了销售人员需要掌握的基本财务知识。

本书从第一章到第八章全程图解，内容紧扣"会计新准则"，贴近销售工作，易学易懂，能让销售人员轻松上手，是销售人员做好工作的实用财务读本。本书不仅介绍了通用的财务知识，而且结合销售本身的特点，对销售方面的财务知识进行了详尽的介绍。本书的真正目的在于帮助销售人员掌握财务知识，从而了解企业的整体及本部门的财务状况。

本书特点：第一，语言简洁。本书突破了财务理论的框架，用最简洁、最精练的语言介绍了销售人员应掌握的财务知识，把财务知识点精化，从而避免了理论方面的深奥介绍。第二，通俗易懂。财务知识专业性较强，而会计语言本身也比较晦涩难懂，这给销售人员的学习造成了很大的困难。为了解决这个问题，本书把原来条例化、教材化的语言通俗化，使之读起来轻松易懂。第三，形式直观。通常的财务书在形式上都比较死板，阅读时会给人一种压抑的感觉。而本书采用图表的形式展现销售方面的财务知识，使知识点看起来层次分明、脉络清晰。第四，实战实用。本书注重实际工作的需要，结合销售人员在工作中经常会遇到的财务问题深入浅出地介绍了相关的财务知识。

当然，由于时间和精力有限，本书在编写过程中难免会存在一些不足和瑕疵，希望广大读者能够谅解，多提宝贵意见，并批评指正。

另外，本书在编写过程中，刘永华、李志华、徐翠霞、卞宁宁、安耀辉、张国锐、张林、董晓丹、侯文鹃、李志美、董艳歌、刘文静、马春燕等同事给予了大力帮助和支持，并提供了大量真实生动的财务案例和非常实用的财务资料，在此特别表示衷心的感谢！

徐慧霞

2012 年 7 月 13 日

目 录

第一章 销售人员必知的会计基础知识

第一节 会计的含义和职能

会计的含义和职能是销售人员必须要了解的最基本的财务知识。只有懂得会计的真正含义和职能，销售人员才能在工作中以此为准绳，规范自己，正确处理与销售相关的各种财务事务。

一、会计的含义

第一种含义，作动词讲，是指监督和管理财务的工作，包括填制各种记账凭证、处理账务、编制各种有关报表等。作动词时，会计的专业定义是：会计是以货币为主要计量单位，采用一系列专门的方法和程序，对经济交易或事项进行连续、系统、综合地核算和监督，提供经济信息，参与预测决策的一种管理活动。

第二种含义，作名词讲，是指担任会计工作的人员，如张会计、李会计、赵会计。如图1-1所示。

本书所讲述的是与第一种含义相关的各种会计工作。

二、会计的职能

会计的职能是指会计作为经济管理工作所具有的功能或能够发挥的作用。会计的基本职能是对经济活动进行核算和监督，即核算职能与监督职能。除此之

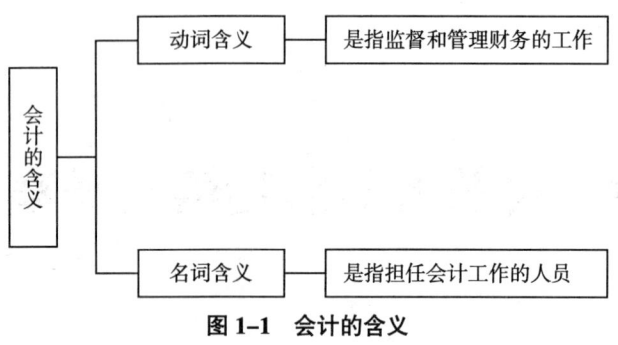

图1-1　会计的含义

外，会计还具有预测职能、决策职能、控制职能和分析职能。会计的职能如图1-2所示。

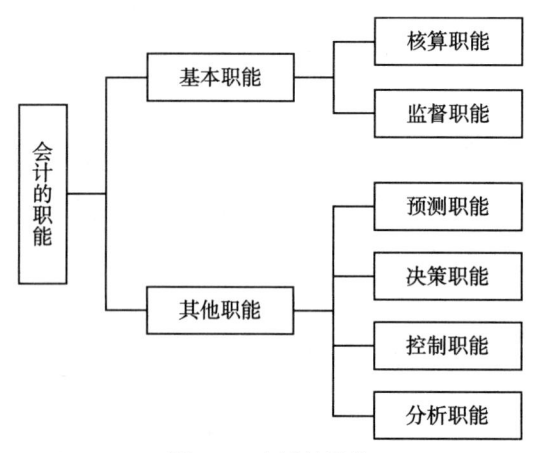

图1-2　会计的职能

1. 会计的核算职能

会计的核算职能是为经济管理搜集、处理、存储和输送各种会计信息。会计的核算职能是会计的首要职能，也是全部会计管理工作的基础。其基本特点如图1-3所示。

2. 会计的监督职能

会计的监督职能就是在对经济活动进行正确、及时、完整核算的同时，还要以国家的财经方针、政策、法规、制度和纪律以及财务计划和有关预算为依据，对各单位的经济活动进行全面的和经常的监督，以保证经济活动的合法性、合理性，制止各种违反财经纪律的行为。通过归纳与总结，会计的监督职能的基本特点如图 1-4 所示。

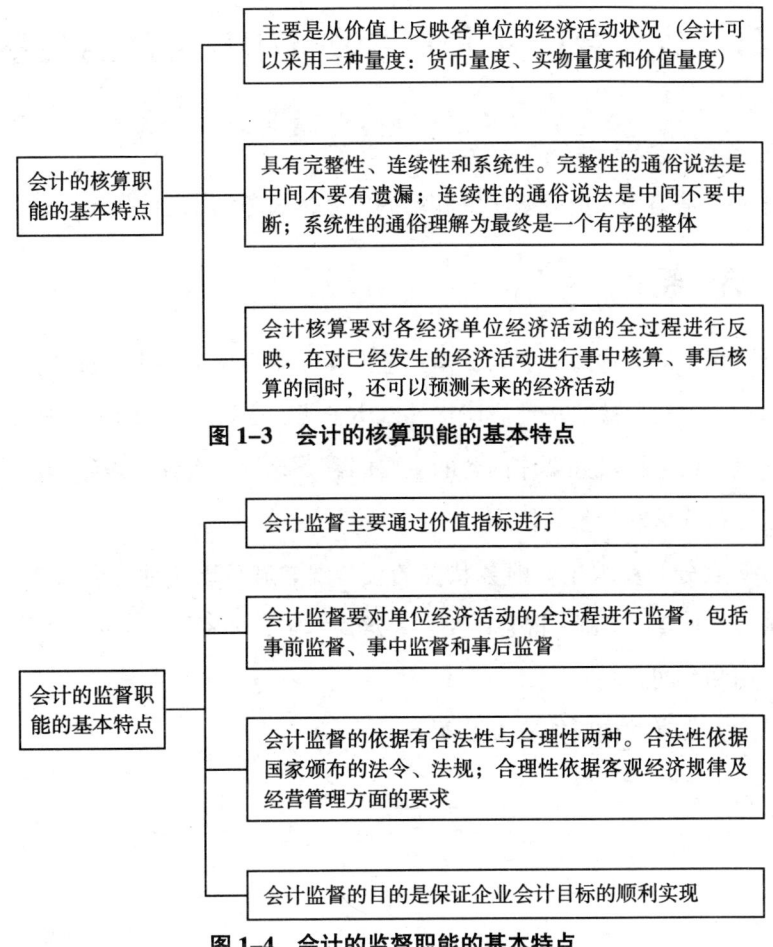

图1-3　会计的核算职能的基本特点

图1-4　会计的监督职能的基本特点

　　值得提醒的是，由于会计具有监督职能，销售人员在处理财务问题时定会受到财务纪律的约束。因此，销售人员在处理与销售工作相关的财务问题时，一定要遵守财经纪律，规避不法行为。否则，与国家法律和财务纪律相抗衡，必定会受到国家和所在单位的严惩和制裁。

第二节　会计六大要素及其相互之间的关系

会计要素是销售人员应该了解和掌握的基本财务知识之一。

一、会计要素

会计要素，即会计对象要素，是指按照交易或事项的经济特征所作的基本分类，也指对会计对象按经济性质所作的基本分类，是会计核算和监督的具体对象和内容，是构成会计对象具体内容的主要因素，是设定会计报表结构和内容的依据，也是进行确认和计量的依据。

会计要素分为反映企业财务状况的会计要素和反映企业经营成果的会计要素。我国《企业会计准则》将会计要素界定为六个，即资产、负债、所有者权益、收入、费用和利润。

会计六大要素的构成如图 1-5 所示。

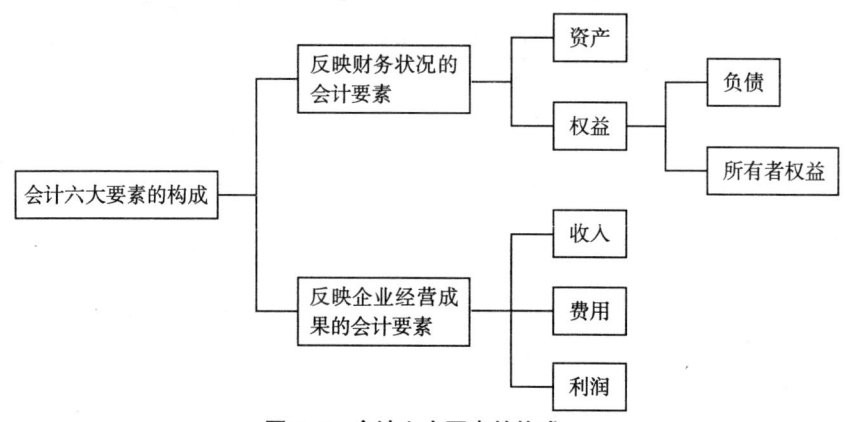

图 1-5　会计六大要素的构成

在会计六大要素中，资产、负债和所有者权益三项会计要素是组成资产负债表的会计要素，也称为资产负债表要素。资产是资金的占用形态，负债和所有者权益是与资产相对应的取得途径。收入、费用和利润三项会计要素是组成利润表的会计要素，也称为利润表要素。收入是经济活动中经济利益的总流入，费用是经济活动中经济利益的总流出，收入与费用相配比，即形成经济活动的利润，利润是资金运用的成果。

会计六大要素的具体含义如表1-1所示。

表1-1 会计六大要素的具体含义

会计要素	具体含义
资产	资产是指企业过去的交易或事项所形成的，由企业所拥有或控制的，能以货币计量的，并预期会给企业带来经济利益的经济资源
负债	负债是指由于过去的交易或事项所形成的现时义务，履行该义务会导致经济利益流出企业
所有者权益	所有者权益是企业投资者对企业净资产的所有权，是企业全部资产减去全部负债后的净额。所有者权益表明了企业的产权关系，即企业归谁所有
收入	收入是指企业在销售商品、提供劳务及他人使用本企业资产等日常经营活动中所形成的、会导致所有者权益增加的、与所有者投入资本无关的经济利益的总流入。这种总流入表现为资产的增加或债务的清偿。收入包括主营业务收入和其他业务收入，不包括为第三方或者客户代收的款项、处置固定资产净收益、出售无形资产所得等
费用	费用是指企业在生产和销售商品、提供劳务等日常经济活动中所发生的、会导致所有者权益减少的、与向所有者分配利润无关的经济利益的总流出
利润	利润是指企业在一定会计期间的经营成果，包括收入减去费用后的余额、直接记录当期利润的利得和损失。它是反映经营成果的最终要素

二、会计要素相互之间的关系

会计要素相互之间的关系可以用会计等式来表示。会计等式又叫做会计平衡公式，它是反映各个会计要素在价值总额上必须相等的关系式。

会计六大要素之间的关系如表1-2所示。

表1-2 会计六大要素之间的关系

资产＝权益＝负债＋所有者权益	收入－费用＝利润
资金运动的静态表现	资金运动的动态表现
表明资产的来源和归属	表明经营成果与相应期间收入和费用的关系
编制资产负债表的依据	编制利润表的依据

表1-2中，将等式"收入－费用＝利润"代入"资产＝负债＋所有者权益"中，则可得出如下等式：

资产＝负债＋（所有者权益＋利润）＝负债＋（所有者权益＋收入－费用）

或　　　资产＋费用＝负债＋所有者权益＋收入

这一等式称为扩展会计等式，表明企业的财务状况与经营成果之间的相互关系。

销售人员必须明白的是，企业的业务经营活动过程也是提供商品或劳务的过程。随着企业商品或劳务的提供，一方面为取得各类收入，另一方面为取得收入会发生相关的各种耗费（即费用）。在一定会计期间内，企业获得的总收入扣除相关的总费用就形成了企业的利润，用公式可以表示为：

收入－费用＝利润

可见，当总收入大于总费用时，企业的资金流入大于流出，则形成利润；反之，当总收入小于总费用时，企业的资金流入小于流出，形成负利润（亏损）。

【例1–1】 富强公司在2011年开业后，全年共取得业务收入60000元，发生职员工资30000元，办公费、税金及其他费用10000元。这样，该公司本年获得利润20000元。其收入、费用、利润的数量关系如表1–3所示。

表1–3 富强公司利润表（简化）

2011年 单位：元

项 目	金 额
收入	60000
费用	40000
利润	20000

富强公司的利润用公式可表示为：

收入（60000）－费用（40000）＝利润（20000）

从上述例子可以看出，收入、费用、利润所列示的数据是企业在某一会计期间内累计的实际发生数，是收入、费用、利润在这一年的动态状况。三者的关系是企业计算最终经营成果的依据，也是会计信息使用者最为关注的内容。

此外，经济业务的发生虽然会导致资产、负债、所有者权益的增减变动，但不会打破三要素之间的平衡关系。那么，如果将引起收入、费用、利润三要素增减变动的经济业务与会计等式联系起来，会计等式的平衡关系是否仍然恒等呢？

【例1–2】富强公司2011年的60000元业务收入已收到款项存入银行，工资费用已从银行提取现金后发放给职员，除5000元税金尚未缴纳，其余5000元费用都已用银行存款支付。则 2011 年 12 月 31 日资产、负债、所有者权益的数量关系如表 1-4 所示。

表 1-4 富强公司资产负债表（简化）

2011 年 12 月 31 日 单位：元

资 产		负 债	
银行存款	300000	短期借款	100000
	+100000		-20000
	-50000	应交税费	5000
	-20000		
	+60000	所有者权益	
	30000	实收资本	300000
	-5000	利润	20000
	355000		
固定资产	50000		
合计	405000	合计	405000

表 1-4 用会计恒等式可以表示为：

资产（405000）＝负债（85000）+所有者权益（300000）+利润（20000）

因此，会计六大要素的数量关系存在内在的联系，把它们结合起来，会计等式可表示为：

资产＝负债+所有者权益+利润

资产＝负债+所有者权益+（收入-费用）

其实，任何经济业务的发生都不会破坏会计等式，在任何一个时点上观察资产、负债、所有者权益的静态状况，其数量关系总是保持平衡。因此，会计等式既能反映资本运动的起点，又能反映资本运动的终点，它是设置账户、复式记账及编制资产负债表的理论基础。

第三节 会计科目和会计账户

在销售工作中，销售人员常常会用到会计科目和会计账户方面的知识。因此，了解一些会计科目和会计账户方面的基础知识，对销售工作将会十分有益。

一、会计科目

1. 会计科目的含义

会计科目也叫总账科目，是按照经济业务的内容和经济管理的要求，对会计要素的具体内容进行分类核算的科目。设置会计科目具有以下含义，如图1-6所示。

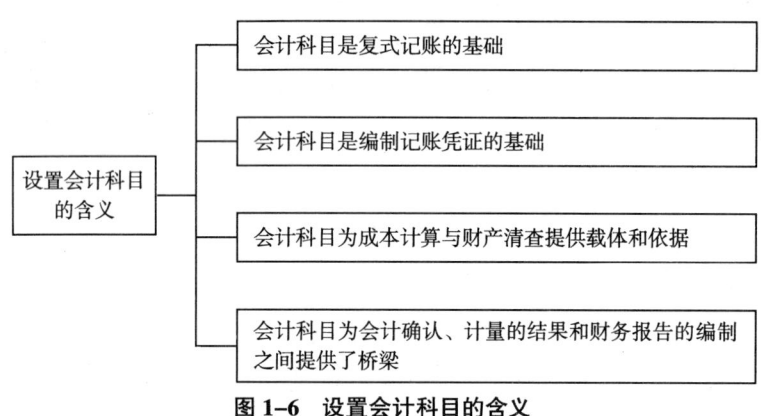

设置会计科目的含义
会计科目是复式记账的基础
会计科目是编制记账凭证的基础
会计科目为成本计算与财产清查提供载体和依据
会计科目为会计确认、计量的结果和财务报告的编制之间提供了桥梁

图1-6 设置会计科目的含义

总的来看，设置会计科目可以在账户中分门别类地核算各项会计要素的具体内容的增减变化，能够为企业内部经营管理和外部有关各方面提供一系列具体的分类指标。

2. 会计科目的分类

按照不同的分类标准，会计科目的分类也不同。在这里，我们主要介绍两种常用的基本的分类方法。这两种分类方法的分类标准和详细分类如图1-7所示。

会计科目的详细分类——详细会计科目表见本章附录1-1。

3. 会计科目的设置原则

会计科目作为提供会计信息的重要手段，在其设置过程中应努力做到科学、合理、适用。设置会计科目是会计核算的一种专门方法，为了更好地发挥会计科目在核算中的作用，正确使用会计科目，在设置会计科目时应遵守以下原则，如图1-8所示。

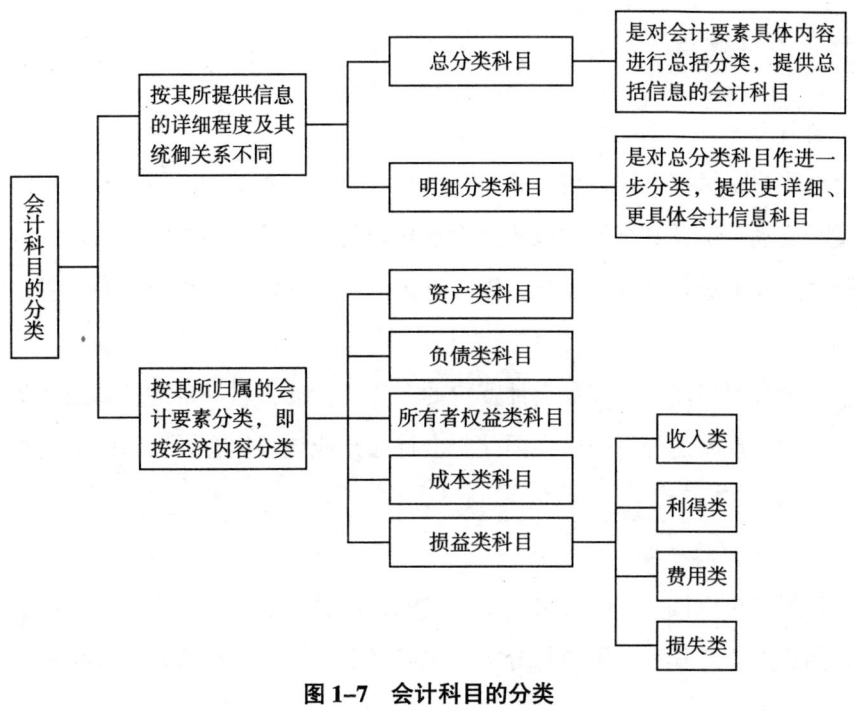

图1-7 会计科目的分类

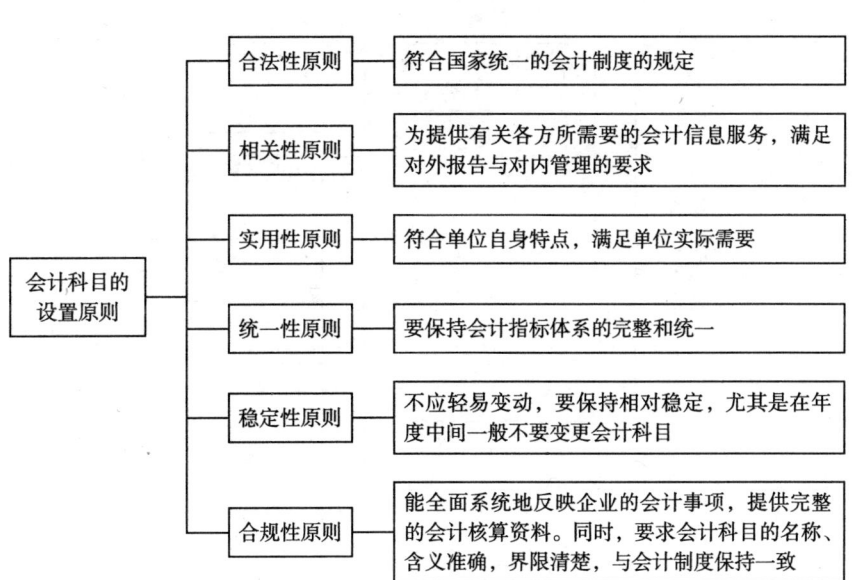

图1-8 会计科目的设置原则

二、会计账户

1. 会计账户的含义

会计账户是根据会计科目设置的，具有一定格式和结构，用于分类反映会计要素增减变动情况及其结果的载体。设置账户是会计核算的重要方法之一。它是对各种经济业务进行分类和系统、连续地记录，反映资产、负债和所有者权益增减变动的记账实体。

由于会计科目的名称就是会计账户的名称，会计科目规定的核算内容就是会计账户应记录反映的经济内容，因此，会计账户应该根据会计科目的分类相应地设置。

2. 会计账户的分类

会计账户可以按不同的标准、从不同的角度进行分类。其中，最基本的是按其提供指标的详细程度不同进行分类、按经济内容进行分类。如图1-9所示。

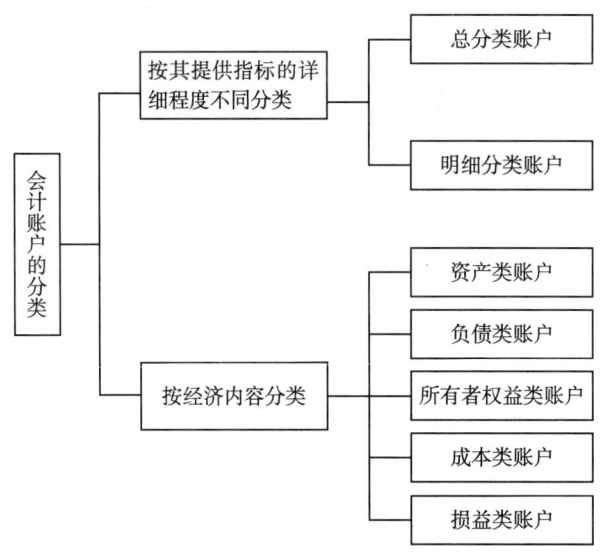

图1-9 会计账户的分类

其中，按经济内容分类时，资产类账户、负债类账户、所有者权益类账户、成本类账户和损益类账户的具体内容如表1-5所示。

表 1-5 按经济内容分类的会计账户

账户类别	具体含义
资产类账户	资产类账户是用来反映和监督企业各项资产的增减变动及其结存情况的账户。按其流动性不同，资产类账户又可分为反映流动资产的账户和反映非流动资产的账户
负债类账户	负债类账户是用来反映和监督企业各项负债的增减变动及其结存情况的账户。按其流动性不同，负债类账户又可分为反映流动负债的账户和反映非流动负债的账户
所有者权益类账户	所有者权益类账户是用来反映和监督企业所有者权益的增减变动及其结存情况的账户。按其来源和构成的不同，所有者权益类账户又可分为反映所有者原始投资的账户和反映所有者投资收益的账户
成本类账户	成本类账户是用来反映和监督企业生产费用，计算产品、劳务成本的账户。按其是否需要分配，成本类账户又可分为反映不需要分配，直接计入产品、劳务成本的账户和反映需要分配，不能直接计入产品成本的账户
损益类账户	损益类账户是用来反映和监督应直接计入当期损益的各项收入和费用的账户。按性质和内容的不用，损益类账户又可分为反映收入的账户和反映费用、支出的账户

三、会计科目和会计账户的联系和区别

在实际工作中，会计科目和会计账户常被作为同义词使用，但是，会计科目与会计账户是既有联系又有区别的两个不同概念。这一点销售人员务必要搞清楚。

会计科目和会计账户的联系和区别如表 1-6 所示。

表 1-6 会计科目和会计账户的联系和区别

联系	会计科目是设置会计账户的依据，前者的经济内容和分类方法决定后者的内容和分类方法
	会计科目和会计账户分类的最终目标是一致的。它们都被用来反映会计对象的具体内容，所反映的经济内容相同
	会计科目和会计账户的分类标准一致
	会计科目和会计账户的分类结果一致。企业的会计科目在数量上与会计账户数量相等
区别	会计科目和会计账户的具体内容不同。会计科目仅体现了会计对象的经济内容，会计账户不仅包括会计对象的经济内容，而且还是系统反映和控制其增减变化和结余的工具；设置会计账户的内容包括会计科目设置的一些内容
	会计科目和会计账户在形式上不同。前者没有一定的结构，而后者必须具有一定的结构
	会计科目和会计账户的直接用途不同。会计科目为开设账户、填制记账凭证所运用，而会计账户主要是系统提供某一具体会计对象的会计资料，为编制会计报表和经济管理所用
	设置会计科目不是会计核算的一种专门方法，设置会计账户则是会计核算的一种专门方法，是登记会计账簿的前提条件

第四节　借贷记账法

借贷记账法是一种最基本的、也是人们最熟悉的会计核算方法，该方法在日常财务工作中经常用到。因此，销售人员很有必要了解这方面的知识。

一、借贷记账法的含义

借贷记账法，是以"借"、"贷"为记账符号，记录经济业务的复式记账法。借贷记账法是复式记账法的一种，通常又全称为借贷复式记账法。它是以"资产=负债+所有者权益"为理论依据，以"借"和"贷"为记账符号，以"有借必有贷，借贷必相等"为记账规则的一种复式记账法。借贷记账法以"借"、"贷"二字作为记账符号，并不是"纯粹的"、"抽象的"记账符号，而是具有深刻经济内涵的、科学的记账符号。

借贷记账法有利于分析经济业务，加强经济管理；有利于防止和减少记账差错；有利于会计电算化；在账户设置上也较为灵活。

借贷记账法的科学性也就在于利用"借"和"贷"这一对立的记账符号，恰当、全面地表示了会计对象运动的方向和过程，而且还使不同性质账户的增减变动内容得到了充分反映。正确理解"借"、"贷"的含义对充分掌握和准确运用借贷记账法具有重要的意义。

二、借贷记账法的账户设置

在借贷记账法下，账户的设置基本上可分为资产（包括费用）类和负债及所有者权益（包括收入）类两大类别。资产类账户的借方登记增加额，贷方登记减少额，一般为借方余额（账户余额一般在增加方，下同）。资产类账户的期末余额公式为：

期末借方余额＝期初借方余额＋本期借方发生额－本期贷方发生额

负债及所有者权益类账户的贷方登记增加额，借方登记减少额，一般为贷方余额。负债及所有者权益类账户的期末余额公式为：

期末贷方余额=期初贷方余额+本期贷方发生额−本期借方发生额

三、借贷记账法的结构

在借贷记账法的账户设置中，公式中的四个部分称为账户的四个金额要素。账户的格式尽管有各种各样，但一般说来账户的基本结构如图 1−10 所示。

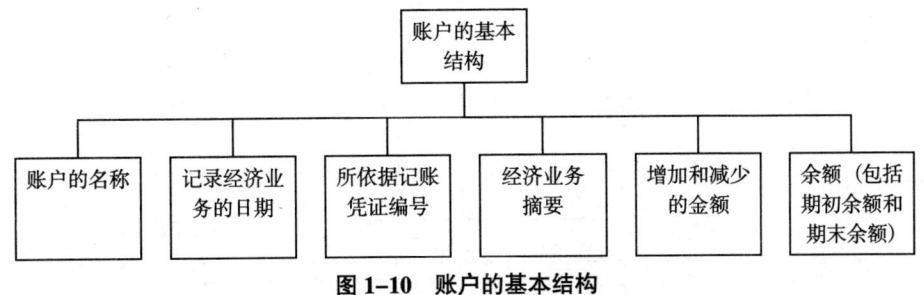

图 1−10　账户的基本结构

由于设置账户的目的是按照会计要素的具体类别记录经济业务并提供其动态和静态指标，而会计要素的具体类别的内容的变动又总是以"增加"、"减少"的形式表现出来的，因此，在设计账户结构时，一般应有三个基本部分：账户名称；账户方向；账户余额。

为了使用方便、简单明了，人们通常将借贷记账法下会计账户的基本结构简化为"T"字形账户或者"丁"字形账户。每一账户分为"借方"和"贷方"，"T"字形账户或者"丁"字形账户中，左方为"借方"，右方为"贷方"。此时，借贷记账法账户的基本结构如表 1−7 所示。

表 1−7　"T"字形或"丁"字形账户的基本结构

账户	
记录增加 （或减少）	记录减少 （或增加）
余额	或余额

这里，要牢记一条不变的定律：借方=贷方。换句话说，在任何交易中，都必须同时登记到账簿的左右两侧。借、贷记账符号与不同性质的账户相结合所表示的具体内容如表1-8所示。

表1-8 借、贷的真正含义

借方	贷方
资产的增加	资产的减少
成本、费用的增加	成本、费用的减少
负债的减少	负债的增加
所有者权益的减少	所有者权益的增加
收入、收益的减少	收入、收益的增加

从表1-8可以看出，在借贷记账法下，列表原则如图1-11所示。

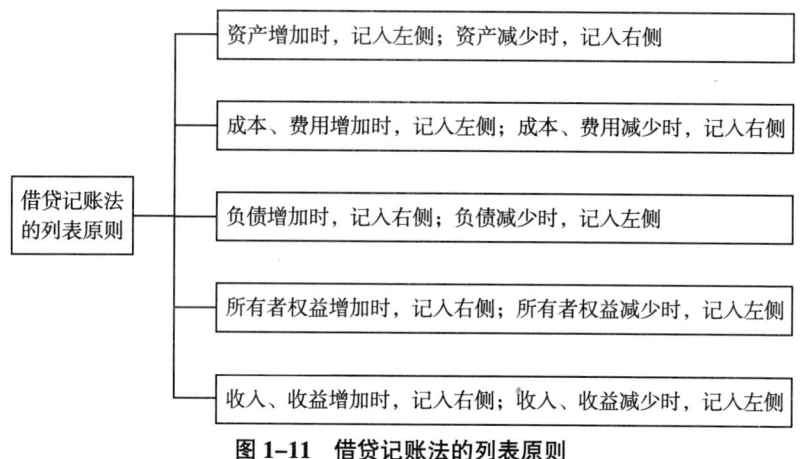

图1-11 借贷记账法的列表原则

可以看出，借和贷两个符号规定了相反的含义：借对于会计等式左边的账户是表示资产、成本、费用类账户的增加，对于会计等式右边的账户表示负债、所有者权益、收入、收益类账户的减少。贷正好相反。因此，也就有了下述的记账规则。

四、借贷记账法记账规则

借贷记账法的记账规则为"有借必有贷，借贷必相等"。具体如图1-12所示。

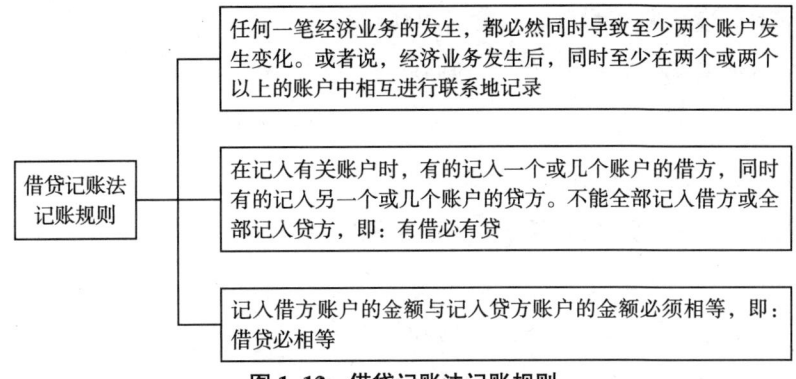

图1-12 借贷记账法记账规则

五、借贷记账法运用举例

为了进一步了解借贷记账法，下面我们举例说明它在会计实务中的运用。

【例1-3】鑫龙公司以现金购买原材料，现金减少500元。

分析：现金科目属于资产类，"贷"方记录减少，同时原材料增加500元，原材料也属于资产类科目，"借"方记录增加。因此，会计分录如下：

借：原材料　　　　　　　　　　　500

　贷：库存现金　　　　　　　　　　　　　　　500

【例1-4】某食品公司购买固定资产100000元，用现金支付40000元，以银行存款支付60000元。

分析：固定资产增加100000元，固定资产为资产类科目，"借"方记录增加，借记100000元；现金和银行存款均为资产类科目，"贷"方记录减少，应该贷记现金40000元和银行存款60000元。因此，会计分录如下：

借：固定资产　　　　　　　100000

　贷：库存现金　　　　　　　　　　　40000

　　银行存款　　　　　　　　　　　60000

其中，40000（元）+60000（元）=100000（元），这就是借贷必相等。

【例1-5】某科技公司以50000元购买一批数码相机，贷款未付。

分析：公司买入商品，即"库存商品"增加50000元，库存商品为资产类科目，借方记录增加，借记50000元；贷款未付，公司应付账款增加即负债增加，

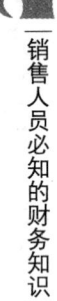

负债类科目，贷方记录增加，应贷记 50000 元。此笔经济业务的会计分录为：

借：库存商品　　　　　　　　50000

　　贷：应付账款　　　　　　　　　　　　50000

【例1-6】 某企业收到投资人投资的资金 2000000 元，并将其存入银行。

分析： 银行存款和实收资本分别属于资产类科目和权益类科目。因此，会计分录为：

借：银行存款　　　　　　　2000000

　　贷：实收资本　　　　　　　　　　　　2000000

【例1-7】 某饮料公司销售产品 40000 元，货款尚未收到。

分析： 该公司销售收入为 40000 元，即主营业务收入 40000 元，主营业务收入属于权益类会计科目，贷方记录增加；货款没有收到，是应收账款增加，应收账款是资产类科目，借方记录增加。因此，会计分录如下：

借：应收账款　　　　　　　40000

　　贷：主营业务收入　　　　　　　　　　40000

【例1-8】 某公司收到应收账款 100000 元，直接用于偿还银行借款。

分析： 公司收到应收账款表明应收账款的减少，应收账款属于资产类科目，贷方记录减少；偿还了银行借款是负债减少了，负债类科目借方记录减少。所以，这笔业务的会计分录应为：

借：短期借款　　　　　　　　100000

　　贷：应收账款　　　　　　　　　　　　100000

【例1-9】 某公司以现金支付以前所欠的货款 1000 元。

分析： 该项业务是以公司的资产偿还债务，引起货币资金的减少，对应的债务被偿还，负债减少，涉及的账户是资产类中的"库存现金"和负债类中的"应付账款"，库存现金的减少应记入其账款的贷方，应付账款的减少应记入其账户借方。因此，会计分录如下：

借：应付账款　　　　　　　　1000

　　贷：库存现金　　　　　　　　　　　　1000

【例1-10】 某化工企业从银行提取现金 50000 元，以备使用。

分析：这笔业务从银行提取现金，引起资产类内部结构的变化，涉及资产类中"库存现金"和"银行存款"两个账户。提取现金使企业库存现金增加，相应的银行存款余额减少。现金的增加记入该账户借方，银行存款减少记入其贷方，记入对应账户的金额为 50000 元。其会计分录如下：

借：库存现金　　　　　　　　　　　　　　　50000

贷：银行存款　　　　　　　　　　　　　　　　　50000

通过以上几个实例可以看出，无论发生什么样的经济业务，在采用借贷记账法进行会计处理时均适应于"有借必有贷，借贷必相等"的记账规则，也符合会计恒等式的平衡关系。

第五节　会计规范——随心所欲不逾"矩"

会计规范，是指人们在从事与会计有关的活动时，所应遵循的约束性或指导性的行为准则。学习一些会计规范方面的知识，有助于销售人员在工作中按照会计准则办事，规范自己的行为。销售人员在涉及财务问题时，应该做到随心所欲不逾"矩"——法则、规则。

一、会计规范的提出

我们知道，一个企业需要得到许多人或机构的支持，而且还要为许多人或机构提供他们之所需。这些与企业关联的人群或机构，不仅有股东、投资人、经营者、消费者、企业职工，还有供应商、银行、税务部门、政府监督部门等。这些利害关系者将根据各自的目的来利用企业的会计信息。为了能够使企业的会计信息被有关人员或机构所利用，就必须要确保信息的公平性。同时，为了使信息有助于有关人员或机构的决策，必须对会计信息的形成和传递方式加以社会性的约束。它们之间的关系如图 1-13 所示。

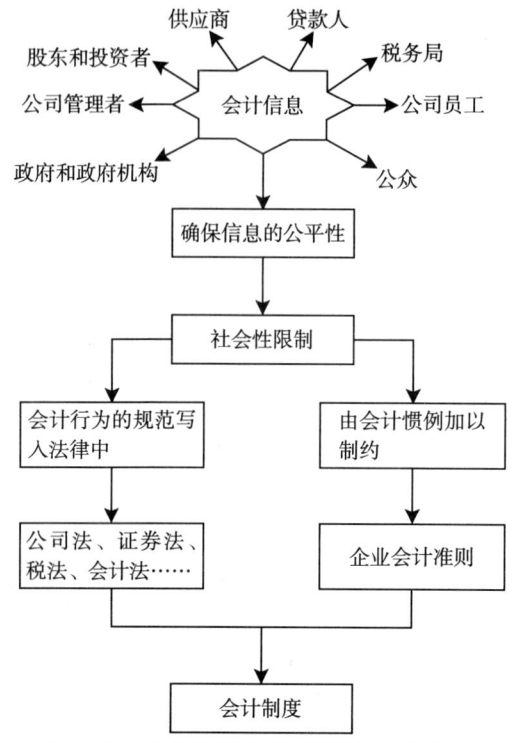

图1-13 会计信息需求、披露与约束关系

因此，对外披露的会计信息应当有一套基本规则，通称为公认会计原则，即会计规范。

二、会计规范的分类

从会计规范的形成看，其可以分为以下两大类，如图1-14所示。

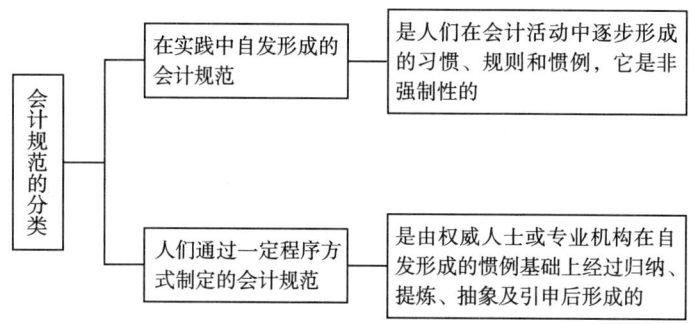

图1-14 会计规范的分类

一般而言，自发形成的会计规范多具有原始、初级和缺乏条理的特征，在会计发展的早期，这种规范一直处于主导地位。随着经济发展和会计地位的提升，自觉的会计规范占据了统治地位，无论是形式上还是内容上都前进了一大步，表现出更强的可操作性。

三、会计规范的基本特征

会计规范具有普遍性、约束性和地域性三个基本特征，如表1-9所示。

表1-9　会计规范的基本特征

基本特征	具体内容
普遍性	会计规范是指导会计工作的行为准则，是得到多数人认可的。无论这种承认是约定俗成的还是惯例性的，一句话，普遍性是会计规范赖以存在的基础，否则，规范就无从谈起
约束性	会计规范提出了评价会计行为的明确标准，对于违反规范的行为，应根据情节施以相应的法律、行政制裁或道德谴责
地域性	会计规范不可避免地带有民族特色或国家特征，会计规范中的法律规范表现尤为突出。这里谈会计规范的地域性，并不排斥国际间会计规范的共性；相反，随着会计这门国际经济语言的发展，会计规范的地域性特点将愈来愈不明显

四、会计规范体系

我国的会计规范体系主要包括四个层次：会计法律、会计行政法规、会计部门规章和地方性会计法规。另外，中国证监会、中国银监会、中国保监会也制定了相应的有关会计问题的规定。

我国现行会计规范体系如图1-15所示。

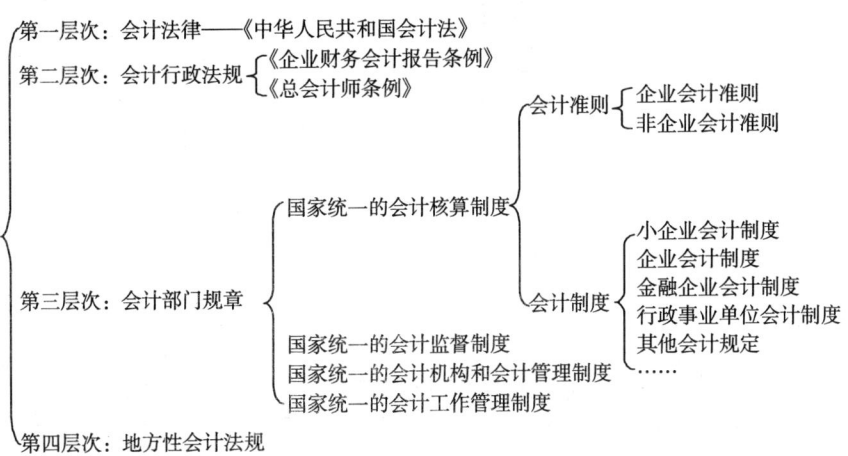

图1-15　我国现行会计规范体系

附录1-1　详细会计科目表

附表1　2012年最新会计科目表（方案一）

顺序号	编号	会计科目名称	会计科目适用范围
一、资产类			
1	1001	库存现金	
2	1002	银行存款	
3	1003	存放中央银行款项	银行专用
4	1011	存放同业	银行专用
5	1015	其他货币基金	
6	1021	结算备付金	证券专用
7	1031	存出保证金	金融共用
8	1051	拆出资金	金融共用
9	1101	交易性金融资产	
10	1111	买入返售金融资产	金融共用
11	1121	应收票据	
12	1122	应收账款	
13	1123	预付账款	
14	1131	应收股利	
15	1132	应收利息	
16	1211	应收保护储金	保险专用
17	1221	应收代位追偿款	保险专用
18	1222	应收分保账款	保险专用
19	1223	应收分保未到期责任准备金	保险专用
20	1224	应收分保保险责任准备金	保险专用
21	1231	其他应收款	
22	1241	坏账准备	
23	1251	贴现资产	银行专用
24	1301	贷款	银行和保险共用
25	1302	贷款损失准备	银行和保险共用
26	1311	代理兑付证券	银行和保险共用
27	1321	代理业务资产	
28	1401	材料采购	
29	1402	在途物资	

顺序号	编号	会计科目名称	会计科目适用范围
30	1403	原材料	
31	1404	材料成本差异	
32	1406	库存商品	
33	1407	发出商品	
34	1410	商品进销差价	
35	1411	委托加工物资	
36	1412	包装物及低值易耗品	
37	1421	消耗性生物资产	农业专用
38	1431	周转材料	建造承包商专用
39	1441	贵金属	银行专用
40	1442	抵债资产	金融共用
41	1451	损余物资	保险专用
42	1461	存货跌价准备	
43	1501	待摊费用	
44	1511	独立账户资产	保险专用
45	1521	持有至到期投资	
46	1522	持有至到期投资减值准备	
47	1523	可供出售金融资产	
48	1524	长期股权投资	
49	1525	长期股权投资减值准备	
50	1526	投资性房地产	
51	1531	长期应收款	
52	1541	未实现融资收益	
53	1551	存出资本保证金	保险专用
54	1601	固定资产	
55	1602	累计折旧	
56	1603	固定资产减值准备	
57	1604	在建工程	
58	1605	工程物资	
59	1606	固定资产清理	
60	1611	融资租赁资产	租赁专用
61	1612	未担保余值	租赁专用
62	1621	生产性生物资产	农业专用
63	1622	生产性生物资产累计折旧	农业专用
64	1623	公益性生物资产	农业专用
65	1631	油气资产	石油天然气开采专用
66	1632	累计折耗	石油天然气开采专用

顺序号	编号	会计科目名称	会计科目适用范围
67	1701	无形资产	
68	1702	累计摊销	
69	1703	无形资产减值准备	
70	1711	商誉	
71	1801	长期待摊费用	
72	1811	递延所得资产	
73	1901	待处理财产损益	
二、负债类			
74	2001	短期借款	
75	2002	存入保证金	金融共用
76	2003	拆入资金	金融共用
77	2004	向中央银行借款	银行专用
78	2011	同业存放	银行专用
79	2012	吸收存款	银行专用
80	2021	贴现负债	银行专用
81	2101	交易性金融负债	
82	2111	卖出回购金融资产款	金融共用
83	2201	应付票据	
84	2202	应付账款	
85	2205	预收账款	
86	2211	应付职工薪酬	
87	2221	应交税费	
88	2231	应付股利	
89	2232	应付利息	
90	2241	其他应付款	
91	2251	应付保户红利	保险专用
92	2261	应付分保账款	保险专用
93	2311	代理买卖证券款	证券专用
94	2312	代理承销证券款	证券和银行共用
95	2313	代理兑付证券款	证券和银行共用
96	2314	代理业务负债	
97	2401	预提费用	
98	2411	预计负债	
99	2501	递延收益	
100	2601	长期借款	
101	2602	长期债券	
102	2701	未到期责任准备金	保险专用

顺序号	编号	会计科目名称	会计科目适用范围
103	2702	保险责任准备金	保险专用
104	2711	保户储金	保险专用
105	2721	独立账户负债	保险专用
106	2801	长期应付款	
107	2802	未确认融资费用	
108	2811	专项应付款	
109	2901	递延所得税负债	
三、共同类			
110	3001	清算资金往来	银行专用
111	3002	外汇买卖	金融共用
112	3101	衍生工具	
113	3201	套期工具	
114	3202	被套期项目	
四、所有者权益类			
115	4001	实收资本	
116	4002	资本公积	
117	4101	盈余公积	
118	4102	一般风险准备	金融共用
119	4103	本年利润	
120	4104	利润分配	
121	4201	库存股	
五、成本类			
122	5001	生产成本	
123	5101	制造费用	
124	5201	劳务成本	
125	5301	研发支出	
126	5401	工程施工	建造承包商专用
127	5402	工程结算	建造承包商专用
128	5403	机械作业	建造承包商专用
六、损益类			
129	6001	主营业务收入	
130	6011	利息收入	金融共用
131	6021	手续费收入	金融共用
132	6031	保费收入	保险专用
133	6032	分保费收入	保险专用
134	6041	租赁收入	租赁专用
135	6051	其他业务收入	

顺序号	编号	会计科目名称	会计科目适用范围
136	6061	汇兑损益	金融专用
137	6101	公允价值变动损益	
138	6111	投资收益	
139	6201	摊回保险责任准备金	保险专用
140	6202	摊回赔付支出	保险专用
141	6203	摊回分保费用	保险专用
142	6301	营业外收入	
143	6401	主营业务成本	
144	6402	其他业务支出	
145	6405	营业税金及附加	
146	6411	利息支出	金融共用
147	6421	手续费支出	金融共用
148	6501	提取未到期责任准备金	保险专用
149	6502	提取保险责任准备金	保险专用
150	6511	赔付支出	保险专用
151	6521	保户红利支出	保险专用
152	6531	退保金	保险专用
153	6541	分出保费	保险专用
154	6542	分保费用	
155	6601	销售费用	
156	6602	管理费用	
157	6603	财务费用	
158	6604	勘探费用	
159	6701	资产减值损失	
160	6711	营业外支出	
161	6801	所得税	
162	6901	以前年度损益调整	

附表 2　新会计准则会计科目表（方案二）

序号	编号	会计科目名称	序号	编号	会计科目名称	序号	编号	会计科目名称
		一、资产类	7	1031	存出保证金	14	1132	应收利息
1	1001	库存现金	8	1101	交易性金融资产	15	1201	应收代位追偿款
2	1002	银行存款	9	1111	买入返售金融资产	16	1211	应收分保账款
3	1003	存放中央银行款项	10	1121	应收票据	17	1212	应收分保合同准备金
4	1011	存放同业	11	1122	应收账款	18	1221	其他应收款
5	1012	其他货币资金	12	1123	预付账款	19	1231	坏账准备
6	1021	结算备付金	13	1131	应收股利	20	1301	贴现资产

序号	编号	会计科目名称	序号	编号	会计科目名称	序号	编号	会计科目名称
21	1302	拆出资金	55	1606	固定资产清理	88	2261	应付分保账款
22	1303	贷款	56	1611	未担保余值	89	2311	代理买卖证券款
23	1304	贷款损失准备	57	1621	生产性生物资产	90	2312	代理承销证券款
24	1311	代理兑付证券	58	1622	生产性生物资产累计折旧	91	2313	代理兑付证券款
25	1321	代理业务资产	59	1623	公益性生物资产	92	2314	代理业务负债
26	1401	材料采购	60	1631	油气资产	93	2401	递延收益
27	1402	在途物资	61	1632	累计折耗	94	2501	长期借款
28	1403	原材料	62	1701	无形资产	95	2502	应付债券
29	1404	材料成本差异	63	1702	累计摊销	96	2601	未到期责任准备金
30	1405	库存商品	64	1703	无形资产减值准备	97	2602	保险责任准备金
31	1406	发出商品	65	1711	商誉	98	2611	保户储金
32	1407	商品进销差价	66	1801	长期待摊费用	99	2621	独立账户负债
33	1408	委托加工物资	67	1811	递延所得税资产	100	2701	长期应付款
34	1411	周转材料	68	1821	独立账户资产	101	2702	未确认融资费用
35	1421	消耗性生物资产	69	1901	待处理财产损溢	102	2711	专项应付款
36	1431	贵金属			二、负债类	103	2801	预计负债
37	1441	抵债资产	70	2001	短期借款	104	2901	递延所得税负债
38	1451	损余物资	71	2002	存入保证金			三、共同类
39	1461	融资租赁资产	72	2003	拆入资金	105	3001	清算资金往来
40	1471	存货跌价准备	73	2004	向中央银行借款	106	3002	货币兑换
41	1501	持有至到期投资	74	2011	吸收存款	107	3101	衍生工具
42	1502	持有至到期投资减值准备	75	2012	同业存放	108	3201	套期工具
43	1503	可供出售金融资产	76	2021	贴现负债	109	3202	被套期项目
44	1511	长期股权投资	77	2101	交易性金融负债			四、所有者权益类
45	1512	长期股权投资减值准备	78	2111	卖出回购金融资产款	110	4001	实收资本
46	1521	投资性房地产	79	2201	应付票据	111	4002	资本公积
47	1531	长期应收款	80	2202	应付账款	112	4101	盈余公积
48	1532	未实现融资收益	81	2203	预收账款	113	4102	一般风险准备
49	1541	存出资本保证金	82	2211	应付职工薪酬	114	4103	本年利润
50	1601	固定资产	83	2221	应交税费	115	4104	利润分配
51	1602	累计折旧	84	2231	应付利息	116	4201	库存股
52	1603	固定资产减值准备	85	2232	应付股利			五、成本类
53	1604	在建工程	86	2241	其他应付款	117	5001	生产成本
54	1605	工程物资	87	2251	应付保单红利	118	5101	制造费用

销售人员必知的财务知识

序号	编号	会计科目名称	序号	编号	会计科目名称	序号	编号	会计科目名称
119	5201	劳务成本	131	6101	公允价值变动损益	144	6511	赔付支出
120	5301	研发支出	132	6111	投资收益	145	6521	保单红利支出
121	5401	工程施工	133	6201	摊回保险责任准备金	146	6531	退保金
122	5402	工程结算	134	6202	摊回赔付支出	147	6541	分出保费
123	5403	机械作业	135	6203	摊回分保费用	148	6542	分保费用
		六、损益类	136	6301	营业外收入	149	6601	销售费用
124	6001	主营业务收入	137	6401	主营业务成本	150	6602	管理费用
125	6011	利息收入	138	6402	其他业务成本	151	6603	财务费用
126	6021	手续费及佣金收入	139	6403	营业税金及附加	152	6604	勘探费用
127	6031	保费收入	140	6411	利息支出	153	6701	资产减值损失
128	6041	租赁收入	141	6421	手续费及佣金支出	154	6711	营业外支出
129	6051	其他业务收入	142	6501	提取未到期责任准备金	155	6801	所得税
130	6061	汇兑损益	143	6502	提取保险责任准备金	156	6901	以前年度损益调整

附录1-2 《中华人民共和国会计法》

（1985年1月21日第六届全国人民代表大会常务委员会第九次会议通过，根据1993年12月29日第八届全国人民代表大会常务委员会第五次会议《关于修改〈中华人民共和国会计法〉的决定》修正，1999年10月31日第九届全国人民代表大会常务委员会第十二次会议修订，自2000年7月1日起开始施行）

第一章 总 则

第一条 为了规范会计行为，保证会计资料真实、完整，加强经济管理和财务管理，提高经济效益，维护社会主义市场经济秩序，制定本法。

第二条 国家机关、社会团体、公司、企业、事业单位和其他组织（以下统称"单位"）必须依照本法办理会计事务。

第三条 各单位必须依法设置会计账簿，并保证其真实、完整。

第四条　单位负责人对本单位的会计工作和会计资料的真实性、完整性负责。

第五条　会计机构、会计人员依照本法规定进行会计核算，实行会计监督。

任何单位或者个人不得以任何方式授意、指使、强令会计机构、会计人员伪造、变造会计凭证、会计账簿和其他会计资料，提供虚假财务会计报告。

任何单位或者个人不得对依法履行职责、抵制违反本法规定行为的会计人员实行打击报复。

第六条　对认真执行本法，忠于职守，坚持原则，作出显著成绩的会计人员，给予精神的或者物质的奖励。

第七条　国务院财政部门主管全国的会计工作。县级以上地方各级人民政府财政部门管理本行政区域内的会计工作。

第八条　国家实行统一的会计制度。国家统一的会计制度由国务院财政部门根据本法制定并公布。

国务院有关部门可以依照本法和国家统一的会计制度制定对会计核算和会计监督有特殊要求的行业实施国家统一的会计制度的具体办法或者补充规定，报国务院财政部门审核批准。

中国人民解放军总后勤部可以依照本法和国家统一的会计制度制定军队实施国家统一的会计制度的具体办法，报国务院财政部门备案。

第二章　会计核算

第九条　各单位必须根据实际发生的经济业务事项进行会计核算，填制会计凭证，登记会计账簿，编制财务会计报告。

任何单位不得以虚假的经济业务事项或者资料进行会计核算。

第十条　下列经济业务事项，应当办理会计手续，进行会计核算：

（一）款项和有价证券的收付；

（二）财物的收发、增减和使用；

（三）债权债务的发生和结算；

（四）资本、基金的增减；

（五）收入、支出、费用、成本的计算；

（六）财务成果的计算和处理；

（七）需要办理会计手续、进行会计核算的其他事项。

第十一条 会计年度自公历 1 月 1 日起至 12 月 31 日止。

第十二条 会计核算以人民币为记账本位币。

业务收支以人民币以外的货币为主的单位，可以选定其中一种货币作为记账本位币，但是编报的财务会计报告应当折算为人民币。

第十三条 会计凭证、会计账簿、财务会计报告和其他会计资料，必须符合国家统一的会计制度的规定。

使用电子计算机进行会计核算的，其软件及其生成的会计凭证、会计账簿、财务会计报告和其他会计资料，也必须符合国家统一的会计制度的规定。

任何单位和个人不得伪造、变造会计凭证、会计账簿及其他会计资料，不得提供虚假的财务会计报告。

第十四条 会计凭证包括原始凭证和记账凭证。

办理本法第十条所列的经济业务事项，必须填制或者取得原始凭证并及时送交会计机构。

会计机构、会计人员必须按照国家统一的会计制度的规定对原始凭证进行审核，对不真实、不合法的原始凭证有权不予接受，并向单位负责人报告；对记载不准确、不完整的原始凭证予以退回，并要求按照国家统一的会计制度的规定更正、补充。

原始凭证记载的各项内容均不得涂改；原始凭证有错误的，应当由出具单位重开或者更正，更正处应当加盖出具单位印章。原始凭证金额有错误的，应当由出具单位重开，不得在原始凭证上更正。

记账凭证应当根据经过审核的原始凭证及有关资料编制。

第十五条 会计账簿登记，必须以经过审核的会计凭证为依据，并符合有关法律、行政法规和国家统一的会计制度的规定。会计账簿包括总账、明细账、日记账和其他辅助性账簿。

会计账簿应当按照连续编号的页码顺序登记。会计账簿记录发生错误或者隔页、缺号、跳行的，应当按照国家统一的会计制度规定的方法更正，并由会计人员和会计机构负责人（会计主管人员）在更正处盖章。

使用电子计算机进行会计核算的，其会计账簿的登记、更正，应当符合国家统一的会计制度的规定。

第十六条　各单位发生的各项经济业务事项应当在依法设置的会计账簿上统一登记、核算，不得违反本法和国家统一的会计制度的规定私设会计账簿登记、核算。

第十七条　各单位应当定期将会计账簿记录与实物、款项及有关资料相互核对，保证会计账簿记录与实物及款项的实有数额相符、会计账簿记录与会计凭证的有关内容相符、会计账簿之间相对应的记录相符、会计账簿记录与会计报表的有关内容相符。

第十八条　各单位采用的会计处理方法，前后各期应当一致，不得随意变更；确有必要变更的，应当按照国家统一的会计制度的规定变更，并将变更的原因、情况及影响在财务会计报告中说明。

第十九条　单位提供的担保、未决诉讼等或有事项，应当按照国家统一的会计制度的规定，在财务会计报告中予以说明。

第二十条　财务会计报告应当根据经过审核的会计账簿记录和有关资料编制，并符合本法和国家统一的会计制度关于财务会计报告的编制要求、提供对象和提供期限的规定；其他法律、行政法规另有规定的，从其规定。

财务会计报告由会计报表、会计报表附注和财务情况说明书组成。向不同的会计资料使用者提供的财务会计报告，其编制依据应当一致。有关法律、行政法规规定会计报表、会计报表附注和财务情况说明书须经注册会计师审计的，注册会计师及其所在的会计师事务所出具的审计报告应当随同财务会计报告一并提供。

第二十一条　财务会计报告应当由单位负责人和主管会计工作的负责人、会计机构负责人（会计主管人员）签名并盖章；设置总会计师的单位，还须由总会计师签名并盖章。

单位负责人应当保证财务会计报告真实、完整。

第二十二条　会计记录的文字应当使用中文。在民族自治地方，会计记录可以同时使用当地通用的一种民族文字。在中华人民共和国境内的外商投资企业、外国企业和其他外国组织的会计记录可以同时使用一种外国文字。

第二十三条　各单位对会计凭证、会计账簿、财务会计报告和其他会计资料应当建立档案，妥善保管。会计档案的保管期限和销毁办法，由国务院财政部门会同有关部门制定。

第三章　公司、企业会计核算的特别规定

第二十四条　公司、企业进行会计核算，除应当遵守本法第二章的规定外，还应当遵守本章规定。

第二十五条　公司、企业必须根据实际发生的经济业务事项，按照国家统一的会计制度的规定确认、计量和记录资产、负债、所有者权益、收入、费用、成本和利润。

第二十六条　公司、企业进行会计核算不得有下列行为：

（一）随意改变资产、负债、所有者权益的确认标准或者计量方法，虚列、多列、不列或者少列资产、负债、所有者权益；

（二）虚列或者隐瞒收入，推迟或者提前确认收入；

（三）随意改变费用、成本的确认标准或者计量方法，虚列、多列、不列或者少列费用、成本；

（四）随意调整利润的计算、分配方法，编造虚假利润或者隐瞒利润；

（五）违反国家统一的会计制度规定的其他行为。

第四章　会计监督

第二十七条　各单位应当建立、健全本单位内部会计监督制度。单位内部会计监督制度应当符合下列要求：

（一）记账人员与经济业务事项和会计事项的审批人员、经办人员、财物保管人员的职责权应当明确，并相互分离、相互制约；

（二）重大对外投资、资产处置、资金调度和其他重要经济业务事项的决策和执行的相互监督、相互制约程序应当明确；

（三）财产清查的范围、期限和组织程序应当明确；

（四）对会计资料定期进行内部审计的办法和程序应当明确。

第二十八条　单位负责人应当保证会计机构、会计人员依法履行职责，不得授意、指使、强令会计机构、会计人员违法办理会计事项。

会计机构、会计人员对违反本法和国家统一的会计制度规定的会计事项，有权拒绝办理或者按照职权予以纠正。

第二十九条　会计机构、会计人员发现会计账簿记录与实物、款项及有关资料不相符的，按照国家统一的会计制度的规定有权自行处理的，应当及时处理；无权处理的，应当立即向单位负责人报告，请求查明原因，作出处理。

第三十条　任何单位和个人对违反本法和国家统一的会计制度规定的行为，有权检举。收到检举的部门有权处理的，应当依法按照职责分工及时处理；无权处理的，应当及时移送有权处理的部门处理。收到检举的部门、负责处理的部门应当为检举人保密，不得将检举人姓名和检举材料转给被检举单位和被检举人个人。

第三十一条　有关法律、行政法规规定，须经注册会计师进行审计的单位，应当向受委托的会计师事务所如实提供会计凭证、会计账簿、财务会计报告和其他会计资料以及有关情况。

任何单位或者个人不得以任何方式要求或者示意注册会计师及其所在的会计师事务所出具不实或者不当的审计报告。

财政部门有权对会计师事务所出具审计报告的程序和内容进行监督。

第三十二条　财政部门对各单位的下列情况实施监督：

（一）是否依法设置会计账簿；

（二）会计凭证、会计账簿、财务会计报告和其他会计资料是否真实、完整；

（三）会计核算是否符合本法和国家统一的会计制度的规定；

（四）从事会计工作的人员是否具备从业资格。

在对前款第（二）项所列事项实施监督，发现重大违法嫌疑时，国务院财政部门及其派出机构可以向与被监督单位有经济业务往来的单位和被监督单位开立账户的金融机构查询有关情况，有关单位和金融机构应当给予支持。

第三十三条　财政、审计、税务、人民银行、证券监管、保险监管等部门应当依照有关法律、行政法规规定的职责，对有关单位的会计资料实施监督检查。

前款所列监督检查部门对有关单位的会计资料依法实施监督检查后，应当出具检查结论。有关监督检查部门已经作出的检查结论能够满足其他监督检查部门

履行本部门职责需要的，其他监督检查部门应当加以利用，避免重复查账。

　　第三十四条　依法对有关单位的会计资料实施监督检查的部门及其工作人员对在监督检查中知悉的国家秘密和商业秘密负有保密义务。

　　第三十五条　各单位必须依照有关法律、行政法规的规定，接受有关监督检查部门依法实施的监督检查，如实提供会计凭证、会计账簿、财务会计报告和其他会计资料以及有关情况，不得拒绝、隐瞒、谎报。

第五章　会计机构和会计人员

　　第三十六条　各单位应当根据会计业务的需要，设置会计机构，或者在有关机构中设置会计人员并指定会计主管人员；不具备设置条件的，应当委托经批准设立从事会计代理记账业务的中介机构代理记账。

　　国有的和国有资产占控股地位或者主导地位的大、中型企业必须设置总会计师。总会计师的任职资格、任免程序、职责权限由国务院规定。

　　第三十七条　会计机构内部应当建立稽核制度。

　　出纳人员不得兼任稽核、会计档案保管和收入、支出、费用、债权债务账目的登记工作。

　　第三十八条　从事会计工作的人员，必须取得会计从业资格证书。

　　担任单位会计机构负责人（会计主管人员）的，除取得会计从业资格证书外，还应当具备会计师以上专业技术职务资格或者从事会计工作三年以上经历。

　　会计人员从业资格管理办法由国务院财政部门规定。

　　第三十九条　会计人员应当遵守职业道德，提高业务素质。对会计人员的教育和培训工作应当加强。

　　第四十条　因有提供虚假财务会计报告，做假账，隐匿或者故意销毁会计凭证、会计账簿、财务会计报告，贪污，挪用公款，职务侵占等与会计职务有关的违法行为被依法追究刑事责任的人员，不得取得或者重新取得会计从业资格证书。

　　除前款规定的人员外，因违法违纪行为被吊销会计从业资格证书的人员，自被吊销会计从业资格证书之日起五年内，不得重新取得会计从业资格证书。

　　第四十一条　会计人员调动工作或者离职，必须与接管人员办清交接手续。

　　一般会计人员办理交接手续，由会计机构负责人（会计主管人员）监交；会计机构负责人（会计主管人员）办理交接手续，由单位负责人监交，必要时主管单位可以派人会同监交。

第六章 法律责任

第四十二条 违反本法规定，有下列行为之一的，由县级以上人民政府财政部门责令限期改正，可以对单位并处三千元以上五万元以下的罚款；对其直接负责的主管人员和其他直接责任人，可以处两千元以上二万元以下的罚款；属于国家工作人员的，还应当由其所在单位或者有关单位依法给予行政处分：

（一）不依法设置会计账簿的；

（二）私设会计账簿的；

（三）未按照规定填制、取得原始凭证或者填制、取得的原始凭证不符合规定的；

（四）以未经审核的会计凭证为依据登记会计账簿或者登记会计账簿不符合规定的；

（五）随意变更会计处理方法的；

（六）向不同的会计资料使用者提供的财务会计报告编制依据不一致的；

（七）未按照规定使用会计记录文字或者记账本位币的；

（八）未按照规定保管会计资料，致使会计资料毁损、灭失的；

（九）未按照规定建立并实施单位内部会计监督制度或者拒绝依法实施的监督或者不如实提供有关会计资料及有关情况的；

（十）任用会计人员不符合本法规定的。

有前款所列行为之一，构成犯罪的，依法追究刑事责任。

会计人员有第一款所列行为之一，情节严重的，由县级以上人民政府财政部门吊销会计从业资格证书。

有关法律对第一款所列行为的处罚另有规定的，依照有关法律的规定办理。

第四十三条 伪造、变造会计凭证、会计账簿，编制虚假财务会计报告的，构成犯罪的，依法追究刑事责任。

有前款行为，尚不构成犯罪的，由县级以上人民政府财政部门予以通报，可以对单位并处五千元以上十万元以下的罚款；对其直接负责的主管人员和其他直

接责任人员，可以处三千元以上五万元以下的罚款；属于国家工作人员的，还应当由其所在单位或者有关单位依法给予撤职直至开除的行政处分；对其中的会计人员，并由县级以上人民政府财政部门吊销会计从业资格证书。

第四十四条 隐匿或者故意销毁依法应当保存的会计凭证、会计账簿、财务会计报告，构成犯罪的，依法追究刑事责任。

有前款行为，尚不构成犯罪的，由县级以上人民政府财政部门予以通报；可以对单位并处五千元以上十万元以下的罚款；对其直接负责的主管人员和其他直接责任人员，可以处三千元以上五万元以下的罚款；属于国家工作人员的，还应当由其所在单位或者有关单位依法给予撤职直至开除的行政处分；对其中的会计人员，并由县级以上人民政府财政部门吊销会计从业资格证书。

第四十五条 授意、指使、强令会计机构、会计人员及其他人员伪造、变造会计凭证、会计账簿，编制虚假财务会计报告或者隐匿、故意销毁依法应当保存的会计凭证、会计账簿、财务会计报告，构成犯罪的，依法追究刑事责任；尚不构成犯罪的，可以处五千元以上五万元以下的罚款；属于国家工作人员的，还应当由其所在单位或者有关单位依法给予降级、撤职、开除的行政处分。

第四十六条 单位负责人对依法履行职责、抵制违反本法规定行为的会计人员以降级、撤职、调离工作岗位、解聘或者开除等方式实行打击报复，构成犯罪的，依法追究刑事责任；尚不构成犯罪的，由其所在单位或者有关单位依法给予行政处分。对受打击报复的会计人员，应当恢复其名誉和原有职务、级别。

第四十七条 财政部门及有关行政部门的工作人员在实施监督管理中滥用职权、玩忽职守、徇私舞弊或者泄露国家秘密、商业秘密，构成犯罪的，依法追究刑事责任；尚不构成犯罪的，依法给予行政处分。

第四十八条 违反本法第三十条规定，将检举人姓名和检举材料转给被检举单位和被检举人个人的，由所在单位或者有关单位依法给予行政处分。

第四十九条 违反本法规定，同时违反其他法律规定的，由有关部门在各自职权范围内依法进行处罚。

第七章 附 则

第五十条 本法下列用语的含义：

单位负责人，是指单位法定代表人或者法律、行政法规规定代表单位行使职权主要负责人。

国家统一的会计制度，是指国务院财政部门根据本法制定的关于会计核算、会计监督、会计机构和会计人员以及会计工作管理的制度。

第五十一条　个体工商户会计管理的具体办法，由国务院财政部门根据本法的原则另行规定。

第五十二条　本法自 2000 年 7 月 1 日起施行。

第二章　销售人员必知的证账与账务处理程序

第一节　会计凭证

销售人员在工作中经常会碰到会计凭证，并会用到会计凭证。那么，什么是会计凭证？它包括哪些内容？它的作用是什么？它有哪些种类？这一节我们就来介绍这方面的内容。

一、会计凭证的含义

会计凭证是记录经济业务、明确经济责任、按一定格式编制的据以登记会计账簿的书面证明。它主要包括三方面的含义，如图 2-1 所示。

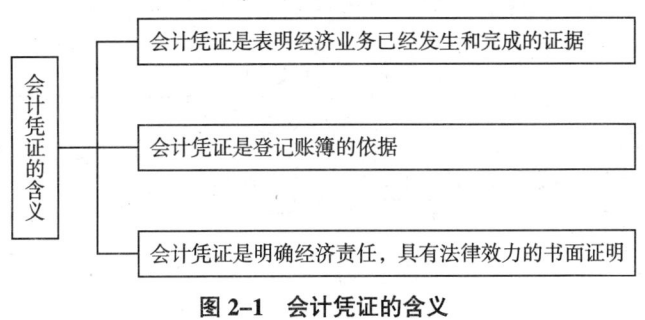

图 2-1　会计凭证的含义

值得提醒销售人员的是，任何会计凭证都必须经过有关人员的严格审核，只有经过审核确认无误的会计凭证，才能作为登记账簿的依据。

二、会计凭证的基本内容

工作中，销售人员在填写会计凭证时，一般应包括以下基本内容，如图 2-2 所示。

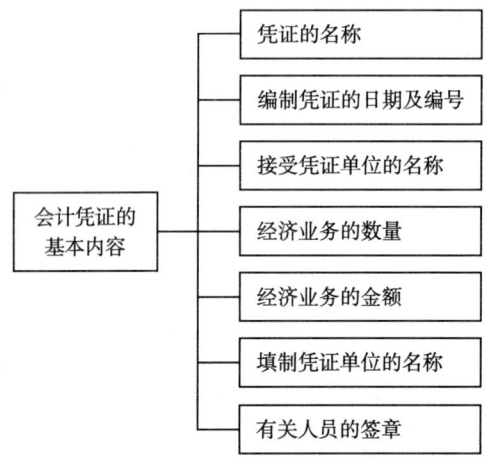

图 2-2 会计凭证的基本内容

三、会计凭证的作用

会计凭证主要提供会计信息。根据会计凭证对日常大量、分散的各种经济业务进行整理、分类、汇总，并经过会计处理，可以为经济管理提供有用的会计信息。

具体而言，会计凭证的作用主要包括三点，如表 2-1 所示。

表 2-1 会计凭证的作用

作 用	具体内容
监督、控制经济活动	审核会计凭证可以检查经济业务的发生是否符合有关法律、制度，是否符合业务经营、账务收支方针和计划及预算的规定，以确保经济业务合理、合法和有效性
提供记账依据	会计凭证是记账的依据，这主要是通过会计凭证的填制审核，按照一定方法对会计凭证的及时传递，对经济业务适时地记录
加强经济责任制	经济业务发生后，需取得或填制适当的会计凭证，证明经济业务已经发生或完成。同时，需要有关的经办人员在凭证上签字、盖章，明确业务责任人。填制和审核会计凭证可以使有关责任人在其职权范围内各负其责，并利用凭证填制、审核的手续制度进一步完善经济责任制

四、会计凭证的分类

按照不同的分类标准，会计凭证的种类不同。其分类标准和种类如图 2–3 所示。

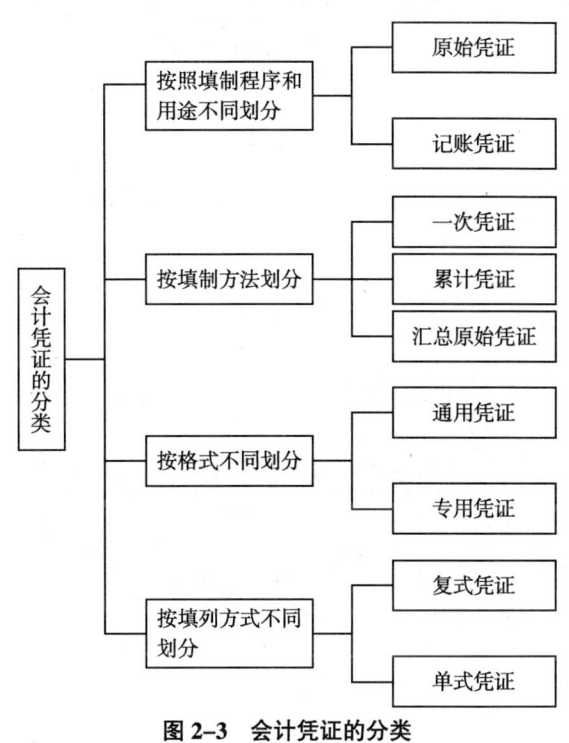

图 2–3 会计凭证的分类

工作中，销售人员最常用到的是原始凭证和记账凭证。

1. 原始凭证

原始凭证又称单据，是在经济业务发生时取得或填制的，是用以载明业务内容和完成情况的证明文件。原始凭证是会计核算的原始资料和重要依据，具有较强的法律效力。

一般而言，完整的原始凭证应包括以下基本内容，如图 2–4 所示。

销售人员需要审核原始凭证时，一定要注意其真实性、合法性、合理性、完整性、正确性和及时性。要做到面面俱到，一点都不能大意，否则，就可能酿成大错。

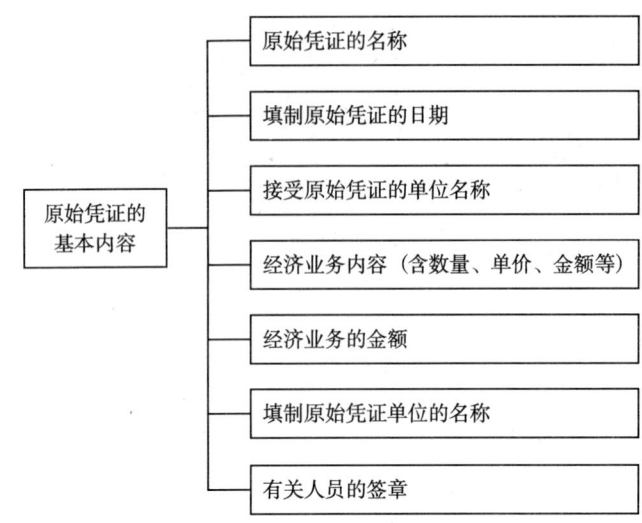

图 2-4 原始凭证的基本内容

当然，在填制原始凭证时还应符合以下要求，如表 2-2 所示。

表 2-2 原始凭证的填制要求

填制要求	具体内容
记录要真实	原始凭证上所填列的经济业务内容和数字必须真实可靠，即符合国家有关政策、法令、法规、制度的要求；符合有关经济业务的实际情况，不得弄虚作假，更不得伪造凭证
内容要完整	原始凭证所要求填列的项目必须逐项填列齐全，不得遗漏和省略；必须符合手续完备的要求。经办业务的有关部门和人员会认真审核原始凭证内容的完整性，并签名盖章
手续要完备	单位自制的原始凭证必须有经办单位领导人或者其他指定的人员签名盖章；对外开出的原始凭证必须加盖本单位公章；从外部取得的原始凭证，必须盖有填制单位的公章；从个人取得的原始凭证，必须有填制人员的签名盖章
书写清楚、规范	原始凭证要按规定填写，文字要简要，字迹要清楚，易于辨认，不得使用未经国务院公布的简化汉字。大小写金额必须相符且填写规范。小写金额用阿拉伯数字逐个书写，不得写连笔字，在金额前要填写人民币符号"￥"，人民币符号"￥"与阿拉伯数字之间不得留有空白，金额数字一律填写到角分，无角分的，写"00"或符号"–"，有角无分的，分位写"0"，不得用符号"–"；大写金额用汉字壹、贰、叁、肆、伍、陆、柒、捌、玖、拾、佰、仟、万、亿、元、角、分、零、整等，一律用正楷或行书字书写，大写金额前未印有"人民币"字样的，应加写"人民币"三个字，"人民币"字样和大写金额之间不得留有空白，大写金额到元或角为止的，后面要写"整"或"正"字，有分的，不写"整"或"正"字。如小写金额为￥1008.00，大写金额应写成"壹仟零捌元整"
编号要连续	如果原始凭证已预先印定编号，在写坏作废时，应加盖"作废"戳记，妥善保管
不得涂改、刮擦、挖补	原始凭证有错误的，应当由出具单位重开或更正，更正处应当加盖出具单位印章。原始凭证金额有错误的，应当由出具单位重开，不得在原始凭证上更正
填制要及时	各种原始凭证一定要及时填写，并按规定的程序及时送交会计机构、会计人员进行审核

2.记账凭证

记账凭证又称记账凭单，或分录凭单，是会计人员根据审核无误的原始凭证，按照经济业务事项的内容加以归类，并据以确定会计分录后所填制的会计凭证。记账凭证是登记账簿的直接依据。在实际工作中，会计分录是通过填制记账凭证来完成的，即为了便于登记账簿，需要将来自不同单位、种类繁多、数量庞大、格式大小不一的原始凭证加以归类、整理，填制具有统一格式的记账凭证，确定会计分录，并将相关的原始凭证附在记账凭证后面。

一般而言，完整的记账凭证应包括以下基本内容，如图 2-5 所示。

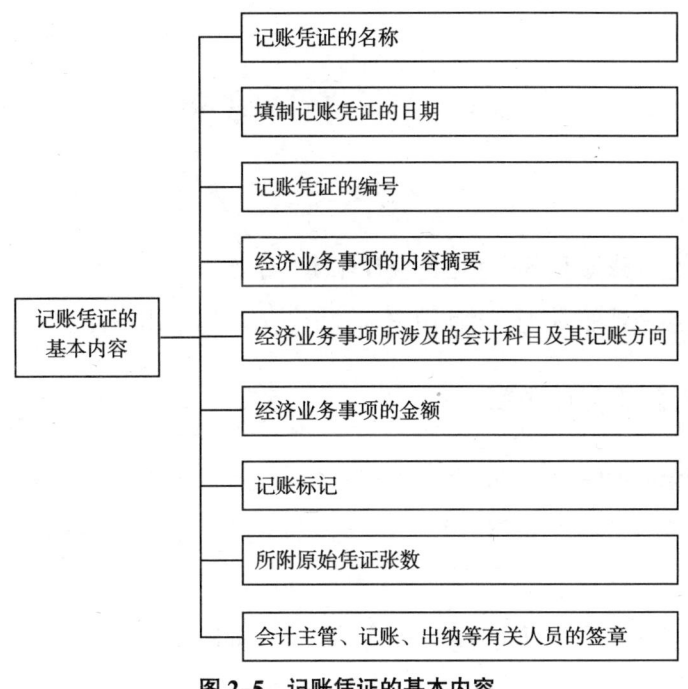

图 2-5 记账凭证的基本内容

当然，在填制记账凭证时还应符合以下几点基本要求，如表 2-3 所示。

表 2-3 填制记账凭证的基本要求

基本要求	具体内容
审核无误	在对原始凭证审核无误的基础上填制记账凭证
内容完整	记账凭证应该包括的内容都要具备
分类正确	根据经济业务的内容，正确区别不同类型的原始凭证，正确应用会计科目
连续编号	记账凭证应当连续编号

基本要求	具体内容
书写清楚、规范	相关要求同原始凭证的填制要求（见表2-2）
附有原始凭证	除结账和更正错误的记账凭证可以不附原始凭证外，其他记账凭证必须附有原始凭证
发生错误要重填	已登记入账的记账凭证在当年内发现填写错误时，可以用红字填写一张与原内容相同的记账凭证，在摘要栏注明"注销某月某日某号凭证"字样，同时再用蓝字重新填制一张正确的记账凭证，注明"订正某月某日某号凭证"字样。如果会计科目没有错误，只是金额错误，也可将正确数字与错误数字之间的差额，另编一张调整的记账凭证，调增金额用蓝字、调减金额用红字。发现以前年度记账凭证有错误的，应当用蓝字填制一张更正的记账凭证
空行需画线注销	记账凭证填制完成经济业务事项后，如有空行，应当自金额栏最后一笔金额数字下的空行处至合计数上的空行处画线注销

第二节　会计账簿

大家对会计账簿并不陌生吧？会计账簿是销售人员在工作中经常接触到的财务账簿，熟悉会计账簿并学会使用它，对销售人员的工作将会大有裨益。

一、什么是会计账簿

会计账簿简称账簿，是以经过审核的会计凭证为依据，由具有一定格式、相互联系的账页所组成，用来序时、分类地全面记录一个企业、单位经济业务事项的会计簿籍。

我们可以从两个方面理解会计账簿的含义，如图2-6所示。

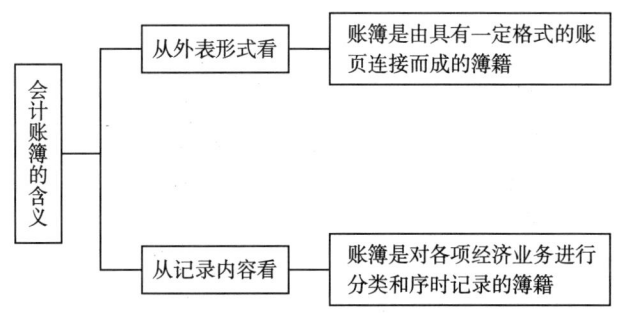

图2-6　会计账簿的含义

二、会计账簿的基本内容

在实际工作中，各种会计账簿所记录的经济业务不同，账簿的格式也多种多样，但各种账簿都应具备以下基本内容，如图 2-7 所示。

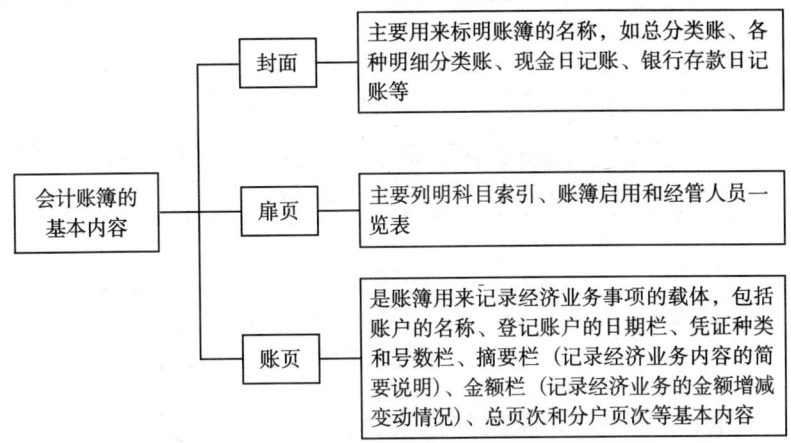

图 2-7　会计账簿的基本内容

三、会计账簿的分类

按照不同的分类标准，会计账簿有不同的分类，如表 2-4 所示。

表 2-4　会计账簿的分类

按用途分类	序时账簿	序时账簿又称日记账，是按照经济业务发生或完成时间的先后顺序逐日逐笔进行登记的账簿。在我国，大多数单位一般只设现金日记账和银行存款日记
	分类账簿	分类账簿是对全部经济业务事项按照会计要素的具体类别而设置的分类账户进行登记的账簿。分类账簿反映的经济业务详细程度不同：按照总分类账户分类登记经济业务事项的是总分类账簿，简称总账。按照明细分类账户分类登记经济业务事项的是明细分类账簿，简称明细账。分类账簿提供的核算信息是编制会计报表的主要依据
	备查账簿	备查账簿简称备查簿，是对某些在序时账簿和分类账簿等主要账簿中都不予登记或登记不够详细的经济业务事项进行补充登记时使用的账簿
按账页格式分类	两栏式账簿	两栏式账簿是指只有借方和贷方两个基本金额栏目的账簿
	三栏式账簿	三栏式账簿是设有借方、贷方和余额三个基本栏目的账簿。各种日记账、总分类账以及资本、债权、债务明细账都可采用三栏式账簿。三栏式账簿又分为设对方科目和不设对方科目两种，区别是在摘要栏和借方科目栏之间是否有一栏"对方科目"。有"对方科目"栏的，称为设对方科目的三栏式账簿；不设"对方科目"栏的，称为不设对方科目的三栏式账簿

按账页格式分类	多栏式账簿	多栏式账簿是在账簿的两个基本栏目借方和贷方按需要分设若干专栏的账簿。收入、费用明细账一般均采用这种格式的账簿
	数量金额式账簿	数量金额式账簿的借方、贷方和余额三个栏目内，都分设数量、单价和金额三小栏，借以反映财产物资的实物数量和价值量。原材料、库存商品、产成品等明细账一般都采用数量金额式账簿
	横线登记式账簿	主要是在同一张账页的同一行，记录某一项经济业务从发生到结束的相关内容
按外形分类	订本式账簿	订本式账簿简称订本账，是启用之前就已将账页装订在一起，并对账页进行了连续编号的账簿。这种账簿一般适用于总分类账、现金日记账、银行存款日记账
	活页式账簿	活页式账簿简称活页账，是在账簿登记完毕之前并不固定装订在一起，而是装在活页账夹中。当账簿登记完毕之后（通常是一个会计年度结束之后），才将账页予以装订，加具封面，并给各账页连续编号。各种明细分类账一般采用活页账形式
	卡片式账簿	卡片式账簿简称卡片账，是将账户所需格式印刷在硬卡上。严格说，卡片账也是一种活页账，只不过它不是装在活页账夹中，而是装在卡片箱内。在我国，单位一般只对固定资产的核算采用卡片账形式

四、设置和登记会计账簿的意义

设置和登记会计账簿，是重要的会计核算基础工作，是编制会计报表的基础，是连接会计凭证和会计报表的中间环节。具体来说，设置和登记会计账簿具有以下几点意义，如表2-5所示。

表2-5　设置和登记会计账簿的意义

意　义	具体内容
记载、储存会计信息	将会计凭证所记录的经济业务记入有关账簿，可以全面反映会计主体在一定时期内所发生的各项资金运动，储存所需要的各项会计信息
分类、汇总会计信息	账簿由不同的相互关联的账户所构成，通过账簿记录，一方面可以分门别类地反映各项会计信息，提供一定时期内经济活动的详细情况；另一方面可以通过发生额、余额计算，提供各方面所需要的总括会计信息，反映财务状况及经营成果
检查、校正会计信息	账簿记录是对会计凭证信息的进一步整理
编表、输出会计信息	为了反映一定日期的财务状况及一定时期的经营成果，应定期进行结账工作，进行有关账簿之间的核对，计算出本期发生额和余额，据以编制会计报表，向有关各方提供所需要的会计信息

五、会计账簿的启用

需要启用会计账簿时，应当在账簿的有关位置记录以下相关信息，如表2-6所示。

表 2-6　会计账簿的启用

启 用	具体内容
设置账簿的封面和封底	除订本账不另设封面以外，各种活页账都应设置封面和封底，并登记单位名称、账簿名称和所属会计年度
登记账簿启用及经管人员一览表	在启用新会计账簿时，应首先填写在扉页上印制的"账簿启用及交接表"中的启用说明。其中包括单位名称、账簿名称、账簿编号、起止日期、单位负责人、主管会计、审计人员和记账人员等项目，并加盖单位公章
填写账户目录	总账应按照会计科目的编号顺序填写科目名称及启用页码。在启用活页式明细分类账时，应按照所属会计科目填写科目名称和页码，在年度结束后，撤去空白账页，填写使用页码
粘贴印花税票	印花税票应粘贴在账簿的右上角，并且画线注销。在使用缴款书缴纳印花税时，应在右上角注明"印花税已缴"及缴款金额

六、登记会计账簿的基本要求

销售人员在登记会计账簿时，一定要做到正确、规范、整洁。登记会计账簿的基本要求在《会计基础工作规范》第六十条有明确规定。具体内容如表 2-7 所示。

表 2-7　登记会计账簿的基本要求

名称	具体内容
登记会计账簿的基本要求	登记会计账簿时，应当将会计凭证日期、编号、业务内容摘要、金额和其他有关资料逐项记入账内；做到数字准确、摘要清楚、登记及时、字迹工整
	登记完毕后，要在记账凭证上签名或者盖章，并注明已经登账的符号，表示已经记账
	账簿中书写的文字和数字上面要留有适当空格，不要写满格；一般应占格距的二分之一
	登记账簿要用蓝黑墨水或者碳素墨水钢笔书写，不得使用圆珠笔（银行的复写账簿除外）或者铅笔书写
	下列情况，可以用红色墨水记账： ①按照红字冲账的记账凭证，冲销错误记录 ②在不设借贷等栏的多栏式账页中，登记减少数 ③在三栏式账户的余额栏前，如未印明余额方面的，在余额栏内登记负数余额 ④根据国家统一会计制度的规定可以用红字登记的其他会计记录
	各种账簿按页次顺序连续登记，不得跳行、隔页。如果发生跳行、隔页，应当将空行、空页画线注销，或者注明"此行空白"、"此页空白"字样，并由记账人员签名或者盖章
	凡需要结出余额的账户，结出余额后，应当在"借或贷"等栏内写明"借"或者"贷"等字样。没有余额的账户，应当在"借或贷"等栏内写"平"字，并在余额栏内用"0"表示。现金日记账和银行存款日记账必须逐日结出余额
	每一账页登记完毕结转下页时，应当结出本页合计数及余额，写在本页最后一行和下页第一行有关栏内，并在摘要栏内注明"过次页"和"承前页"字样；也可以将本页合计数及金额只写在下页第一行有关栏内，并在摘要栏内注明"承前页"字样。对需要结计本月发生额的账户，结计"过次页"的本页合计数应当为自本月初起至本页末止的发生额合计数；对需要结计本年累计发生额的账户，结计"过次页"的本页合计数应当为自年初起至本页末止的累计数；对既不需要结计本月发生额也不需要结计本年累计发生额的账户，可以只将每页末的余额结转次页

第三节　记账、结账和对账

在日常销售工作中，销售人员不可避免地会遇到记账、结账和对账这样的工作程序。那么，如何记账？如何结账？怎样对账？你们懂得这方面的知识吗？

一、记账

记账，简单地说，就是把一个企事业单位或者个人家庭发生的所有经济业务运用一定的记账方法在账簿上记录下来。从广义上讲，记账就是随时间先后，将所有发生收付、进出变化连续记录起来，供记录者翻阅、查看、了解。具体来讲，有出纳金钱记账、仓库物资记账；还有一种是会计资本结构的复式记账，这种记账有分类账簿和各种配套报表。出纳和仓库的记账是单一账户或账本记账，只有本身的账簿，没有报表。在这里，我们可以看出，销售人员记账的目的主要是供自己翻阅、查看和了解销售工作中所发生的经济业务变化。

1.记账的具体流程

一般而言，记账的具体流程包括如下几个步骤，如图 2-8 所示。

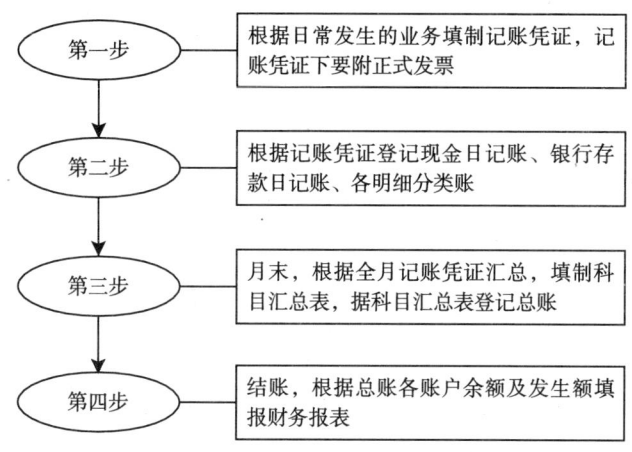

第一步	根据日常发生的业务填制记账凭证，记账凭证下要附正式发票
第二步	根据记账凭证登记现金日记账、银行存款日记账、各明细分类账
第三步	月末，根据全月记账凭证汇总，填制科目汇总表，据科目汇总表登记总账
第四步	结账，根据总账各账户余额及发生额填报财务报表

图 2-8　记账的具体流程

2. 记账的规范

记账虽然简单，但也不是随便记记就行，它还需要遵循以下规范，如表2-8所示。

表2-8　记账的规范

名称	具体内容
记账的规范	登记账簿时，应按记账凭证日期、编号、经济业务内容摘要、金额等逐项记入账内。应做到登记准确、及时、书写清楚
	为了使账簿记录保持清晰、耐久，便于会计账簿的保管，便于长期查考使用，禁止涂改。记账时，应使用碳素墨水钢笔和蓝黑墨水钢笔、中性笔书写，不得使用铅笔或圆珠笔（银行的复写账簿除外）
	账簿中书写的文字和数字，应紧靠行格的底线书写，约占全行格的2/3或1/2，数字排列要均匀，大小要对正。这样，不仅可使数字得到清晰的反映，也便于改正记账错误
	登记完毕后，要在记账凭证上签名或盖章，并注明已登记的符号"√"（表示已经登记入账），以便检查记账有无遗漏或错误
	总账应根据记账凭证汇总表登记。日期、凭证号都应根据记账凭证汇总表填写，摘要栏除写"上年结算"及"承前页"外，应填写凭证汇总的起止号；明细账应根据记账凭证登记，日期填写月日，如果同一月份有多笔业务，除第一、二笔外，以下各笔可用点点代替，但换页的第一、二笔必须填写。凭证号栏与摘要栏按记账凭证号与摘要填写；现金日记账应根据记账凭证逐笔登记；银行存款日记账应根据支票存根或其他银行结算票据逐笔登记，"种类"项按银行结算种类填写，"号数"只填写支票的后四位数字。各种账簿按页次顺序连续登记，不得隔页、跳行登记。发生隔页、跳行时，不得随意涂改，应在空行、空页的金额栏由右上角向左下角画红线注销，同时在摘要栏注明"此行空白"或"此页空白"字样，并由记账人员压线盖章。订本式账簿，不得任意撕毁
	登记账簿须用蓝黑色墨水钢笔书写，不得使用圆珠笔或铅笔，但下列情况可用红色墨水书写： ①按红字冲账的记账凭证，冲销错误记录。记账以后，如果发现记账凭证应借、应贷科目或金额发生错误，并已登记入账，引起账簿记录错误，可先用红字填制内容相同的记账凭证，冲销原错误记录，然后用蓝、黑字填制正确的记账凭证，重新登记入账。记账以后，如果发现记账凭证和账簿记录金额有错误，并且所记的错误金额大于应记的正确金额，但原记账凭证和账簿所记的会计科目及其记账方向并无错误，则用红字冲销它的多记部分金额 ②在多栏式账页中，登记减少数。在多栏式账页中，只设借方（或贷方）栏目登记增加数，若需要登记减少数时，则用红字在表示增加栏目中登记 ③画更正线、结账线和注销线 ④冲销银行存款日记账时，用红字登记支票号码，进行冲销 ⑤存货按计划成本计价，在调整发出材料成本差异节约额时，用红字冲减成本差异 ⑥采购材料或商品时，货物已到达企业，而结算凭证尚未到达，则在月末时，先按暂估价入账，下月初用红字冲回暂估价，以便结算凭证到来时正常入账 ⑦当销售货物发生退回时，则用红字冲减已入账的该笔货物销售收入和销售成本 ⑧会计制度中规定用红字登记的其他记录
	结出账户余额后，应在"借"或"贷"栏内写明"借"或"贷"字样；没有余额的账户，应在"借"或"贷"栏内写"平"字，并在金额栏内元位上用"0"表示
	账簿中账页下端最后横线以下，一律空置不填

销售人员必知的财务知识

名称	具体内容
记账的规范	每一账页登记完毕结转下页时，应在下页第一行摘要栏注明"承前页"字样。所有账户一律不做"过次页"。办理"承前页"时，次页第一行的日期均以前一页最后一笔记录的日期作为"承前页"的日期。日记账承本日发生额连续累计数及余额，损益账户承本月发生额连续累计数及余额。账簿最后一行为日结、月结、季结或年结的，办理承前页时应承借、贷、余日结、月结、季度或年结数。对于不需加计发生额的账户，办理承前页时，只记承前页的日结、月结、季结的余额；对于需要加计发生额的账户，办理承前页时，承借、贷、余三栏日结、月结、季结数，记在第一行。在办理承前页时，需要加计发生额的科目有：现金、应付工资、应交税金、主营业务收入、其他业务收入、营业外收入、主营业务成本、主营业务税金及附加、营业费用、管理费用、财务费用、其他业务支出、营业外支出、利润分配等
	对于固定资产账簿和低值易耗品账簿，可以跨年度连续使用

从表 2-8 中可以看出，记账的规范和登记会计账簿的基本要求基本一致。因此，严格按照登记会计账簿的基本要求来登记账簿，对规范性记账有很大的帮助。

二、结账

会计学上，结账就是在把一定时期内发生的全部经济业务登记入账的基础上，计算并记录本期发生额和期末余额。在生活中，是指结算消费的产品和服务的费用。

1. 结账的主要内容

一般来说，结账的主要内容包括以下几点，如图 2-9 所示。

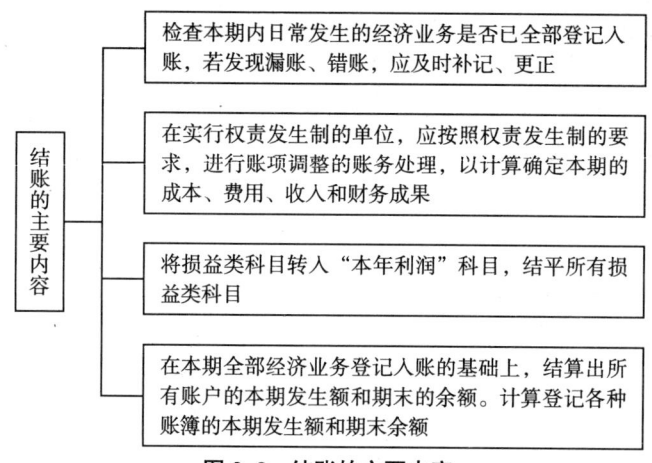

结账的主要内容
- 检查本期内日常发生的经济业务是否已全部登记入账，若发现漏账、错账，应及时补记、更正
- 在实行权责发生制的单位，应按照权责发生制的要求，进行账项调整的账务处理，以计算确定本期的成本、费用、收入和财务成果
- 将损益类科目转入"本年利润"科目，结平所有损益类科目
- 在本期全部经济业务登记入账的基础上，结算出所有账户的本期发生额和期末的余额。计算登记各种账簿的本期发生额和期末余额

图 2-9 结账的主要内容

2. 结账的具体流程

一般而言，结账的具体流程包括如下几个步骤，如图 2-10 所示。

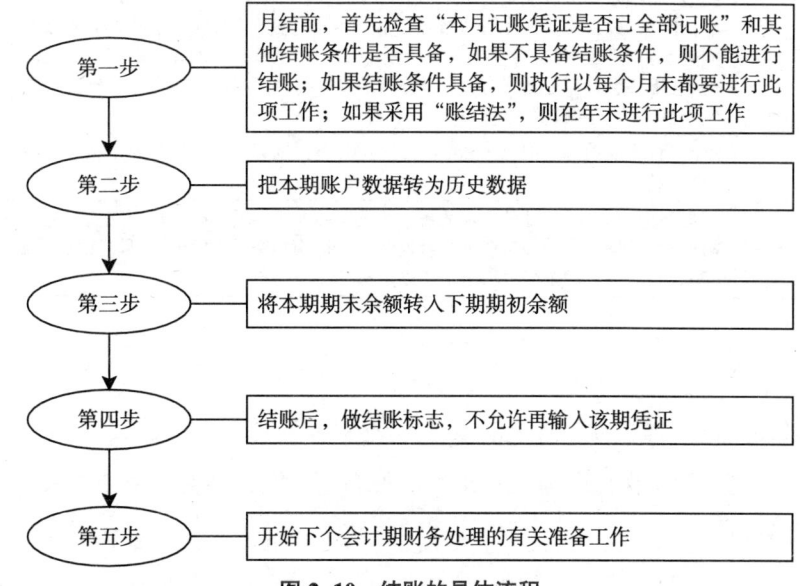

第一步　月结前，首先检查"本月记账凭证是否已全部记账"和其他结账条件是否具备，如果不具备结账条件，则不能进行结账；如果结账条件具备，则执行以每个月末都要进行此项工作；如果采用"账结法"，则在年末进行此项工作

第二步　把本期账户数据转为历史数据

第三步　将本期期末余额转入下期期初余额

第四步　结账后，做结账标志，不允许再输入该期凭证

第五步　开始下个会计期财务处理的有关准备工作

图 2-10　结账的具体流程

3. 结账的规范

在结账时，销售人员可以根据实际情况及时进行结账。结账时应遵循以下规范，如表 2-9 所示。

表 2-9　结账的规范

名　称	具体内容
结账的规范	日结或月结时，应在该日、该月最后一笔经济业务下面画一条通栏单红线，在红线下摘要栏内注明"本日合计"或"本月合计"、"本月发生额及余额"字样，在"借方"栏、"贷方"栏或"余额"栏分别填入本日、本月合计数和月末余额，同时在"借或贷"栏内注明借贷方向。然后，在这一行下面再画一条通栏红线，以便与下日、下月发生额划清
	季结时，通常在每季度的最后一个月月结的下一行，在摘要栏内注明"本季合计"或"本季度发生额及余额"，同时结出借、贷方发生总额及季末余额。然后，在这一行下面画一条通栏单红线，表示季结的结束
	年结时，在第四季度季结下一行，在摘要栏注明"本年合计"或"本年发生额及余额"，同时结出借、贷方发生额及期末余额。然后，在这一行下面画上通栏双红线，以示封账

名　称	具体内容
结账的规范	年度结账后，总账和日记账应当更换新账，明细账一般也应更换。但有些明细账，如固定资产明细账等可以连续使用，不必每年更换。年终时，要把各账户的余额结转到下一会计年度，只在摘要栏注明"结转下年"字样，结转金额不再抄写。如果账页的"结转下年"行以下还有空行，应当自余额栏的右上角至日期栏的左下角用红笔画对角斜线注销。在下一会计年度新建有关会计账簿的第一行余额栏内填写上年结转的余额，并在摘要栏注明"上年结转"字样
	编制会计报表前必须把总账和明细账登记齐全，试算平衡，不准先出报表，后补记账簿和办理结账
	凡涉及债权债务及待处理事项的账户，填写"上年结转"时，还应在摘要栏填写组成金额的发生日期及主要经济业务内容说明，一行摘要栏写不完的，可以在次行摘要栏继续填写，最后一行的余额栏填写上年度余额

三、对账

对账，就是核对账目。由于记账时会发生各种差错，造成账实不符、账证不符、账表不符，为了保证账簿记录正确、可靠，我们必须对账簿中的有关数据进行检查和核对。

我国《会计法》第十七条规定："各单位应当定期将会计账簿与实物、款项及有关资料相互核对，保证会计账簿记录与实物及款项的实有数字相符、会计账簿记录与会计凭证的有关内容相符、会计账簿之间相对应的记录相符、会计账簿记录与会计报表的有关内容相符。"

总的来看，对账的主要内容包括以下几个方面，如图 2-11 所示。

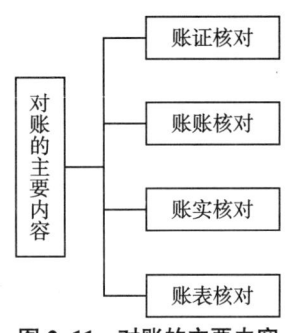

图 2-11　对账的主要内容

1. 账证核对

账证核对是根据各种账簿记录与记账凭证及其所附的原始凭证进行核对。账证核对的内容主要包括以下两点，如图 2-12 所示。

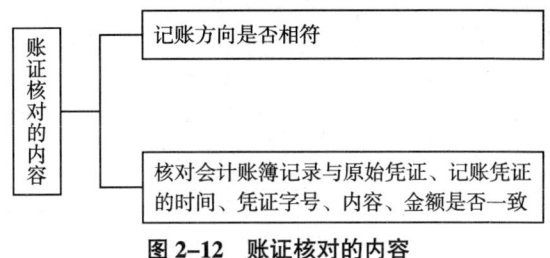

图 2-12　账证核对的内容

这种核对，一般是在日常编制凭证和记账过程中进行，检查所记账目是否正确。账证核对也是追查会计记录正确与否的最终途径。月终时，如果发现账账不符时，也可以再将账簿记录与有关会计凭证进行核对，以保证账证相符。

2. 账账核对

账账核对是指对各种账簿之间的有关数字进行核对，主要核对不同会计账簿记录是否相符。其主要内容包括以下几点，如图 2-13 所示。

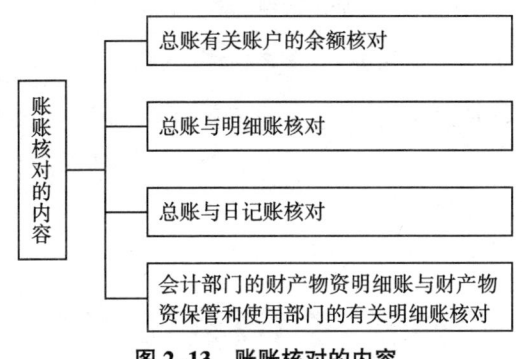

图 2-13　账账核对的内容

3. 账实核对

账实核对是指各种财产物资的账面余额与实存数额相互核对，主要核对会计账簿记录与财产等实有数额是否相符。其内容如图 2-14 所示。

4. 账表核对

账表核对是指会计账簿记录与会计报表之间相互核对。其内容如图 2-15 所示。

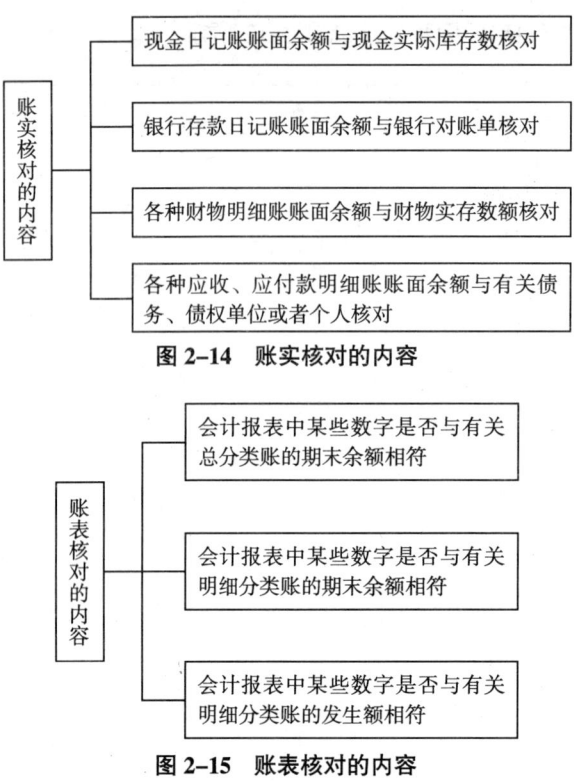

图 2-14 账实核对的内容

图 2-15 账表核对的内容

值得提醒的是，通过检查账表之间的相互关系，可以发现其中是否存在违法行为。

第四节 会计核算及形式

在日常工作中，销售人员经常会用到关于会计核算方面的知识。那么，什么是会计核算？它包括哪些形式呢？本节我们就来介绍一下这些方面的知识。

一、会计核算

会计核算也称会计反映，是以货币为主要计量尺度，对会计主体的资金运用进行的反映。它主要是指对会计主体已经发生或已经完成的经济活动进行的事后核算，也就是会计工作中记账、算账、报账的总称。合理地组织会计核算形式对于保证会计工作质量，提高会计工作效率，正确、及时地编制会计报表，满足相关会计信息使用者的需求具有重要意义。

1. 会计核算的职能

一般地，会计核算具有以下几点职能，如图 2-16 所示。

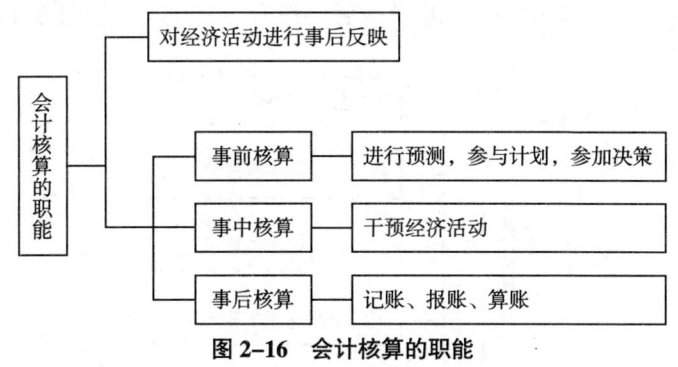

图 2-16 会计核算的职能

2. 会计核算的内容

会计核算的内容，是指应当及时办理会计手续、进行会计核算的会计事项。《会计法》对会计核算的基本内容作过规定，《会计基础工作规范》第三十七条重申了《会计法》的这一规定，即要求对下列会计事项，必须及时办理会计手续、进行会计核算。如图 2-17 所示。

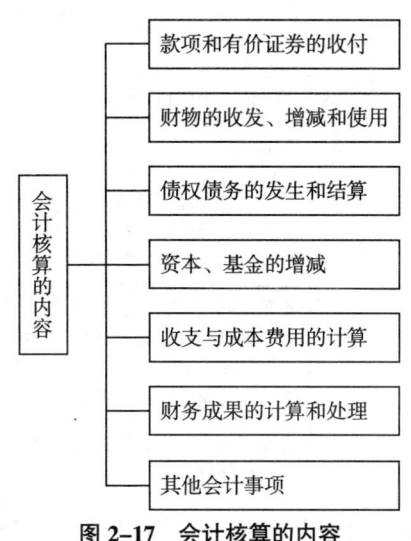

图 2-17 会计核算的内容

二、会计核算的形式

会计核算形式，是指会计凭证、账簿、会计报表和账务处理程序相互结合的方式，也称会计核算组织程序、账务处理程序或者记账程序。不同的会计核算形式，规定了填制会计凭证、登记账簿、编制会计报表的不同步骤和方法。

我国各经济单位采用的会计核算形式一般有以下几种，如图 2-18 所示。

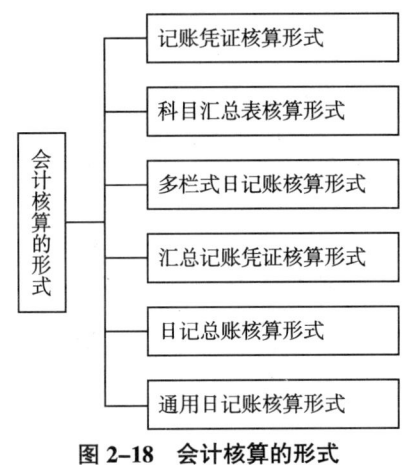

图 2-18　会计核算的形式

合理的、适用的会计核算形式，一般应符合以下四个要求，如图 2-19 所示。

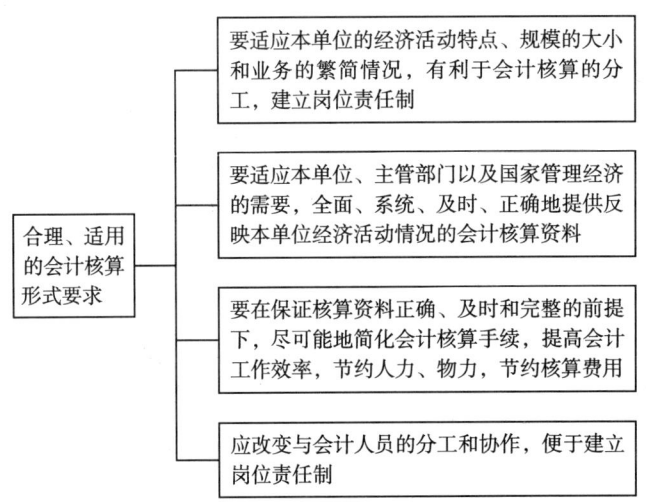

图 2-19　合理、适用的会计核算形式要求

第五节　会计核算方法与原则

会计核算不但有一定的方法，还要遵循一定的原则。那么，会计核算有哪些方法？要遵循什么原则呢？这一节我们就来介绍这两方面的内容。

一、会计核算方法

会计核算方法就是对会计对象进行连续、系统、完整地记录，并计算、反映和经常监督所应用的方法。总的来看，会计核算主要包括以下七种专门方法，如图 2-20 所示。

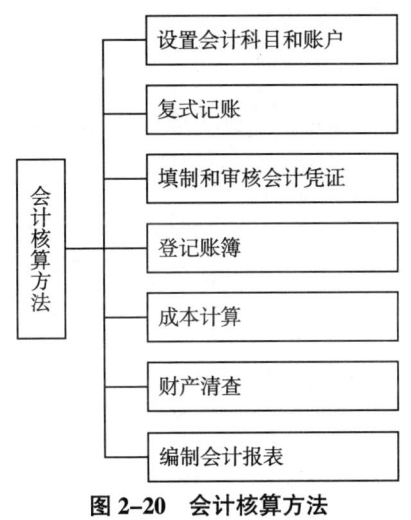

图 2-20　会计核算方法

1. 设置会计科目和账户

我们知道，会计科目是对会计要素的进一步分类核算的类目。账户是根据会计科目开设的，具有一定的结构，用来分类地、连续地记录经济业务的场所。

设置会计科目和账户是企业的经济业务尚未发生前必须要明确落实的会计核算环节，以便于经济业务发生以后，能够根据其经济内容计入到事先设置好的场

所之中。

2. 复式记账

复式记账是指对每一项经济业务，都要在两个或两个以上相互联系的账户中以相等的金额进行全面登记的会计记账方法。

复式记账也是企业的经济业务尚未发生前必须明确的会计核算环节，以便于经济业务发生以后，能采取特定的会计记录方法，将其计入到事先设置好的账户之中。

3. 填制和审核会计凭证

前面说过，会计凭证是记录经济业务、明确经济责任的书面证明，也是登记账簿的依据。经济业务发生以后，必须要取得或填制会计凭证，对这一经济业务的发生进行证明，并在会计人员进行审核以后，依据会计的记账方法登记到事先设置好的账户之中。填制和审核会计凭证，不仅为会计记录提供了原始依据，同时也是实行会计监督的一个重要方面。

4. 登记账簿

前面提到，账簿是由专门的账页所组成的，用来序时地、分类地记录各项经济业务的簿籍，是保存会计资料的主要载体之一。经济业务发生以后，首先应通过取得或填制会计凭证加以证明。在此基础上，再按照经济业务的时间顺序或经济业务的类别分别计入有关账簿之中，以便为经济管理提供相关的会计信息。登记账簿以后，还应定期进行对账、结账，以便为编制会计报表提供完整、正确的会计数据。

5. 成本计算

成本计算是指在生产经营过程中，按照一定对象归集和分配发生的各种费用支出，以确定该对象的总成本和单位成本的一种专门方法。

通过成本计算，可以确定材料的采购成本、产品的生产成本和销售成本，可以反映和监督生产经营过程中发生的各项费用是否节约或超支，并据以确定企业经营盈亏。

6. 财产清查

财产清查是指通过盘点实物、核对账目，保持账实相符的一种方法。

通过财产清查，可以查明各项财产物资和货币资金的保管和使用情况，以及往来款项的结算情况，监督各类财产物资的安全与合理使用。在清查中如发现财产物资和货币资金的实有数与账面结存数额不一致，应及时查明原因，通过一定审批手续进行处理，并调整账簿记录，使账面数额与实存数额保持一致，以保证会计核算资料的正确性和真实性。

7. 编制会计报表

会计报表是指根据日常会计资料进行加工、整理和汇总，定期地将一个企业的财务状况、经营成果及现金流量等方面的会计信息加以反映的一种表格式的文件。

编制会计报表，既是对企业日常核算资料的整理和汇总，又是对企业一定期间的经济活动的综合反映。通过编制和报送会计报表，可以为企业的投资者、债权人、政府机构及企业的管理者提供相关的会计信息，为生产经营决策提供会计依据。

以上七种方法虽各有特定的含义和作用，但并不是独立的，而是构成一个相互联系、相互依存、彼此制约的完整方法体系。概括地讲，各种方法相互之间的联系和使用程序是：在经济业务发生后，按规定的手续填制和审核凭证，并应用复式记账法在有关账簿中进行登记；一定期末还要对生产经营过程中发生的费用进行成本计算和财产清查，在账证、账账、账实相符的基础上，根据账簿记录编制会计报表。

二、会计核算的原则

会计核算的一般原则是进行会计核算的指导思想和衡量会计工作成败的标准。会计核算的一般原则有十三条，可以归纳为三类：一类是与信息质量要求有关的一般原则；一类是确认计量的一般原则；一类是起修正作用的一般原则。下面我们分开介绍这三方面的内容。

1. 与信息质量要求有关的六个原则

会计核算与信息质量要求有关的六个原则如表 2-10 所示。

表 2-10 与信息质量要求有关的六个原则

原　则	具体内容
客观性原则	又称真实性原则，是指会计核算应当以实际发生的交易或事项为依据，如实反映企业的财务状况、经营成果和现金流量，做到内容真实，数字准确，资料可靠
相关性原则	又称有用性原则，是指企业会计核算所提供的会计信息应当满足会计信息使用者的需要，同决策相关联
可比性原则	是指企业会计核算应当按照规定的会计处理方法进行，会计指标应当口径一致，以便在不同企业之间进行横向比较
一贯性原则	是指企业的会计核算方法前后各期应当保持一致，不得随意变更，以便于对前后时期会计资料进行纵向比较
及时性原则	是指企业的会计核算应当及时进行，不得提前或延后，即会计事项的处理，必须在经济业务发生时间及时进行，讲求时效，以便于会计信息的及时利用
清晰性原则	是指会计记录和会计报表应当清晰明了，便于理解和利用。数据文字说明要能一目了然地反映经济活动及其结果的基本情况，并对需要解释的问题作出必要的说明

2. 与确认计量要求有关的四个原则

会计核算与确认计量要求有关的四个原则如表 2-11 所示。

表 2-11 与确认计量要求有关的四个原则

原　则	具体内容
划分收益性支出与资本性支出原则	是指企业的会计核算应当合理划分收益性支出与资本性支出的界限
配比原则	是指企业在进行会计核算时，收入与其成本、费用应当相互配比，同一会计期间内的各项收入和与其相关的成本、费用，应当在该会计期间内确认、计量和记录，而不能提前或延后，否则就会造成经营成果虚假不实
权责发生制原则	是按照权利和责任是否发生来确认收入和费用的归属期
历史成本原则	又称实际成本原则或原始成本原则，是指企业的各项财产在取得时应当按照实际成本计量

3. 起修正作用的三个原则

会计核算起修正作用的三个原则如表 2-12 所示。

表 2-12 起修正作用的三个原则

原　则	具体内容
谨慎原则	又称稳健原则、审慎原则，是指在进行会计核算时，应当遵循原则的要求，不得多计资产或收益，少计负债或费用
重要性原则	是指企业在会计核算过程中对交易或事项应当区别其重要程度，采用不同的核算方式
实质和重于形式原则	是指企业应当按照交易或事项的经济实质进行会计核算，而不应当仅仅按照它们的法律形式作为会计核算的依据

第三章 销售人员必知的财务术语和支付、结算手段

第一节 销售人员必知的财务术语

在企业里，销售的最终成果得通过财务来体现。企业往往通过投资回报率、每股收益率等指标来评估销售成果。因此，销售人员必须对销售活动的财务指标进行评估，销售管理人员则更要善于通过财务指标来提交方案。很难想象，当你为开一家新的分公司或为某广告做了 100 万元预算时，老板在没有看到相关财务说明的情况下就会批准你的方案。

因此，销售人员务必要了解一些常见的财务术语，以便对销售活动的财务指标进行更好地了解和评估。一般地，销售人员在销售工作中常见的财务术语有以下几种，如图 3-1 所示。

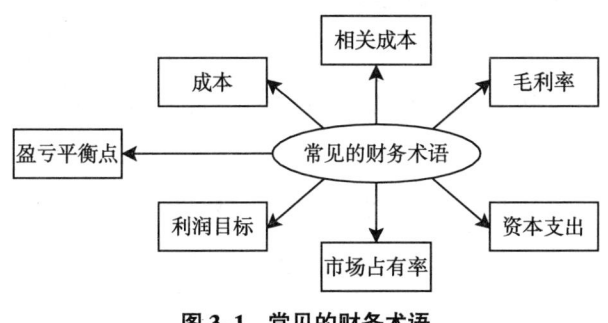

图 3-1 常见的财务术语

1. 成本

成本是商品经济的价值范畴，是商品价值的组成部分。人们要进行生产经营活动或达到一定的目的就必须耗费一定的资源（人力、物力和财力），其所费资源的货币表现及其对象化称之为成本。在确定贡献毛利与利润时，我们使用了变动成本和固定成本如图 3-2 所示。

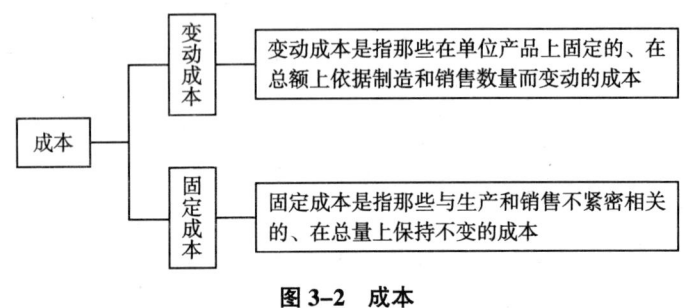

图 3-2　成本

单位产品的成本由上述两种成本共同决定，分清哪些成本是变动成本、哪些成本是固定成本很重要。如果某成本随产量变化而变化，它就是变动成本（劳动、原材料、包装、销售人员的佣金）。值得注意的是，除佣金外的所有营销成本都被视为固定成本。

2. 盈亏平衡点

盈亏平衡点又称零利润点、保本点、盈亏临界点、损益分歧点、收益转折点。通常是指全部销售收入等于全部成本时（销售收入线与总成本线的交点）的产量。以盈亏平衡点的界限，当销售收入高于盈亏平衡点时企业盈利；反之，企业就亏损。盈亏平衡点可以用销售量来表示，即盈亏平衡点的销售量；也可以用销售额来表示，即盈亏平衡点的销售额。

按产品销售量计算：

盈亏平衡点＝固定成本÷（产品销售单价－单位产品变动成本）

按产品销售额计算：

盈亏平衡点＝固定成本÷（1－变动成本÷产品销售收入）

　　　　　＝固定成本÷（1－变动成本率）

3. 利润目标

由于盈亏平衡并不像盈利目标那么诱人，因此，我们常常需要在计算中体现一个利润目标下的销量目标，即在哪个销量水平上可获利×元。换句话说，盈亏平衡分析告诉我们必须售出多少，利润目标则告诉我们将要售出多少。

4. 市场占有率

市场占有率也叫市场份额，是指一个企业的销售量（或销售额）在市场同类产品中所占的比重，它直接反映企业所提供的商品和劳务对消费者和用户的满足程度，表明企业的商品在市场上所处的地位。市场占有率是企业的产品在市场上所占份额，也就是企业对市场的控制能力。市场占有率越高，表明企业经营、竞争能力越强。企业市场份额的不断扩大，可以使企业获得某种形式的垄断，这种垄断既能带来垄断利润又能保持一定的竞争优势。

市场占有率的计算公式为：

市场占有率 = 公司销售水平 ÷ 市场总量

假设总的市场总量为 29 万件，盈亏平衡销售水平为 4 万件，这样，盈亏平衡所要达到的市场占有率 = 40000 ÷ 290000 = 13.8%。

5. 资本支出

资本支出，是指会计上视为固定资产增值的所有经费支出，如房屋、机器设备的购置费，为延长设备使用年限或提高设备性能而支出的所有费用等。通常，某销售方案的计算会涉及费用分摊问题。例如，假定使用期为 10 年的设备价值 500 万元，若把这 500 万元全部归入第一年盈亏平衡点的计算中去，则盈亏平衡点将很高。所以，通常是将这 500 万元平均分摊到 10 个年度内，这就可以把每年与该设备有关的 50 万元作为一项固定成本。为此，需要对固定资产的有效寿命作出合理预测，并且将总成本分摊到各个使用时间段内。

6. 相关成本

相关成本是指对企业经营管理有影响或在经营管理决策分析时必须加以考虑的各种形式的成本。相关成本主要包括以下几类，如表 3-1 所示。

表 3-1　相关成本的种类

种类	具体内容
机会成本	是指从备选方案中选择某项方案而放弃其他方案可能丧失的潜在利益。这是进行决策时使用的一种成本，并没有实际发生的假设成本
付现成本	是指由于某项决策而引起的需要在未来动用现金支付的成本。是企业考虑货币的时间价值和资金拮据而筹措困难时，往往充分考虑的成本
重置成本	是指目前从市场上购买同样原有资产所需支付的成本
差量成本	广义的差量成本是指两个备选方案的预期成本之间的差异数。用来确定不同备选方案的经济效益大小的因素。狭义的差量成本是指由于生产能量利用程度的不同而形成的成本差别。是用来确定企业最佳生产量的因素
边际成本	是指单位产量的变动所引起的成本变动额。是用来判断企业最佳生产量的因素
可避免成本	是指企业可以通过决策行动改变其数额的成本，或是成本发生与否直接同某项备选方案是否选用相关联的成本
可延缓成本	是指对已决定选用的某一方案如推迟执行，还不致影响企业大局，而与这一方案有关的成本
专属成本	是指可以明确归属于某种、某批或某个部门的固定成本等

在判断哪些固定成本与某方案相关时会涉及相关成本，判断法则如下：如果支出水平因采纳了该计划而发生变化，则该固定成本就是相关成本。因此，新设备、新研究和开发等成本都是相关成本。反之，上一年度的广告费或以前的研发费则不会随现在的决策而有所变化，因此，就不是该销售方案的相关成本，一般被视为滞留成本且不会被计入现在的决策。

7. 毛利率

毛利率是毛利与销售收入（或营业收入）的百分比。企业成本价与售价之间的差额被称为毛利或加价，因此：销售价格＝成本＋毛利。在营销中，最通行的惯例是将毛利率表示为售价的百分比，以这种方式表示毛利更易于操作。其计算公式如下：

毛利率＝（不含税售价−不含税进价）÷不含税售价×100%

毛利率＝（1−不含税进价÷不含税售价）×100%

综合毛利率资产净利率，是净利润除以平均总资产的比率。综合毛利率计算公式为：

资产净利率＝（净利润÷平均资产总额）×100%

　　　　　＝（净利润÷销售收入）×（销售收入÷平均资产总额）×100%

　　　　　＝销售净利润率×资产周转率×100%

资产净利率反映企业资产利用的综合效果，它可分解成净利润率与资产周转率的乘积，这样可以分析到底是什么原因导致资产净利率的增加或减少。

毛利率＝(销售收入－销售成本)÷销售收入×100%

第二节　销售人员必知的支付、结算手段

在销售活动中，计算货款应准确、结算货款应及时、清理欠款应有力度，这些是对销售人员的基本要求。销售活动的最终结果会体现为财务数据。作为销售人员，尤其是销售管理人员，在开展销售工作的过程中，他们必然会遇到与财务相关的支付、结算问题。很显然，良好的财务知识背景会有助于他们顺利开展各项销售工作。那么，销售人员必知的支付、结算手段有哪些呢？一般地，国内常见的支付、结算手段主要有以下几种，如图 3-3 所示。

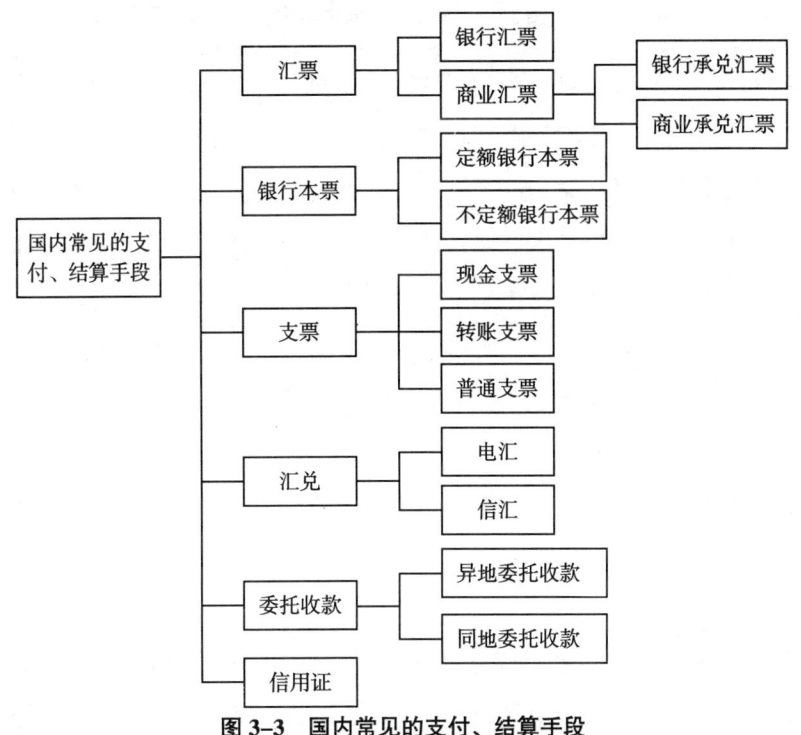

图 3-3　国内常见的支付、结算手段

1. 银行汇票

银行汇票是指由出票银行签发，该银行在见票时按实际结算金额无条件支付给收款人或持票人的票据。银行汇票的出票银行为银行汇票的付款人。

银行汇票的主要内容包括以下几点，如图3-4所示。

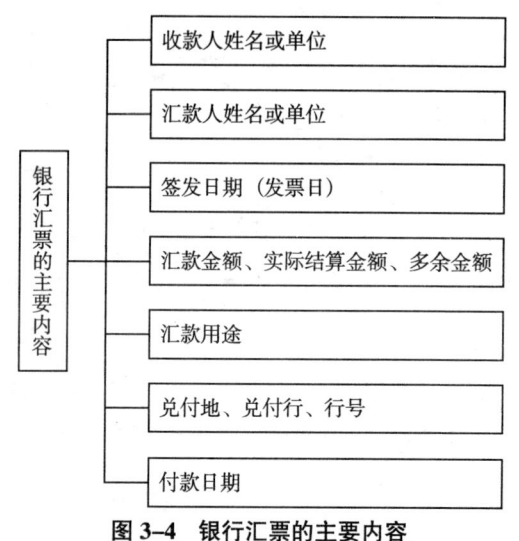

图3-4 银行汇票的主要内容

银行汇票一式四联，第一联为卡片，为承兑行支付票款时作付出传票；第二联为银行汇票，与第三联解讫通知一并由汇款人自带，在兑付行兑付汇款后此联做联行往来账付出传票；第三联解讫通知，在兑付行兑付后随报单基签发行，由签发行做余款收入传票；第四联是多余款通知，并在签发行结清后交汇款人。单位和个人的各种款项结算均可借助于银行汇票。银行汇票可用于转账，注明"现金"字样的银行汇票也可以用于支取现金。

与其他银行结算方式相比，银行汇票结算方式具有如下特点，如图3-5所示。

2. 银行本票

银行本票是由银行签发的、承诺自己在见票时无条件支付指定金额给收款人或持票人的票据，单位和个人在同一票据交换区域需支取各种款项时均可使用银行本票。

银行本票按照其金额是否固定可分为不定额银行本票和定额银行本票两种。不定额银行本票是指凭证上金额栏是空白的，签发时根据实际需要填写金额（起

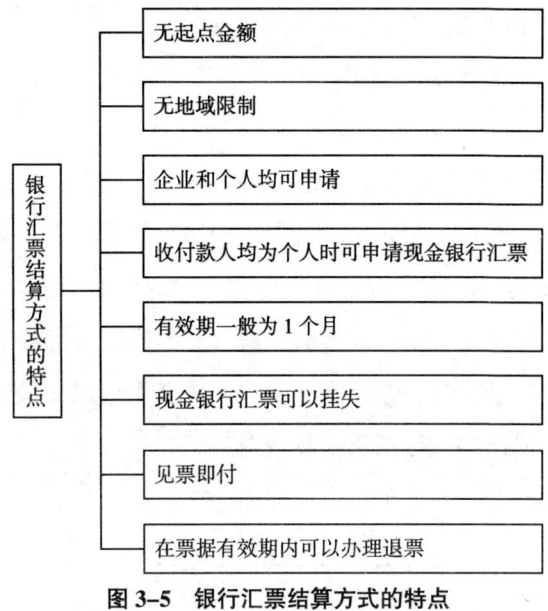

图3-5　银行汇票结算方式的特点

点金额为 5000 元)，并用压数机压印金额的银行本票；定额银行本票是指凭证上预先印有固定面额的银行本票。定额银行本票面额分别为 1000 元、5000 元、10000 元和 50000 元。

签发银行本票时必须记载下列事项，如图 3-6 所示。

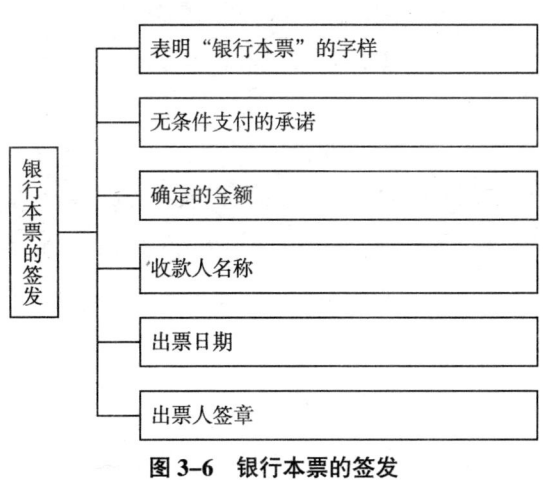

图3-6　银行本票的签发

欠缺记载上列事项之一的，银行本票无效。

银行本票可以用于转账，填明"现金"字样的银行本票，也可以用于支取现金，现金银行本票的申请人和收款人均为个人；银行本票可以背书转让，填明"现金"字样的银行本票不能背书转让；在银行开立存款账户的持票人向开户银行提示付款时，应在银行本票背面"持票人向银行提示付款签章"处签章，签章须与预留银行签章相同。未在银行开立存款账户的个人持票人，持注明"现金"字样的银行本票向出票银行支取现金时，应在银行本票背面签章，记载本人身份证件名称、号码及发证机关；银行本票丧失，失票人可以凭人民法院出具的享有票据权利的证明，向出票银行请求付款或退款。

一般地，银行本票具有如下特点，如图 3-7 所示。

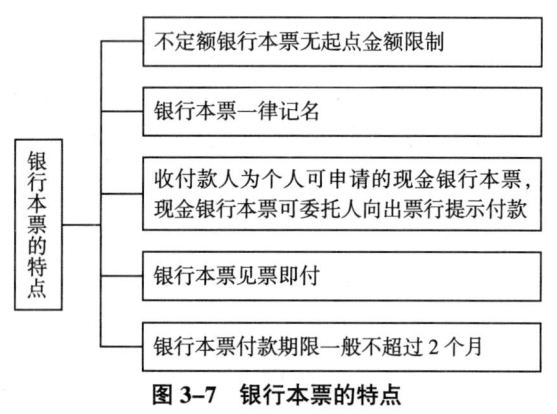

图 3-7　银行本票的特点

3. 支票

支票是由出票人签发的、委托办理支票存款业务的银行见票时无条件支付指定金额给收款人或持票人的票据。单位和个人在同城的款项结算均可使用支票。支票出票人为在中国人民银行当地分行批准办理业务的银行机构开立可以使用支票的存款账户单位和个人。

一张支票的必要项目包括的内容如图 3-8 所示。

一般地，支票具有的几个主要特点如图 3-9 所示。

4. 汇兑

汇兑是汇款人委托银行将款项支付给收款人的一种结算方式。这种方式便于

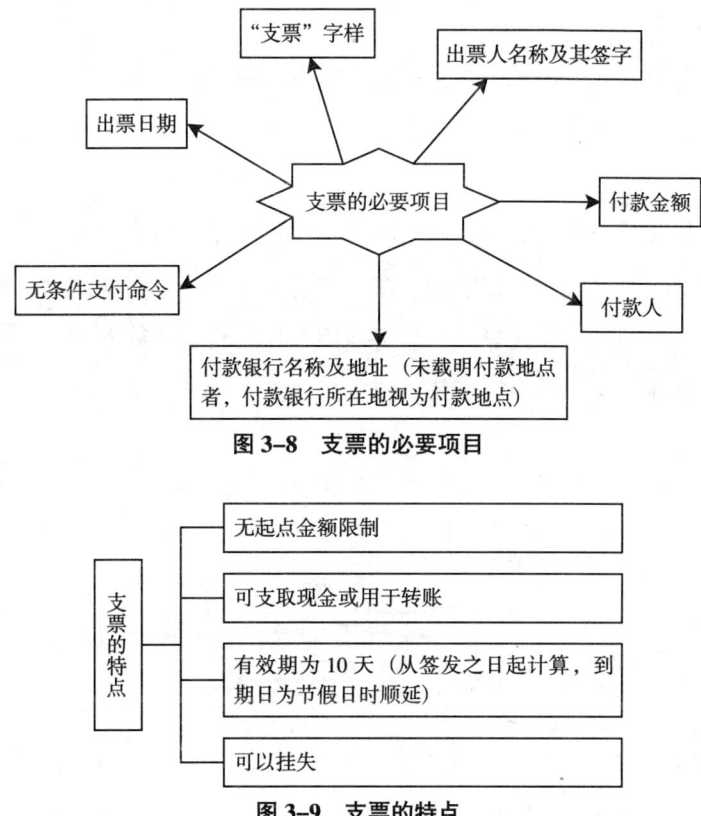

图 3-8　支票的必要项目

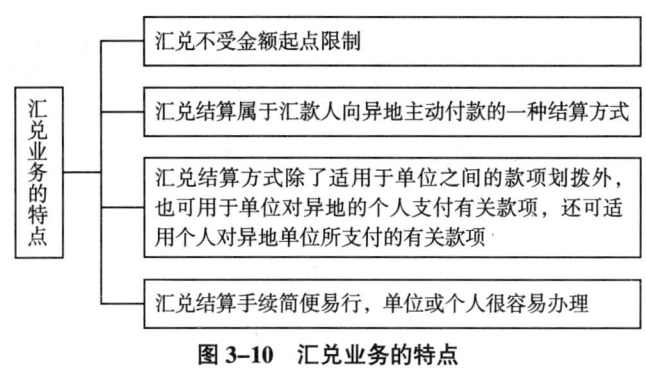

图 3-9　支票的特点

汇款人向异地收款人主动付款，适用范围十分广泛。单位和个人的各种款项结算均可使用这种结算方式。

一般地，汇兑业务主要具有以下几个特点，如图 3-10 所示。

图 3-10　汇兑业务的特点

5. 委托收款

委托收款是收款人委托银行向付款人收取款项的一种结算方式。单位和个人凭承兑商业汇票、债券、存单等付款人债务证明办理款项结算均可使用委托收款的结算方式。

凡在银行或其他金融机构开立账户的单位和个体经济户的商品交易，公用事业单位向用户收取水电费、邮电费、煤气费、公房租金等劳务款项以及其他应收款项，无论是在同城还是在异地，均可使用委托收款的结算方式。

委托收款业务主要具有以下几个特点，如图 3-11 所示。

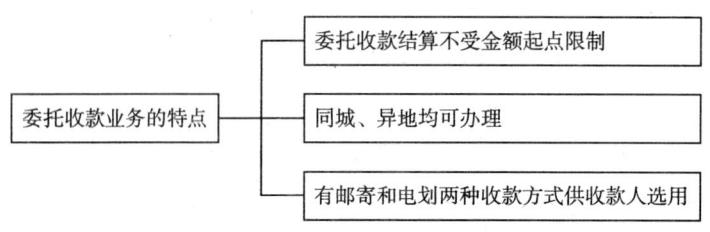

图 3-11　委托收款业务的特点

6. 信用证

信用证是指开证银行依照申请人的申请要求开出的、凭符合信用条款单据支付的付款承诺，国内信用证是由银行提供担保的国内企业之间商品交易结算工具。

信用证主要具有以下三个特点，如图 3-12 所示。

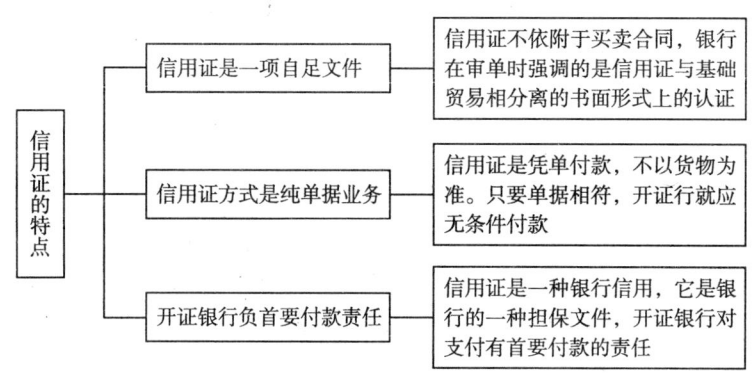

图 3-12　信用证的特点

信用证是国际贸易中最主要、最常用的支付方式。在国际贸易活动中，由于买卖双方可能互不信任，买方担心预付款后，卖方不按合同要求发货；卖方也担心在发货或提交货运单据后买方不付款。因此，需要两家银行作为买卖双方的保证人，代为收款交单，以银行信用代替商业信用。银行在这一活动中所使用的工具就是信用证。

第四章　销售人员一定要看懂财务报表

第一节　财务报表的概念及作用

在销售工作中，销售人员应该经常会碰到并阅读、使用财务报表。那么，你熟悉财务报表吗？什么是财务报表？它有哪些作用呢？这一节我们就来详细介绍这方面的内容。

一、财务报表的概念

财务报表，亦称对外会计报表，是反映企业财务状况、经营成果和现金流量的书面文件。财务报表至少应当包括资产负债表、利润表、现金流量表等报表及附注。

财务报表一般有狭义和广义之分，具体内涵如图 4-1 所示。

财务报表的产生和存在是有一定的原因和必要性的。在企业的日常会计核算中，企业新发生的各项经济业务都已按照一定的会计程序，在有关的会计账簿中进行全面、连续、分类、汇总的记录和计算。企业在特定日期的财务状况和一定时期内的经营成果，在日常会计记录里已经得到了反映。但是，这些日常核算资料数量太多，而且比较分散，不能集中、概括地反映企业的财务状况和经营成果。企业的管理者、投资者、债权人和财政、税务等部门以及其他与企业有利害关系的单位和个人，不能直接使用这些分散的会计记录来分析和评价企业的财务状况和经营成果，并据以作出正确的决策。为此，有必要定期地将日常会计核算资料加以分

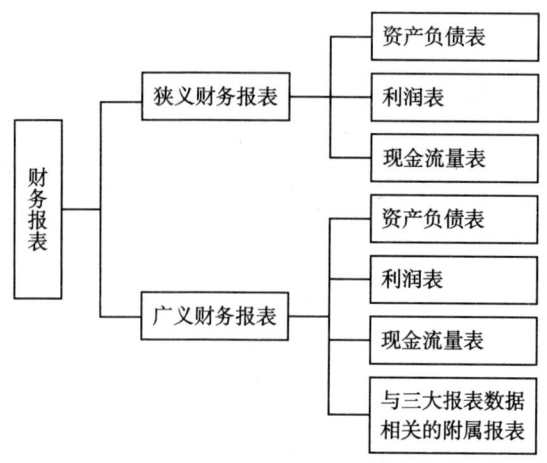

图4-1 财务报表的内涵

类、调整、汇总，并按照一定的表格形式编制会计报表，总括、综合地反映企业的经济活动过程和结果，为有关方面进行管理和决策提供其所需要的会计信息。

二、财务报表的作用

财务报表是财务报告的主要组成部分，它所提供的会计信息具有重要作用。企业按照《企业会计准则》所编制的财务报表，能够为企业及其现在和潜在的投资者、债权人以及其他财务会计报告的使用者提供决策的财务信息。促进社会资源的合理配置，为公众的利益服务。

财务报表的具体作用包括以下几个方面，如表4-1所示。

表4-1 财务报表的作用

名称	具体内容
财务报表的作用	财务报表能全面、系统地揭示企业一定时期的财务状况、经营成果和现金流量，有利于经营管理人员了解本单位各项任务指标的完成情况，评价管理人员的经营业绩，以便及时发现问题，调整经营方向，制定措施改善经营管理水平，提高经济效益，为经济预测和决策提供依据
	财务报表有利于国家经济管理部门了解国民经济的运行状况。通过对各单位提供的财务报表资料进行汇总和分析，了解和掌握各行业、各地区的经济发展状况，以便宏观调控经济运行，优化资源配置，保证国民经济稳定持续发展
	财务报表有利于投资者、债权人和其他有关各方掌握企业的财务状况、经营成果和现金流量情况，进而分析企业的盈利能力、偿债能力、投资收益、发展前景等，为投资、贷款和贸易提供决策依据
财务报表的作用	财务报表有利于满足财政、税务、工商、审计等部门监督企业经营管理。通过财务报表可以检查、监督各企业是否遵守国家的各项法律、法规和制度，有无偷税、漏税的行为

在众多财务报表中，对外公布的报表主要是资产负债表、利润表和现金流量表。它们的作用分别是：资产负债表反映了某一时期企业报告日的财务状况；利润表反映了企业某个报告期的盈利情况及盈利分配；现金流量表反映了报告期营运资金的变化情况。

第二节　财务报表的分类

在销售工作中，销售人员可能会遇到各种各样的财务报表。这些财务报表属于哪一类？是怎么划分的？你们知道吗？这一节我们就来详细介绍这方面的内容。

按照不同的划分标准，财务报表分类也不同。但总的来看，主要包括以下几种分类，如图 4-2 所示。

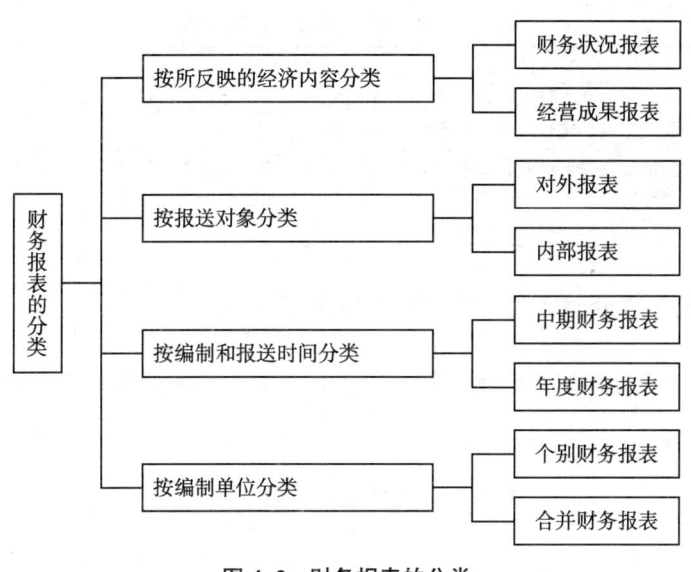

图 4-2　财务报表的分类

一、按照财务报表所反映的经济内容分类

按照财务报表所反映的经济内容不同，可分为财务状况报表和经营成果报表，如表4-2所示。

表4-2　按财务报表所反映的经济内容分类

分类	具体内容
财务状况报表	财务状况报表是反映会计主体在一定日期或一定时期财务状况的报表，主要包括资产负债表、现金流量表和所有者权益变动表。该类报表通过反映企业资产、负债、所有者权益、现金流量等基本情况，揭示企业资产、负债和所有者权益的规模、结构及比例关系，以及现金流入量、现金流出量等相关信息
经营成果报表	经营成果报表是反映会计主体在一定时期内收入、费用和经营成果的报表。如利润表就是揭示企业实现的收入、成本费用的耗费和利润的形成情况的一张经营成果报表

二、按照财务报表报送对象分类

企业的财务报表按照报送对象不同，可以分为对外报表和内部报表，如表4-3所示。

表4-3　按财务报表报送对象分类

分类	具体内容
对外报表	对外报表是会计主体按照有关法规编制的对外公开报送的财务报表，如资产负债表、利润表、现金流量表和所有者权益变动表等
内部报表	内部报表是会计主体根据单位自身需要编制的财务报表。这些财务报表没有对外公开及报送的必要，并可能涉及企业不可公开的商业秘密，往往仅限于会计主体内部使用，如销售分析表、成本分析表、经营费用表等

三、按照财务报表编制时期分类

企业的财务报表按照编制时间不同，可分为中期财务报表和年度财务报表。如表4-4所示。

表4-4　按财务报表编制时期分类

分类	具体内容
中期财务报表	中期财务报表是以短于一个完整会计年度的报告期间为基础编制的财务报表，包括月度报表、季度报表和半年度报表等。中期财务报表至少应当包括资产负债表、利润表、现金流量表和附注。其中，资产负债表、利润表和现金流量表应当是完整报表，其格式和内容应当与年度财务报表一致。中期财务报表中的附注披露可适当简略
年度财务报表	年度财务报表是以一个完整会计年度为报告期间编制的财务报表。年度财务报表也就是最常见的会计年报

四、按照财务报表编制单位分类

财务报表按照编制单位不同，可分为个别财务报表和合并财务报表，如表4-5所示。

表4-5 按财务报表编制单位分类

分类	具体内容
个别财务报表	个别财务报表是由企业在自身会计核算基础上对账簿记录进行加工而编制的财务报表，它主要用于反映企业自身的财务状况、经营成果和现金流量情况
合并财务报表	合并财务报表是以母公司和子公司组成的企业集团为一个会计主体，根据母公司和所属子公司的财务报表，由母公司编制的综合反映企业集团经营成果、财务状况及其现金流量变动情况的会计报表

当然，除以上几种分类方法之外，财务报表还有其他的分类方法。如按报表的主次分类，可分为主表和附表。比如，利润表为主表，而利润分配表为利润表的附表。如按报表反映资金运行的状态分类，可分为静态报表和动态报表。比如，静态报表有资产负债表，动态报表有利润表、所有者权益表、现金流量表等。

第三节　资产负债表的编制与分析

资产负债表是几种常见的财务报表之一。有时，由于实际工作需要，销售人员必须编制与分析资产负债表。可是，他们有的没有接触过或很少接触这方面的内容，这就在工作中遇到了"拦路虎"。在这种情况下，销售人员就很有必要学习编制和分析资产负债表了。

一、资产负债表的编制

1. 资产负债表的概念

资产负债表，是反映企业某一特定日期财务状况的会计报表，主要提供有关企业财务状况方面的信息。它是根据资产、负债和所有者权益（或股东权益）之

间的相互关系，按照一定的分类标准和一定的顺序，把企业一定日期的资产、负债和所有者权益各项目予以适当排列，并对日常工作中形成的大量数据高度浓缩整理后编制而成的。它表明企业在某一特定日期所拥有或控制的经济资源、所承担的现有义务和所有者对净资产的要求权。

2. 资产负债表的编制方法

财务报表的编制，基本上都是通过对日常会计核算记录的数据加以归集、整理来实现的。为了提供比较信息，资产负债表的各项目均需填列"年初余额"和"期末余额"两栏数字。其中，"年初余额"栏内各项目的数字，可根据上年末资产负债表"期末余额"栏相应项目的数字填列。如果本年度资产负债表规定的各个项目的名称和内容与上年度不相一致，应当对上年年末资产负债表各个项目的名称和数字按照本年度的规定进行调整。因此，只要学会"期末余额"栏各项目的填列方法就能编制资产负债表了。

具体而言，"期末余额"栏各项目的填列方法如下：

（1）根据明细账户期末余额分析计算填列。资产负债表中一部分项目的"期末余额"需要根据有关明细账户的期末余额分析计算填列。其具体填列方法如表4-6所示。

表4-6 根据明细账户期末余额分析计算填列方法

填列项目	填列方法
应收账款	应根据"应收账款"账户和"预收账款"账户所属明细账户的期末借方余额合计数，减去"坏账准备"账户中有关应收账款计提的坏账准备期末余额后的金额填列
预付款项	应根据"预付账款"账户和"应付账款"账户所属明细账户的期末借方余额合计数，减去"坏账准备"账户中有关预付款项计提的坏账准备期末余额后的金额填列
应付账款	应根据"应付账款"账户和"预付账款"账户所属明细账户的期末贷方余额合计数填列
预收款项	应根据"预收账款"账户和"应收账款"账户所属明细账户的期末贷方余额合计数填列
应收票据、应收股利、应收利息、其他应收款	应根据各相应账户的期末余额，减去"坏账准备"账户中相应各项目计提的坏账准备期末余额后的金额填列

（2）根据总账账户期末余额计算填列。资产负债表中一部分项目的"期末余额"需要根据有关总账账户的期末余额计算填列。其具体填列方法如表4-7所示。

表 4-7　根据总账账户期末余额计算填列方法

填列项目	填列方法
货币资金	应根据"库存现金"、"银行存款"和"其他货币资金"等账户的期末余额合计填列
未分配利润	应根据"本年利润"账户和"利润分配"账户的期末余额计算填列，如为未弥补亏损，则在本项目内以"-"号填列，年末结账后，"本年利润"账户已无余额，"未分配利润"项目应根据"利润分配"账户的年末余额直接填列，贷方余额以正数填列，如为借方余额，应以"-"号填列
存货	应根据"材料采购（或在途物资）"、"原材料"、"周转材料"、"库存商品"、"委托加工物资"、"生产成本"等账户的期末余额之和，减去"存货跌价准备"账户期末余额后的金额填列
固定资产	应根据"固定资产"账户的期末余额减去"累计折旧"、"固定资产减值准备"账户期末余额后的净额填列
无形资产	应根据"无形资产"账户的期末余额减去"累计摊销"、"无形资产减值准备"账户期末余额后的净额填列
在建工程、长期股权投资和持有至到期投资	均应根据其相应总账账户的期末余额减去其相应减值准备后的净额填列
长期待摊费用	根据"长期待摊费用"账户期末余额扣除其中将于一年内摊销的数额后的金额填列，将于一年内摊销的数额填列在"一年内到期的非流动资产"项目内
长期借款和应付债券	应根据"长期借款"和"应付债券"账户的期末余额，扣除其中在资产负债表日起一年内到期、且企业不能自主地将清偿义务展期的部分后的金额填列，在资产负债表日起一年内到期、且企业不能自主地将清偿义务展期的部分在流动负债类下的"一年内到期的非流动负债"项目内反映

（3）根据总账账户期末余额直接填列。资产负债表中大部分项目的"期末余额"可以根据有关总账账户的期末余额直接填列，如"交易性金融资产"、"应收票据"、"固定资产清理"、"工程物资"、"递延所得税资产"、"短期借款"、"交易性金融负债"、"应付票据"、"应付职工薪酬"、"应交税费"、"递延所得税负债"、"预计负债"、"实收资本"、"资本公积"、"盈余公积"等项目。这些项目中，"应交税费"等负债项目，如果其相应账户出现借方余额，应以"-"号填列；"固定资产清理"等资产项目，如果其相应账户出现贷方余额，也应以"-"号填列。

（4）资产负债表附注的内容。资产负债表附注的内容应根据实际需要和有关备查账簿等记录分析填列。如或有负债披露方面，按备查账簿中记录的商业承兑汇票贴现情况填列"已贴现的商业承兑汇票"项目。

3. 资产负债表编制实例

【例 4-1】富运公司 2010 年 9 月 30 日根据账簿记录，编制月末科目余额表如表 4-8 所示。

表4-8 科目余额表

科目名称	借方余额	贷方余额
现金	2808	
银行存款	3542655	
短期投资	91500	
应收票据	450000	
应收股利	9000	
应收账款	441675	
其他应收款	7500	
坏账准备		13800
原材料	382800	
包装物	21000	
低值易耗品	225000	
库存商品	692490	
待摊费用	69750	
长期股权投资	300000	
固定资产	4972500	
累计折旧		3890250
工程物资	105000	
在建工程	3795000	
无形资产	300000	
长期待摊费用	150000	
短期借款		462000
应付票据	300000	
应付账款		1410600
其他应付款		90000
应付工资		30000
应付福利费		7980
应交税金		3000
预提费用		9750
长期借款		630000
实收资本		7560000
盈余公积		900000
资本公积		210000
本年利润		41298
合计	15558678	15558678

根据以上内容，富运公司编制资产负债表如表4-9所示。

表4-9 资产负债表

编制单位：富运公司　　　　　　　2010年9月30日　　　　　　　单位：元

资产	行次	年初数	期末数	负债及所有者（股东）权益	行次	年初数	期末数
流动资产：				流动负债：			
货币资金	1	（略）	3545463	短期借款	68	（略）	462000
短期投资	2		91500	应付票据	69		300000
应收票据	3		450000	应付账款	70		1410600
应收股利	4		9000	预收账款	71		
应收利息	5			应付工资	72		30000
应收账款	6		427875	应付福利费	73		7980
其他应收款	7		7500	应付股利	74		
预付账款	8			应交税金	75		3000
应收补贴款	9			其他应交款	80		
存货	10		1321290	其他应付款	81		90000
待摊费用	11		69750	预提费用	82		9750
一年内到期的长期债券投资	21			预计负债	83		
其他流动资产	24			一年内到期的长期负债	86		
流动资产合计	31		5922378	其他流动负债	90		
长期投资：				流动负债合计	100		2313330
长期股权投资	32		300000	长期负债：			
长期债权投资	34			长期借款	101		630000
长期投资合计	38		300000	应付债券	102		
固定资产：				长期应付款	103		
固定资产原价	39		4972500	专项应付款	106		
减：累计折旧	40		3890250	其他长期负债	108		
固定资产净值	41		1082250	长期负债合计	110		630000
减：固定资产减值准备	42			递延税项：			
固定资产净额	43			递延税款贷项	111		
工程物资	44		105000				
在建工程	45		3795000	负债合计	114		2943330
固定资产清理	46			所有者权益			
固定资产合计	50		4982250	实收资本	115		7560000
无形资产及其他资产：				减：已归还投资	116		
无形资产	51		300000	资本公积	118		210000
长期待摊费用	52		150000	盈余公积	119		900000
其他长期资产	53			其中：法定公益金	120		
无形资产及其他资产合计	60		450000	未分配利润	121	41298	
递延税项：				所有者权益合计	122		8711298
递延税款借项	61						
资产总计	67		11654628	负债和所有者权益总计	135		11654628

二、资产负债表的分析

（一）资产负债表分析的方法

对资产负债表进行分析，可以采用以下几种方法，如图 4-3 所示。

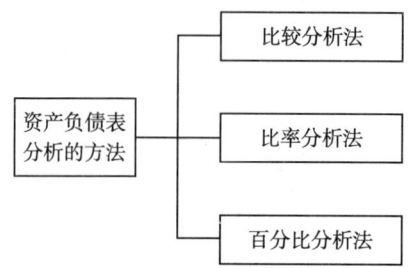

图 4-3　资产负债表分析的方法

1. 比较分析法

比较分析法是指报表中的各项数据、计算出的比率数据或百分比数据等实际数据与计划、前期或先进水平比较，从数量上确定差异的一种方法。

2. 比率分析法

比率是用倍数或比例表示的分数式。比率分析法是在报表中不同项目之间、不同类别之间加以比较，用比率反映它们的相互关系的一种方法。

3. 百分比分析法

百分比分析法就是用百分率或相对数公式，表达同一时期各项财务指标内部结构，或者表示不同时期同一财务指标的变动趋势的分析方法。

这些方法适用于同期财务比率分析、不同时期的分析和企业之间的分析，而同时期财务比率的分析是分析的核心。

（二）资产负债表分析实例

【例 4-2】表 4-10 是宏达公司 2011 年底编制的资产负债表，下面对此表进行分析。

1. 观察三类会计要素的总额

宏达公司 2011 年底资产总额 22496502 元，比 2010 年减少 207698 元（22496502-22704200）。从报表上看，资产减幅不大，为 0.91%（207698÷22704200=0.91%）。

表 4-10 资产负债表

编制单位：宏达公司　　　　　2011 年 12 月 31 日　　　　　单位：元

资产	行次	年初数	期末数	负债和所有者权益	行次	年初数	期末数
流动资产：				流动负债：			
货币资金		2218900	1177802	短期借款		900000	150000
短期投资		4500		应付票据		600000	300000
应收票据		738000	138000	应付账款		961400	861400
应收账款		900000	1800000	其他应付款		650000	650000
减：坏账准备		2700	5400	应付工资		300000	300000
应收账款净额		897300	1794600	应付福利费		30000	24000
预付账款		300000	300000	应交税金		90000	771599
其他应收款		15000	15000	其他未交款		19800	19800
存货		7740000	7724100	预提费用			3000
待摊费用		30000		一年内到期的长期负债		2500000	
流动资产合计		12254200	1114950	流动负债合计		594200	3292799
长期投资：				长期负债：			
长期投资		750000	750000	长期借款		1800000	3480000
固定资产：							
固定资产原价		4000000	2953000				
减：累计折旧		1200000	510000	负债合计		7754200	6772799
固定资产净值		2800000	2443000	所有者权益：			
在建工程		4500000	5934000	实收资本		14500000	14500000
固定资产合计		7300000	8377000	盈余公积		450000	566055.45
无形资产及其他资产：				其中：公益金			38868515
无形资产		2400000	2220000	未分配利润			657647.55
无形资产及其他资产合计		2400000	22220000			14950000	15723703

宏达公司 2011 年底负债总额 6772799 元，比 2010 年减少 981401 元（6772799 - 7754200），负债减幅较大，达到 12.7%（981401÷7754200 = 12.7%）。

宏达公司 2011 年底所有者权益总额 15723703 元，比 2010 年增加 773703 元（15723703 - 14950000），说明该公司本年利润颇丰，经营效果较好，有效地增加了股东财富。

22496502（资产）= 6772799（负债）+ 15723703（所有者权益）

2. 观察三类会计要素下的关键科目

（1）资产类。

"货币资金"科目余额1177802元，比2010年减少1041098元（1177802－2218900），减幅达46.9%（1041098÷2218900＝46.9%），说明该公司流动性最强的货币资金被大量占用。

"应收票据"科目余额138000元，比2010年减少600000元（138000－738000），说明该公司有效地收回了大量的票据兑付款。

"应收账款"科目余额1800000元，比2010年增加了900000元（1800000－900000），说明该公司本年发生了900000元（1800000－900000），说明该公司本年发生大量赊销业务，市场前景看好。

"固定资产原价"科目余额2953000元，比2010年减少1047000元（2953000－4000000），"固定资产净值"科目余额2443000元，比2010年减少了357000（2443000－2800000），说明该公司处理了大批旧的固定资产。

"在建工程"科目余额5934000元，比2010年增加了1434000元（5934000－4500000），说明该公司正在购建大量新的固定资产。

综合以上三个科目余额，说明该公司在进行固定资产更新工作，显示了企业旺盛的生命力，预示着企业良好的发展势头。

（2）负债类。

"短期借款"科目余额150000元，比2010年减少了750000元（150000－900000），"应付票据"科目余额300000元，比2010年减少了300000元（300000－600000），以上两个科目的情况说明该公司偿还了大量短期债务，公司的财务风险降低了，同时说明该公司资金周转较为灵活，偿债能力较强。"长期借款"科目余额3480000元，比2010年增加了1680000元（3480000－1800000），这是一笔较大的资金来源，说明该公司正要进行一项较大的投资。

（3）所有者权益类。

"盈余公积"科目余额566055.45元，比2010年增加116055.45元（566055.45－450000），"未分配利润"科目余额为657647.55元。两者之和等于773703元，即本年净利润。说明该公司有较好的经营业绩。

3. 综合评价本期报表得出的结论

（1）宏达公司资产总额有所下降，其原因是公司负债的大量减少，但所有者权益总额增加，说明还是有效地实现了保值增值；本期公司偿还兑付了大量的短期借款和应付票据，说明公司资金流动性较强，变现能力较好，显示出公司较好的短期偿债能力。

（2）宏达公司本期处置了大量旧的固定资产，同时增置大量的在建工程，对固定资产进行了较大规模的更新，显示出公司旺盛的生命力和良好的发展前景。反映了公司较高的资产管理水平和成长能力。

（3）宏达公司本期所有者权益有了较大的增加，反映出公司本年经营效益较好，有效实现了保值增值，具备较强盈利能力。

第四节　利润表的编制与分析

利润表是与销售工作紧密相关的财务报表之一。在工作中，销售人员不可避免地会涉及这方面的内容。这时，如果销售人员不懂利润表是如何编制的，不懂如何分析利润表，就有可能搞不好这方面的工作。因此，作为销售人员，了解利润表的编制与分析是很有必要的。

一、利润表的编制

1. 利润表的概念

利润表是反映企业在一定会计期间经营成果的报表。例如，反映1月1日~12月31日经营成果的利润表。由于它反映的是某一期间的情况，所以，又称为动态报表。有时，利润表也称为损益表、收益表。

2. 利润表的编制方法

（1）利润表的编制原理。利润表是根据"收入－费用＝利润"的会计平衡公式和收入与费用的配比原则编制的。企业在生产经营中不断地发生各种费用支

出，同时取得各种收入，收入减去费用，剩余的部分就是企业的盈利。取得的收入和发生的相关费用的对比情况就是企业的经营成果。企业如果经营不当，发生的生产经营费用超过取得的收入，企业就发生了亏损；反之，企业就能取得一定的利润。会计部门会定期（一般按月份）核算企业的经营成果，并将核算结果编制成报表，这就形成了利润表。

（2）利润表的编制方法。利润表中的各项目，都有"本月数"和"本年累计数"两栏。"本月数"栏内各项目数字，主要根据反映企业收入和费用情况的收入类账户、费用类账户的本期发生额编制。"本年累计数"栏内各项数字，则根据"本月数"和上一期利润表的"本年累计数"的合计数填列。利润表中各主要项目的具体填列方法如表 4-11 所示。

表 4-11　利润表中各主要项目的具体填列方法

填列项目	填列方法
营业收入	反映企业经营活动所取得的收入总额。本项目应根据"主营业务收入"和"其他业务收入"等账户的本期发生额分析填列
营业成本	反映企业经营活动的实际成本。本项目应根据"主营业务成本"和"其他业务成本"等账户的本期发生额分析填列
营业税金及附加	反映企业经营活动应负担的营业税、消费税、城市维护建设税、资源税和教育费附加等。本项目应根据"营业税金及附加"账户的本期发生额分析填列
销售费用	反映企业在销售商品和提供劳务等主要经营业务过程中所发生的各项销售费用。本项目应根据"销售费用"账户的本期发生额分析填列
管理费用	反映企业本期发生的管理费用。本项目应根据"管理费用"账户的本期发生额分析填列
财务费用	反映企业本期发生的财务费用。本项目应根据"财务费用"账户的本期发生额分析填列
资产减值损失	反映企业确认的资产减值损失。本项目应根据"资产减值损失"账户的发生额分析填列
公允价值变动损益	反映确认的交易性金融资产或交易性金融负债的公允价值变动额。本项目应根据"公允价值变动损益"账户的发生额分析填列
投资收益	反映企业以各种方式对外投资所取得的净损益。本项目应根据"投资收益"账户的本期发生额分析填列。如为投资收益，以"+"号填列；如为投资损失，以"-"号填列
营业利润	反映企业各项经营业务（包括主要经营业务和其他经营业务）所实现的利润。本项目应根据公式"营业净利润=营业收入-营业成本-营业税金及附加-销售费用-管理费用-财务费用-资产减值损失+公允价值变动损益（减损失）+投资收益"，直接依据表中相关项目的数字计算填列。如相减后为亏损额，则以"-"号填列
营业外收入	反映企业经营业务以外所发生的支出。本项目应根据"营业外支出"账户的本期发生额分析填列
营业外支出	反映企业经营业务以外所发生的支出。本项目应根据"营业外支出"账户的本期发生额分析填列

填列项目	填列方法
利润总额	反映企业实现的利润总数。本项目的本期数应根据公式"利润总额＝营业利润＋（营业外收入–营业外支出）"，直接依据表中相关项目的数字计算填列。如相减后为亏损额，则以"–"号填列。累计数应根据"本年利润"账户的期末余额分析填列
所得税费用	反映企业在报告期内按税法规定，根据实现的应纳税所得额和适用税率计算出的应纳所得税额。本项目应根据"所得税费用"账户的本期发生额分析填列
净利润	反映企业在报告期内取得的净收益。本项目应根据公式"利润总额 – 所得税费用＝净利润"，直接依据表中相关项目的数字计算填列。如相减后为亏损额，则以"–"号填列
每股收益	反映上市公司的盈利能力，是指本年净收益与年末普通股股份总数的比值。其包括"基本每股收益"和"稀释每股收益"在内项目计算，可参照《企业会计准则第 34 号——每股收益》填列

3. 利润表编制实例

【例 4-3】M 公司 2010 年 12 月，有关收入和费用账户的发生额和本年 1~12 月累计发生额资料如表 4-12 所示。

表 4-12 2010 年利润类账户 12 月及本年累计发生额

单位：元

账户名称	12 月发生额	本年 1~12 月累计发生额
主营业务收入	240000	1600000
主营业务成本	114000	970000
营业税金及附加	5600	48000
其他业务收入		
其他业务成本		
销售费用	6000	
管理费用	9600	100000
财务费用	6400	30000
营业外收入	3000	4000
营业外支出	4800	16000
所得税费用	31878	158400

根据 2010 年利润类账户 12 月及本年累计发生额，可编制利润表如下：

表 4-13 利润表

编制单位：M 公司	2010 年 12 月	单位：元
项目	本月数	本年累计数
一、营业收入	240000	1680000
减：营业成本	114000	970000
营业税金及附加	5600	48000

项目	本月数	本年累计数
销售费用	6000	70000
管理费用	9600	100000
财务费用	6400	30000
二、营业利润	98400	462000
加：营业外收入	3000	4000
减：营业外支出	4800	16000
三、利润总额	96600	450000
减：所得税费用	31878	158400
四、净利润	64722	291600

二、利润表的分析

利润表分析也称损益表分析，是以利润表为对象进行的财务分析。在分析企业的盈利状况和经营成果时，必须要从利润表中获取财务资料。而且，即使分析企业偿债能力，也应结合利润表，因为一个企业的偿债能力同其获利能力密切相关。

1. 利润表分析的目的

利润表分析的目的主要包括以下三个方面，如图 4-4 所示。

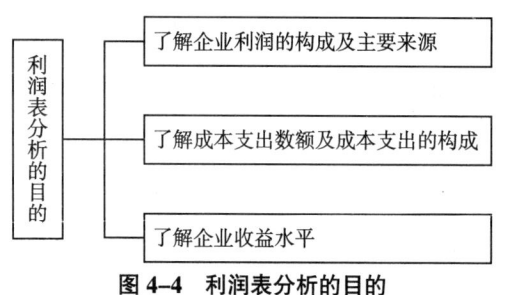

图 4-4 利润表分析的目的

2. 利润表分析的内容

利润表分析的内容主要包括以下三个方面，如图 4-5 所示。

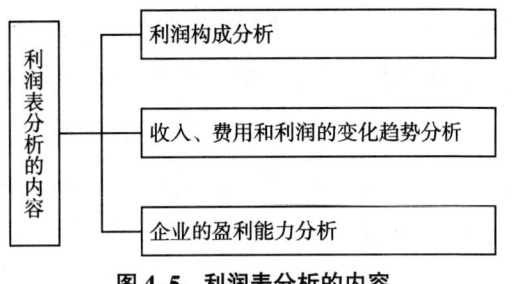

图 4-5 利润表分析的内容

3. 利润表分析实例

【例 4-4】 Z 公司是全球领先的综合性通信制造业上市公司，表 4-14 是该公司 2011 年年报的利润表。我们以该公司 2011 年年报的利润表为蓝本进行分析。

表 4-14 Z 公司合并利润表

2011 年度　　　　　　　　　　　　　　单位：人民币千元

项　　目	2011 年	2010 年
营业收入	60272563	44293427
减：营业成本	40623339	29492530
营业税金及附加	692933	415854
销售费用	7044382	5312516
管理费用	2567928	2099715
研发费用	5781583	3994145
财务费用	784726	1308254
资产减值损失	737940	419358
加：公允价值变动损益	12560	-128328
投资收益	11871	122666
其中：对联营企业和合营企业的投资收益	26002	19877
营业利润	2064163	1245393
加：营业外收入	1391420	1098296
减：营业外支出	130841	81146
其中：非流动资产处置损失	26744	37154
利润总额	3324742	2262543
减：所得税费用	629081	350608
净利润	2695661	1911935
归属于母公司股东的净利润	2458121	1660199
少数股东损益	237540	251736
每股收益		
基本每股收益	人民币 1.40 元	人民币 0.95 元
稀释每股收益	人民币 1.35 元	人民币 0.93 元

从表 4-14 可以看出，2011 年，Z 公司的利润表还是比较好看的，集团 2011 年实现营业收入 602.73 亿元人民币，同比增长 36.08%，实现归属于母公司股东的净利润 24.58 亿元人民币，同比增长 48.06%。Z 公司实现这样的经营业绩，主要得益于两个方面：一方面是中国电信业正处于变革时期，而 Z 公司能够在这种变革中"分一杯羹"；另一方面是 Z 公司大力开拓国际市场，据统计，国际市场为 Z 公司带来的营业收入已经接近总收入的 50%。

下面，我们主要对公司的盈利能力进行分析。

盈利能力分为三部分，分别是经营盈利能力、资产盈利能力和资本盈利能力。对于经营盈利能力，我们选用营业利润率和营业净利率两个指标；对于资产盈利能力，我们选用总资产净利率这个指标；对于资本盈利能力，我们选用净资产收益率指标。

根据某知名财经网站的统计数据，2011 年 Z 公司的营业利润率约为 3%，2010 年 Z 公司的营业利润率也约为 3%，同样，2011 年、2010 年 Z 公司的营业净利率差距也不大，都是约为 4%，这说明公司在成本费用控制方面做得比较好，成本费用和收入的增长幅度基本一致。但我们不难发现一个问题，就是公司的营业净利率比营业利润率要高。详细查询利润表会发现，公司的营业外收入很高，甚至毫不夸张地说，公司营业外收入已经足以和公司的营业收入相媲美，这种情况并不是一个正常的现象，因此我们必须进一步分析公司为何会有如此之高的营业外收入。通过财务报表附注我们了解到，公司的营业外收入主要来源于两部分，一部分是软件产品的增值税退税，另一部分是政府补助。软件产品的增值税退税构成了营业外收入的大部分，该部分收入是国家为了鼓励软件产业的发展而给予 Z 公司子公司的政策支持，政府补助主要包括财政补贴和国家科技拨款收入。我们综合这些信息会发现，其实所谓的营业外收入，基本上都是与公司的高科技背景存在着联系的，也就是说，正是由于公司所处的行业被政府所支持，公司才会因为政策而得到这些营业外收入。

因此，Z 公司在这样的利润结构下必须做两件事情：一是继续注重科技型企业的形象，加强与政府部门的联系，以长期、持续地享受该部分待遇；二是必须努力提高营业利润在利润总额所占的比重，不管怎么说，营业外收支是不稳定的，只有营业利润才能构成企业持续、稳定的营收能力。

2011 年，Z 公司的总资产净利率约为 4%，比 2010 年上升了约一个百分点。对于总资产净利率较高的公司和行业而言，一个百分点也许不算什么，但是对于 Z 公司，由于总值仅有 3%~4%，一个百分点就是举足轻重的变动幅度了，因此我们不能忽视这一个百分点的变动。总资产净利率受到总资产和净利润两个因素的影响，而 2011 年公司的总资产和净利润两个指标都在上升，而且上升幅度并不小，我们可以认定，公司总资产净利润的提高，是由于公司的净利润增长速度快于总资产增长速度所致，公司的盈利水平的提升快于投资的增速，"真金白银"领先于"机器厂房"。

2011 年，Z 公司的净资产收益率约为 15%，而 2010 年该数据约为 12%，上涨了约 3 个百分点，这说明公司净利润的增速快于公司净资产的增速。事实上，从合并利润表可以看出，公司的净资产（股东权益）增幅并不小，公司的股本在 2009 年也有变动（分别是通过资本公积转增股本和股权激励计划来完成的），从此可以看出，本年公司的净利润增长速度是比较可观的。

第五节　现金流量表的编制与分析

相信销售人员对现金流量表并不陌生，在工作中也会经常用到现金流量表。可是，现金流量表是如何编制的？如何分析现金流量表？恐怕个别销售人员就不得而知了。

一、现金流量表的编制

1. 现金流量表的概念

现金流量表，也叫账务状况变动表，是指反映企业在一定会计期间的现金及现金等价物流入和流出的会计报表。其中，现金是指企业库存现金以及可以随时用于支付的存款；现金等价物是指企业持有的期限短（一般是指从购买日起三个

月内到期)、流动性强、易于转换为已知金额现金、价值变动风险很小的投资。

现金流量表一年编制一次，实际上现金流量的一定期间就是从年初到年末。现金流量表要披露的信息就是企业从年初到年末这段期间的现金流入量、现金流出量和现金净流量。

2. 现金流量表的编制方法

现金流量表的编制方法包括四个方面，如图 4-6 所示。

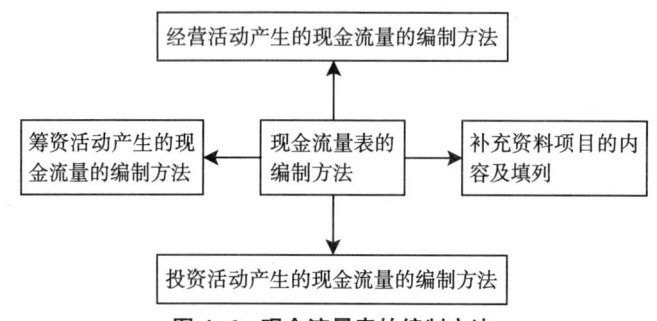

图 4-6　现金流量表的编制方法

（1）经营活动产生的现金流量的编制方法。

A. 直接法和间接法。经营活动产生的现金流量是一项重要的指标，它说明企业在不动用从外部筹得资金的情况下，通过经营活动产生的现金流量是否足以偿还负债、支付股利和对外投资。经营活动产生的现金流量通常可以采用直接法和间接法两种方法来反映，如表 4-15 所示。

表 4-15　经营活动产生的现金流量的编制方法

编制方法	具体内容
直接法	直接法是通过现金收入和现金支出的主要类别来反映企业经营活动产生的现金流量。采用直接法编制经营活动的现金流量时，一般以利润表中的营业收入为起算点，调整与经营活动有关的项目的增加变动，然后计算出经营活动的现金流量
间接法	间接法是以本期净利润为起算点，调整不涉及现金的收入、费用、营业外收支等有关项目的增减变动，并据此计算出经营活动产生的现金流量

值得指出的是，采用直接法提供的信息有助于评价企业未来的现金流量。国际会计准则鼓励企业采用直接法编制现金流量表。在我国，现金流量表也可以采用直接法编制，但在现金流量表的补充资料中还是按照间接法反映经营活动现金流量的情况。

B. 经营活动产生的现金流量各项目的填列方法。经营活动产生的现金流量各项目的填列方法如表 4-16 所示。

表 4-16　经营活动产生的现金流量各项目的填列方法

填列项目	填列方法
销售商品、提供劳务收到的现金	根据利润表"商品销售收入净额"和"代购代销收入"两个项目的金额之和，加上"应收票据——货款"、"应收账款——货款"明细账户的年初数和"预收账款"账户的年末数，减去"应收票据——货款"、"应收账款——货款"明细账户的年末数和"预收账款"账户的年初数，再减去"坏账准备"账户借方发生额，再加上"其他业务收入"账户的净发生额，减去该账户中固定资产经营性出租的租金收入额和包装物出租的租金收入填列
收到的租金	根据"其他业务收入"账户中固定资产经营性出租和包装物出租的租金收入额填列
收到增值税销项税额和退回的增值税款	根据"应交税费——应交增值税"账户所属的"销项税额"、"出口退税"等明细账户的年初数，再减去"应收票据——增值税"、"应收账款——增值税"明细账户的年末数填列
收到的除增值税以外的其他税费返还	根据"应交税费"、"其他应交款"账户的贷方发生额中收到的营业税、消费税、城市维护建设税、所得税和教育费附加返还额填列
收到的其他与经营活动有关的现金	根据"营业外收入"、"其他应付款"等有关账户发生额分析填列
购买商品、接受劳务支付的现金	根据利润表"商品销售成本"项目的金额，加上存货非销售减少的金额，再加上资产负债表中"存货"项目的期末数，减去"存货"项目的期初数，加上"应付票据——货款"、"应付账款——货款"账户的期初数和"预付账款"账户的期末数，减去"应付票据——货款"、"应付账款——货款"账户的期末数和"预付账款"账户的期初数，再加上"其他业务支出"账户的净发生额，减去已列入"其他业务支出"账户的工资、税金、教育费附加及不需要以现金支付的福利费等费用后的数额填列
经营租赁所支付的现金	根据"管理费用——租赁费"账户的发生额分析填列
支付给职工以及为职工支付的现金	根据"应付职工薪酬"账户借方净发生额，扣除列入"再建工程"账户中的工资额，加上"住房周转金"和"管理费用"账户的借方发生额中相关的数额填列
支付的增值税款	根据"应交税费——应交增值税"账户所属的"进项税额"、"已交税金"明细账户的净发生额之和，加上"应付票据——增值税"、"应付账款——增值税"明细账户的年初数，减去"应付票据——增值税"、"应付账款——增值税"明细账户的年末数填列
支付的所得税款	根据利润表"所得税"项目的金额，加上"应交税费——应交所得税"账户的年初数，减去"应交税费——应交所得税"账户的年末数，加上"递延所得税资产"减去"递延所得税负债"账户的净额填列
支付的除增值税、所得税以外的其他税费	根据利润表"销售税金及附加"项目的金额，加上列入"管理费用"账户内的税金，加上"应交税费"账户的年初数和"应交税费"账户所属"应交增值税"、"应交税费"明细账户的年末数，减去"应交税费"账户的年末数和"应交税费"账户所属"应交增值税"、"应交所得税"明细账户的年初数，加上"其他应交款——教育费附加"账户的年初数，减去"其他应交款——教育费附加"账户的年末数，再加上列入"其他业务支出"账户的税金及教育费附加等数额填列

填列项目	填列方法
支付的其他与经营活动有关的现金	根据利润表"销售费用"、"管理费用"、"财务费用"、"营业外支出"四个项目金额之和，减去这四个项目中不需要以现金支付的数额，再减去这四个项目中已经包含的、已列入本表的"支付给职工以及为职工支付的现金"项目中的工资、工资性津贴及补贴、奖金和支付的离退休人员的费用等。"支付的除增值税、所得税以外的其他税费"项目中的税金，还要减去已列入"财务费用"项目，但将列入本表的"发生筹资费用所支付的现金"、"偿付利息所支付的现金"两个项目的数额，加上"其他应收款"账户（"应收股利"、"应计债券利息"、"应收利润"明细账户除外）借方发生额，减去"其他应收款"账户（"应收股利"、"应计利息"、"应收利润"明细账户除外）贷方发生额填列 其中，不需要以现金支付的数额是指提取的固定资产折旧费，无形资产、递延资产的摊销额，预提费用的提取数（利息除外），固定资产盘亏（盘盈），固定资产清理净损失等

（2）投资活动产生的现金流量的编制方法。现金流量表中的投资活动比通常所指的短期投资和长期投资范围要广，投资活动包括非现金等价物的短期投资和长期投资的购买与处置、固定资产的购建与处置、无形资产的购建与处置等。通过单独反映投资活动产生的现金流量，可以了解为获得未来收益和现金流量导致资源转出的程度，以及以前资源转出带来的现金流入的信息。投资活动产生的现金流量各项目的填列方法如表4-17所示。

表4-17　投资活动产生的现金流量各项目的填列方法

填列项目	填列方法
收回投资所收到的现金	根据"短期投资"账户贷方发生额减去该账户所属"现金等价物"明细账户的贷方发生额，加上"长期投资"账户的贷方发生额，减去"长期投资——应计利息"明细账户的贷方发生额，再减去"长期投资"账户中收回的非现金数额填列
分得股利或利润所收到的现金	根据"投资收益"账户所属的"股票投资收益"和"其他投资收益"明细账户贷方发生额，加上"其他应收款——应收股利"、"其他应收款——应收利润"账户的年初数，减去上述两个账户的年末数填列
取得债券利息收入所收到的现金	根据"投资收益——债券投资收益"明细账户贷方发生额，加上"其他应收款——应计债券利息"、"长期投资——应计利息"账户的年初数，减去上述两个账户的年末数填列
处置固定资产、无形资产和其他长期资产而收到的现金净额	根据"固定资产清理"、"无形资产"等账户的发生额分析填列
购建固定资产、无形资产和其他长期资产所支付的现金	根据"固定资产"、"在建工程"、"无形资产"账户的借方发生额，减去本期融资租入固定资产的价值和为购建固定资产而发生的借款利息资本化的余额，再减去因赊购、接受投资、接受捐赠或收回投资等各种原因未支付现金而取得的固定资产、在建工程和无形资产的数额填列

填列项目	填列方法
权益性投资所支付的现金	根据"短期投资——股票投资"、"长期投资——股票投资"、"长期投资——其他投资"账户的借方发生额合计数，减去这三个账户中未支付现金而增加的股票投资和其他投资的数额列
债权性投资所支付的现金	根据"短期投资——债券投资"、"长期投资——债券投资"账户的借方发生额合计数填列

（3）筹资活动产生的现金流量的编制方法。现金流量表需要单独反映筹资活动产生的现金流量，通过现金流量表中反映的筹资活动的现金流量，可以帮助投资者和债权人预计对企业现金流量的要求权，以及获得前期现金流入而付出的代价。筹资活动产生的现金流量各项目的填列方法如表 4-18 所示。

表 4-18　筹资活动产生的现金流量各项目的填列方法

填列项目	填列方法
吸收权益性投资所收到的现金	非股份制企业根据"实收资本"账户贷方发生额中收到现金的数额填列加上"资本公积"账户贷方发生额中收到现金的数额填列，股份制企业根据"股本"账户贷方发生额中收到现金的数额加上"资本公积"账户贷方发生额中收到现金的数额填列
发生债券所收到的现金	根据"应付债券"账户贷方发生额减去未收到现金而增加应付债券的数额填列
借款所收到的现金	根据"短期借款"、"长期借款——本金"账户贷方发生额的合计数填列
偿还债务所支付的现金	根据"短期借款"、"长期借款——本金"、"应付债券——本金"账户的借方发生额的合计数填列
发生筹资费用所支付的现金	根据"递延资产"账户或"财务费用"账户中发行股票、债券所发生的直接费用填列
分配股利或利润所支付的现金	非股份制企业根据"应付利润"账户借方发生额填列，股份制企业根据"应付股利"账户借方发生额减去发放股票股利的数额填列
偿付利息所支付的现金	根据"财务费用"、"在建工程"账户中所列支的银行借款利息和债券利息加上"预提费用——利息"、"长期借款——利息"、"应付债券——应计利息"账户的借方发生额，减去上述三个账户的贷方发生额填列
融资租赁所支付的现金	根据"长期应付款——融资租入固定资产价款"账户的借方发生额填列
减少注册资本所支付的现金	根据"实收资本"、"资本公积"、"盈余公积"账户借方发生额分析填列

（4）补充资料项目的内容及填列。

A. 补充资料中的"将净利润调节为经营活动的现金流量"。补充资料中的"将净利润调节为经营活动的现金流量"实际上是以间接法编制的经营活动的现金流量。间接法是以净利润为出发点，净利润是利润表上反映的数字，在利润表

中反映的净利润是按权责发生制确定的，其中有些收入、费用项目并没有实际发生现金流入和流出。通过对这些项目的调整，即可将净利润调节为经营活动现金流量。

采用间接法将净利润调节为经营活动的现金流量时，需要调整的项目可分为四大类：①实际没有支付现金的费用；②实际没有收到现金的收益；③不属于经营活动的损益；④经营性应收、应付项目的增减变动。

"将净利润调节为经营活动的现金流量"各项目的填列方法如表 4-19 所示。

表 4-19　　"将净利润调节为经营活动的现金流量"各项目的填列方法

填列项目	填列方法
提取的资产损失准备	根据"管理费用"、"投资收益"和"营业外支出"等科目的记录分析填列
固定资产折旧	根据"累计折旧"科目的贷方发生额分析填列
无形资产摊销和长期其他应收款摊销	根据"无形资产"和"长期其他应收款"科目的贷方发生额分析填列
其他应收款减少（减：增加）	根据资产负债表"其他应收款"项目的期初、期末余额的差额填列；期末数大于期初数的差额，以"-"号填列
应付利息的增加（减：减少）	根据资产负债表"应付利息"项目的期初、期末余额的差额填列；期末数小于期初数的差额，以"-"号填列
处置固定资产、无形资产和其他长期资产的损失（减：收益）	根据"营业外收入"、"营业外支出"、"其他业务收入"、"其他业务支出"科目所属有关明细科目的记录分析填列。如为净收益，以"-"号填列
固定资产报废损失	根据"营业外支出"、"营业外收入"科目所属有关明细科目中固定资产盘亏损失减去固定资产盘盈收益后的差额填列
财务费用	根据"财务费用"科目的本期借方发生额分析填列。如为收益，以"-"号填列
投资损失（减：收益）	根据利润表"投资收益"项目的数字填列。如为投资收益，以"-"号填列
递延税款贷项（减：借项）	根据资产负债表"递延税款借项"、"递延税款贷项"项目的期初、期末余额的差额填列。"递延税款借项"的期末数小于期初数的差额，以及"递延税款贷项"的期末数大于期初数的差额，以正数填列；"递延税款借项"的期末数大于期初数的差额，以及"递延税款贷项"的期末数小于期初数的差额，以"-"号填列
存货的减少（减：增加）	根据资产负债表"存货"项目的期初、期末余额的差额填列。期末数大于期初数的差额，以"-"号填列
经营性应收项目的减少（减：增加）	反映企业本期经营性应收项目（包括应收账款、应收票据、其他应收款和预付账款中与经营活动有关的部分等）的减少（减：增加）。这里的应收账款、应收票据包括应收的增值税销项税额。经营性应收项目的减少（增加以"-"号填列）
经营性应付项目的增加（减：减少）	反映企业本期经营性应付项目（包括应付账款、应付票据、应付职工薪酬、应交税费、其他应付款、预收账款中与经营活动有关的部分）的增加（减：减少）。这里的应付账款、应付票据包括应付的增值税进项税额。经营性应付项目的增加（减少以"-"号填列）

B. 补充资料中的"不涉及现金收支的投资和筹资活动"。补充资料中的"不涉及现金收支的投资和筹资活动",反映企业一定期间内影响资产或负债但不形成该期现金收支的所有投资和筹资活动的信息。这些投资和筹资活动虽然不涉及现金收支,但对于以后各期的现金流量有重大影响。如融资租入设备,计入"长期应付款"科目,当期并不支付设备款及租金,但以后各期必须为此支付现金,从而在一定期间内形成了一项固定的现金支出。

"不涉及现金收支的投资和筹资活动"各项目的填列方法如表 4-20 所示。

表 4-20　"不涉及现金收支的投资和筹资活动"各项目的填列方法

填列项目	填列内容
债务转为资本	反映企业本期转为资本的债务金额
一年内到期的可转换公司债券	反映企业一年内到期的可转换公司债券的金额
融资租入固定资产	反映企业本期融资租入固定资产计入"长期应付款"科目的金额

3. 现金流量表的编制程序

在具体编制现金流量表时,可采用工作底稿法和 T 型账户法两种。

(1) 工作底稿法。采用工作底稿法编制现金流量表,就是以工作底稿为手段,以利润表和资产负债表数据为基础,对每一项目进行分析并编制调整分录,从而编制出现金流量表。

采用工作底稿法编制现金流量表共分以下五个步骤,如图 4-7 所示。

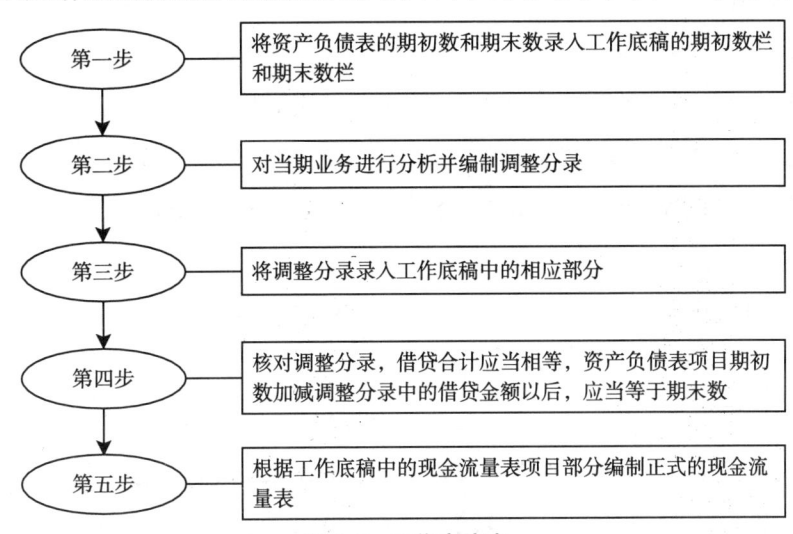

图 4-7　工作底稿法

（2）T型账户法。采用T型账户法，就是以T型账户为手段，以利润表和资产负债表数据为基础，对每一项目进行分析并编制调整分录，从而编制出现金流量表。

采用T型账户法编制现金流量表的具体方法如图4-8所示。

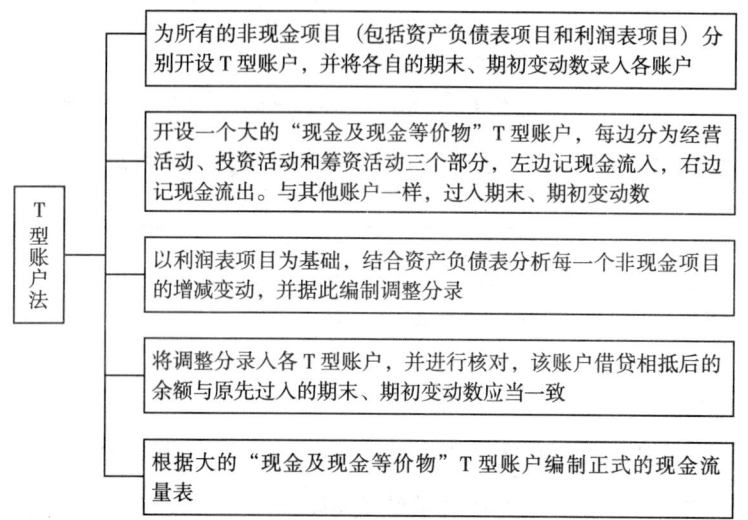

图4-8　T型账户法

4.现金流量表编制实例

【例4-5】大华公司2011年度其他相关资料如下：

1. 2011年度利润表有关项目的明细资料

（1）管理费用的组成：职工酬薪17100元，无形资产摊销60000元，折旧费20000元，支付其他费用60000元。

（2）财务费用的组成：计提借款利息11500元，支付应收票据（银行承兑汇票）贴现利息30000元。

（3）资产减值损失的组成：计提坏账准备900元，计提固定资产减值准备30000元。2010年年末坏账准备余额为900元。

（4）投资收益的组成：收到股息收入30000元，与本金一起收回的交易性股票投资收益500元，自公允价值变动损益结转投资收益1000元。

（5）营业外收入的组成：处置固定资产净收益50000元（其所处置固定资产

原价为 400000 元，累计折旧为 150000 元。收到处置收入 300000 元)，假定不考虑与固定资产处置有关的税费。

(6) 营业外支出的组成：报废固定资产净损失 19700 元 (其所报废固定资产原价为 200000 元)。累计折旧为 180000 元，支付清理费用 500 元，收到残值收入 800 元。

(7) 所得税费用的组成：当期所得税费用 92800 元，递延所得税收益 7500 元。

除上述项目外，利润表中的销售费用 20000 元至期末已经支付。

2. 资产负债表有关项目的明细资料

(1) 本期收回交易性股票投资本金 15000 元、公允价值变动 1000 元，同时实现投资收益 500 元。

(2) 存货中生产成本、制造费用的组成：职工薪酬 324900 元，折旧费 80000 元。

(3) 应交税费的组成：本期增值税进项税额 42466 元，增值税销项税额 212500 元，已交增值税 100000 元；应交所得税期末余额为 20097 元，应交所得税期初余额为 0。应交税费期末数中应由在建工程负担的部分为 100000 元。

(4) 应付职工薪酬的期初数无应付在建工程人员的部分，本期支付在建工程人员职工薪酬 200000 元。应付职工薪酬的期末数中应付在建工程人员的部分为 28000 元。

(5) 应付利息均为短期借款利息，其中本期计提利息 11500 元，支付利息 12500 元。

(6) 本期用现金购买固定资产 101000 元，购买工程物资 300000 元。

(7) 本期用现金偿还短期借款 250000 元，偿还一年内到期的长期借款 1000000 元；借入长期借款 560000 元。

根据以上资料，采用工作底稿法，编制大华公司 2011 年度的现金流量表。

1. 大华公司 2011 年度现金流量表各项目金额

(1) 销售商品、提供劳务收到的现金 = 主营业务收入 + 应交税费 (应交增值税——销项税额) + (应收账款年初余额 − 应收账款期末余额) + (应收票据年初余

额－应收票据期末余额）－当期计提的坏账准备－票据贴现的利息＝1250000＋212500＋（299100－598200）＋（246000－66000）－900－30000＝1312500（元）

（2）购买商品、接受劳务支付的现金＝主营业务成本＋应交税费（应交增值税——进项税额）－（存货年初余额－存货期末余额）＋（应付账款年初余额－应付账款期末余额）＋（应付票据年初余额－应付票据期末余额）＋（预付账款期末余额－预付账款年初余额）－当期列入生产成本、制造费用的职工薪酬－当期列入生产成本、制造费用的折旧费和固定资产修理费＝750000＋42466－（2580000－2484700）＋（953800－953800）＋（200000－100000）＋（100000－100000）－324900－80000＝392266（元）

（3）支付给职工以及为职工支付的现金＝生产成本、制造费用、管理费用中职工薪酬＋（应付职工薪酬年初余额－应付职工薪酬期末余额）－［应付职工薪酬（在建工程）年初余额－应付职工薪酬（在建工程）期末余额］＝324900＋17100＋（110000－180000）－（0－28000）＝300000（元）

（4）支付的各项税费＝当期所得税费用＋营业税金及附加＋应交税费（应交增值税——已交税金）－（应交所得税期末余额－应交所得税期末余额）＝92800＋2000＋100000－20097－0）＝174703（元）

（5）支付其他与经营活动有关的现金＝其他管理费用＋销售费用＝60000＋20000＝80000（元）

（6）收回投资收到的现金＝交易性金融资产贷方发生额＋与交易性金融资产一起收回的投资收益＝16000＋500＝16500（元）

（7）取得投资收益所收到的现金＝收到的股息收入＝30000（元）

（8）处置固定资产收回的现金净额＝300000＋（800－500）＝300300（元）

（9）购建固定资产支付的现金＝用现金购买的固定资产、工程物资＋支付给在建工程人员的薪酬＝101000＋300000＋200000＝601000（元）

（10）取得借款所收到的现金＝560000（元）

（11）偿还债务支付的现金＝250000＋1000000＝1250000（元）

（12）偿还利息支付的现金＝12500（元）

2. 将净利润调节为经营活动现金流量各项目计算分析

（1）资产减值准备 = 900 + 30000 = 30900（元）

（2）固定资产折旧 = 20000 + 80000 = 100000（元）

（3）无形资产摊销 = 60000（元）

（4）处置固定资产、无形资产和其他长期资产的损失（减：收益）= -50000（元）

（5）固定资产报废损失 = 19700（元）

（6）财务费用 = 11500（元）

（7）投资损失（减：收益）= -31500（元）

（8）递延所得税资产减少 = 0 - 7500 = -7500（元）

（9）存货的减少 = 2580000 - 2484700 = 95300（元）

（10）经营性应收项目的减少 = （246000 - 66000）+ （299100 + 900 - 598200 - 1800）= -120000（元）

（11）经营性应付项目的增加 = （100000 - 200000）+ （100000 - 100000）+ [（180000 - 28000）- 110000] + [（226731 - 100000）- 36600] = 32131（元）

3. 编制现金流量表及其补充资料

大华公司 2011 年度的现金流量表如表 4-21 所示，现金流量表补充资料如表 4-22 所示。

表 4-21　现金流量表

编制单位：大华公司　　　　　　　　　2011 年　　　　　　　　　单位：元

项　　目	行次	本期金额	上期金额
一、经营活动产生的现金流量：	1		略
销售商品、提供劳务收到的现金	2	1312500	
收到的税费返还	3	0	
收到其他与经营活动有关的现金	4	0	
经营活动现金流入小计	5	1312500	
购买商品、接受劳务支付的现金	6	392255	
支付给职工以及为职工支付的现金	7	300000	
支付的各项税费	8	174703	
支付其他与经营活动有关的现金	9	80000	
经营活动现金流出小计	10	1006361	
经营活动产生的现金流量净额	11	365531	

项　目	行次	本期金额	上期金额
二、投资活动产生的现金流量：	12		
收回投资收到的现金	13	16500	
取得投资收益收到的现金	14	30000	
处置固定资产、无形资产和其他长期资产收回的现金净额	15	300300	
处置子公司及其他营业单位收到的现金净额	16	0	
收到其他与投资活动有关的现金	17	0	
投资活动现金流入小计	18	346800	
购建固定资产、无形资产和其他长期资产支付的现金	19	601000	
投资支付的现金	20	0	
取得子公司及其他营业单位支付的现金净额	21	0	
支付其他与投资活动有关的现金	22	0	
投资活动现金流出小计	23	601000	
投资活动产生的现金流量净额	24	−254200	
三、筹资活动产生的现金流量：	25		
吸收投资收到的现金	26		
取得借款收到的现金	27	560000	
收到其他与筹资活动有关的现金	28	0	
筹资活动现金流入小计	29	560000	
偿还债务支付的现金	30	1250000	
分配股利、利润或偿付利息支付的现金	31	12500	
支付其他与筹资活动有关的现金	32	0	
筹资活动现金流出小计	33	1262500	
筹资活动产生的现金流量净额	34	−703500	
四、汇率变动对现金及现金等价物的影响	35	0	
五、现金及现金等价物净增加额	36	−591169	
加：期初现金及现金等价物余额	37	1406800	
六、期末现金及现金等价物余额	38	815131	

表 4-22　现金流量表补充资料

项　目	行次	本期金额	上期金额
补充资料			
1. 将净利润调节为经营活动现金流量：	39		略
净利润	40	225000	
加：资产减值准备	41	30900	
固定资产折旧、废弃资产折耗、生产性生物资产折旧	42	100000	
无形资产摊销	43	60000	
长期待摊费用摊销	44	0	

项　目	行次	本期金额	上期金额
处置固定资产、无形资产和其他长期资产的损失（收益以"-"号填列）	45		-50000
固定资产报废损失（收益以"-"号填列）	46	19700	
公允价值变动损失（收益以"-"号填列）	47	0	
财务费用（收益以"-"号填列）	48	11500	
投资损失（收益以"-"号填列）	49	-31500	
递延所得税资产减少（增加以"-"号填列）	50	-2500	
递延所得税负债增加（减少以"-"号填列）	51	0	
存货的减少（增加以"-"号填列）	52	95300	
经营性应收项目的减少（增加以"-"号填列）	53	-120000	
经营性应付项目的增加（减少以"-"号填列）	54	32131	
其他	55	0	
经营活动产生的现金流量净额	56	365531	
2. 不涉及现金收支的重大投资和筹资活动：	57		
债务转为资本	58	0	
一年到期的可转换公司债券	59	0	
融资租入固定资产	60	0	
3. 现金及现金等价物净变动情况：	61		
现金的期末余额	62	815131	
减：现金的期初余额	63	1406300	
加：现金等价物的期末余额	64	0	
减：现金等价物的期初余额	65	0	
现金及现金等价物净增加额	66	-591169	

二、现金流量表的分析

现金流量表是以收付实现为记账基础，反映企业一定会计期间内现金和现金等价物流入和流出信息的一张动态报表。在现代这个重视现金的大环境中，越来越崇尚"现金至尊"。因此，现金流量表分析对信息使用者来说显得尤为重要。现金流量表分析指的是对现金流量表上的有关数据进行比较分析和研究，从而了解企业的财务状况，发现企业在财务方面存在的问题，预测企业未来财务状况，为科学决策提供依据。

1. 现金流量表分析的作用

现金流量表分析有着不可低估的重要作用，主要表现在以下几个方面，如

图 4-9 所示。

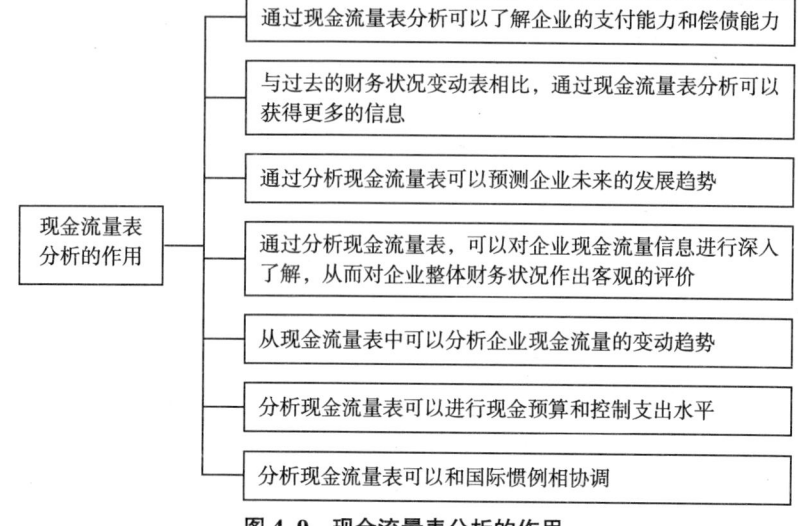

现金流量表分析的作用	通过现金流量表分析可以了解企业的支付能力和偿债能力
	与过去的财务状况变动表相比,通过现金流量表分析可以获得更多的信息
	通过分析现金流量表可以预测企业未来的发展趋势
	通过分析现金流量表,可以对企业现金流量信息进行深入了解,从而对企业整体财务状况作出客观的评价
	从现金流量表中可以分析企业现金流量的变动趋势
	分析现金流量表可以进行现金预算和控制支出水平
	分析现金流量表可以和国际惯例相协调

图 4-9 现金流量表分析的作用

总之,现金流量表通过对现金流量的各种分类,提供了大量的信息。报表使用者若能将它进行分析、评价,则能预测出企业未来的现金流量。

2. 现金流量表分析的目的

现金流量表分析是有很明确的目的的。现金流量表分析可以揭示企业在一定时期内创造的现金数额,揭示企业在一定时期内现金流动的状况。通过现金流量表分析可以达到以下几个目的,如图 4-10 所示。

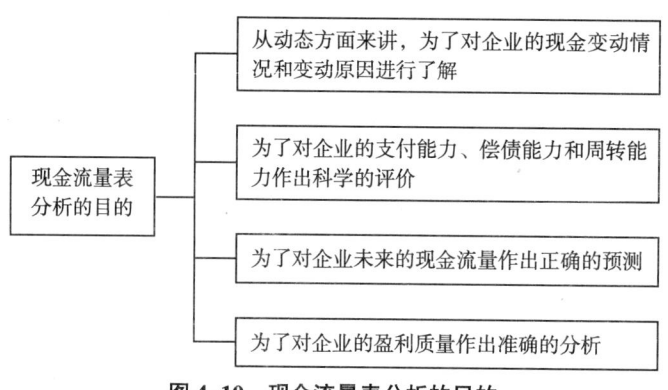

现金流量表分析的目的	从动态方面来讲,为了对企业的现金变动情况和变动原因进行了解
	为了对企业的支付能力、偿债能力和周转能力作出科学的评价
	为了对企业未来的现金流量作出正确的预测
	为了对企业的盈利质量作出准确的分析

图 4-10 现金流量表分析的目的

3. 现金流量表分析的内容

概括起来看，现金流量表分析的内容有如下几个方面，如表4-23所示。

表4-23　现金流量表分析的内容

分析内容	具体内容
现金流量的结构分析	现金流量的结构分析就是分析企业当期取得的现金来自哪些方面，用往哪些方面，其现金余额是如何构成的。它是在现金流量表和有关数据的基础上，进一步明确现金流入、现金流出的构成及现金余额的形成。通过现金流量的结构分析，报表使用者可进一步了解企业财务状况的形成过程、变动过程和变动原因
现金流量的趋势分析	现金流量的趋势分析就是分析企业的现金收入、现金支出及其余额发生了怎样的变动，它们的变动趋势是怎样的，这种趋势对企业是有利还是不利等，这些内容构成了现金流量的趋势分析。通过对连续数年的现金流量表等会计资料进行对比、分析和计算，企业可以对各期的有关项目金额作出比较，对某些指标的增减变动情况进行分析，在这个基础上，对未来的生产经营可能出现的结果作出预测。同时，通过计算有关指标的变动趋势，还可以帮助报表使用者了解企业财务状况的变动趋势及其变动原因，评价这种趋势是有利的还是不利的，在此基础上预测企业未来的财务状况，从而帮助报表使用者作出科学决策
对偿债能力进行分析	为了开展正常的经营活动，企业除了依靠自有资金外，还必须充分运用借入资金，也就是举债。但是，举债的前提是必须能够偿还。如果一个企业，尤其是一些金融企业，不能按期偿还所负债务的本息，那么企业的经营活动就会陷入困境，以致危及企业的生存。因此，对企业经营者来说，通过现金流量表的分析，测定企业的偿债能力，有利于作出正确的筹资决策和投资决策。而对债权人来说，偿债能力的强弱是他们作出存贷款决策的决定性依据
对支付能力进行分析	支付能力分析主要是企业在经营过程中，除了利用现金偿还债务、支付利息外，还需要利用现金支付手续费、税金、工资及其他经营费用，同时，企业还需要用现金对内、对外投资，向投资者支付股利，分配利润等。如果企业在支付上述款项时没有足够的现金，那么，企业就不能顺利进行正常的经营活动，也就无法成长发展。对投资者来说，也无法取得投资回报。由此可见，企业支付能力，对于企业经营者和投资者来说都是十分关注的。通过支付能力分析，能够帮助经营者和投资人正确作出判断和决策
对盈利质量进行分析	对现金流量表进行盈利质量分析，就是根据经营活动的现金流量、净利润和资本支出三者之间的关系，揭示出本企业保持现有经营水平和创造未来盈利的能力。通过对盈利质量进行分析，报表使用者不但可以了解企业实现收入中有多少已经实际收到，而且还可以了解净利润与经营现金净流量差异形成的原因

其实，我们对现金流量表的分析不外乎以下两大内容：

（1）总体分析现金流量结构，认定企业生命周期所在阶段。现金流量结构十分重要，总量相同的现金流量在经营活动、投资活动、筹资活动之间分布不同，意味着不同的财务状况。总的来看，企业的生命周期分为以下四个阶段，如表4-24所示。

表 4-24　企业生命周期的四个阶段

所处阶段	分析内容
产品初创期	一般情况下,当经营活动现金净流量为负数,投资活动现金净流量为负数,筹资活动现金净流量为正数时,表明该企业处于产品初创期。在这个阶段企业需要投入大量资金,形成生产能力,开拓市场,其资金来源只有举债、融资等筹资活动
高速发展期	当经营活动现金净流量为正数,投资活动现金净流量为负数,筹资活动现金净流量为正数时,可以判断企业处于高速发展期。这时产品迅速占领市场,销售呈现快速上升趋势,表现为经营活动中大量货币资金回笼,同时为了扩大市场份额,企业仍需要大量追加投资,而仅靠经营活动现金流量净额可能无法满足所需投资,必须筹集必要的外部资金作为补充
产品成熟期	当经营活动现金净流量为正数,投资活动现金净流量为正数,筹资活动现金净流量为负数时,表明企业进入产品成熟期。在这个阶段产品销售市场稳定,已进入投资回收期,但很多外部资金需要偿还,以保持企业良好的资信程度
衰退期	当经营活动现金净流量为负数,投资活动现金净流量为正数,筹资活动现金净流量为负数时,可以认为企业处于衰退期。这个时期的特征是:市场萎缩,产品销售的市场占有率下降,经营活动现金流入小于流出,同时企业为了应付债务不得不大规模收回投资以弥补现金的不足

(2)分析企业现金流入、流出的原因。现金流量表将现金流量划分为经营活动、投资活动和筹资活动所产生的现金流量,并按现金的流入、流出项目分别反映,有利于报表使用者对其流动原因进行分析。

4. 现金流量表分析实例

【例 4-6】下面引用 S 上市公司 2011 年年报中的现金流量表进行分析。为了使分析数据更加准确,我们以合并现金流量表作为蓝本进行分析。同时,我们对报表项目进行了简化处理,如表 4-25 所示。

表 4-25　合并现金流量表

编制单位:S 公司　　　　　　　　2011 年 12 月 31 日　　　　　　　　单位:元

项　目	本期金额	上期金额
一、经营活动产生的现金流量:		
销售商品、提供劳务收到的现金	15926683850	6195335331
收到的税费返还	598706	25520015
收到其他与经营活动有关的现金	3542739117	887926560
经营活动现金流入小计	19470021673	7108781906
购买商品、接受劳务支付的现金	8370247406	9374818057
支付给职工以及为职工支付的现金	561496643	515097597
支付的各项税费	1426342512	802008011
支付其他与经营活动有关的现金	2057203779	336701916
经营活动现金流出小计	12415290340	11028625581

项　目	本期金额	上期金额
经营活动产生的现金流量净额	7054731333	−3919843675
二、投资活动产生的现金流量：		
收回投资收到的现金		40702142
取得投资收益收到的现金	413971	12870616
处置固定资产、无形资产和其他长期资产收回的现金净额	251567	2772549
处置子公司及其他营业单位收到的现金净额	13304811	681912273
收到其他与投资活动有关的现金	485915710	
投资活动现金流入小计	499886059	738257580
购建固定资产、无形资产和其他长期资产支付的现金	75630570	83837658
投资支付的现金	870044567	1013522765
取得子公司及其他营业单位支付的现金净额		5252240
支付其他与投资活动有关的现金		54886338
投资活动现金流出小计	945675137	1157499001
投资活动产生的现金流量净额	−445789078	−419241421
三、筹资活动产生的现金流量：		
吸收投资收到的现金	338613350	6444200352
其中：子公司吸收少数股东投资收到的现金	338613350	666979796
取得借款收到的现金	5612106753	8943642350
筹资活动现金流入小计	5950720103	15387842702
偿还债务支付的现金	10044491466	6329137678
分配股利、利润或偿付利息支付的现金	1095366405	894253290
其中：子公司支付给少数股东的股利、利润	303678404	24025535
筹资活动现金流出小计	11139857871	7223390968
筹资活动产生的现金流量净额	−5189137768	8164451734
四、汇率变动对现金及现金等价物的影响	−2200526	−12294446
五、现金及现金等价物净增加额	1417603961	3813072192
加：期初现金及现金等价物余额	7358057106	3544984914
六、期末现金及现金等价物余额	8775661067	7358057106

首先，我们先编制一张现金流量汇总表（见表4-26），以汇总现金流量表中的财务信息。

表4-26　现金流量汇总表

项　目	2011年	2010年
现金流入：	25920627835	23234882188
其中：经营活动现金流入	19470021673	7108781906
投资活动现金流入	499886059	738257580

项　目	2011 年	2010 年
筹资活动现金流入	5950720103	15387842702
现金流出：	24500823348	19409515550
其中：经营活动现金流出	12415290340	11028625581
投资活动现金流出	945675137	1157499001
筹资活动现金流出	11139857871	7223390968
三大活动对现金净流量的影响：	1419804487	3825366638

"三大活动"是现金流量变动情况最大的影响因素，可以说，抓住了"三大活动"，就抓住了公司的整体现金流量。S 公司在 2011 年和 2010 年两年的现金净流量均为正数，没有出现现金流"难以为继"的情形，这点对于该公司来说至关重要。但是，虽然均为正数，但 2011 年，经营活动、投资活动和筹资活动的现金净流量总和比 2010 年下降了 62.88%，也就是说，虽然公司的现金及现金等价物仍在增长，但增速明显放缓。

为了了解增速放缓的原因，我们需要进一步研究"三大活动"对于整体现金流量的变动产生了怎样的影响。2011 年，"三大活动"带来的现金流入合计为 25920627835 元，比 2010 年有小幅增加，"三大活动"带来的现金流出合计为 24500823348 元，增幅明显大于现金流入的增幅。因此，可以得出一个结论，S 公司的现金净流量之所以比 2010 年有所下滑，主要是因为本年的现金流出增幅较大。

是不是每一项活动的现金流出增幅都比现金流入增幅要大呢？显然不是。经营活动引起的现金流量是企业的主体现金流量，S 公司 2011 年经营活动现金流出比 2010 年仅增长了 12.57%，而经营活动现金流入却比 2010 年增长了 173.89%，增幅巨大。我们通过观察 S 公司 2011 年的合并利润表不难发现，S 公司在 2011 年营业收入增长也十分迅速。营业收入和经营现金流入量的"双增长"已经告诉我们，2011 年 S 公司在经营上表现得不错。

2011 年，S 公司投资活动引起的现金流入为 499886059 元，同 2010 年相比，降幅明显，根据投资活动现金流入的子项目可以知道，造成降幅的主要原因是 2010 年，S 公司处置了比较多的子公司和其他营业单位，而在 2011 年这方面的工作做得比较少，至于 2010 年为何处置如此众多的子公司和其他营业单位，则需要翻看公司 2010 年年报，以了解公司以前年度的情况。S 公司 2011 年投资活动引起的现金流出也有一定的下降，观察各子项目，会发现每一个项目的数字都在下降，从这两年的数据来看，S公司在投资方面收缩了战线。

真正导致"流出增幅大于流入增幅"这个结果的，是筹资活动。2011年，筹资活动引起的现金流入比2010年下降了61.33%，可谓降幅明显，而2011年，筹资活动引起的现金流出比2010年增长了54.22%，可谓增幅明显。这样的"一升一降"，不仅导致筹资活动的现金净流量由正数变成了负数，同时也最终影响到总体的现金流量。下面，进一步分析这"一升一降"的原因。通过阅读现金流量表，我们会发现筹资引起的现金流入量减少，主要是由于"吸收投资收到的现金"和"取得借款收到的现金"两个项目都有不同程度的下降，而尤以"吸收投资收到的现金"为甚，这说明在2011年，公司筹资的意愿不强——无论是股权资本还是债权资本。对于筹资活动引起的现金流出来说，主要是由于"偿还债务支付的现金"项目增幅比较明显，可以看出，"偿债"在2011年比2010年占用了S公司更多的现金流。

从现金流量结构上看，经营现金流入量占据现金流入总量的大部分，现金流出总量则由经营现金流出量和筹资现金流出量"平分秋色"。我们认为，S公司在经营上表现很好，而偿债压力则有所增大，S公司必须同时注重经营风险和财务风险，而且，结合公司情况和当前经济形势，财务风险应当得到更大的关注。

第六节　财务报表的报送与审核

财务报表的报送与审核是财务工作的关键一环，销售人员极有必要懂得这方面的知识。那么，财务报表是如何报送与审核的呢？这一节介绍这方面的内容。

一、财务报表的报送

1. 财务报表报送对象

在编制了财务报表以后，应经过注册会计师的审计并出具审计报告后，定

期、及时向上级主管部门、开户银行、财政、税收和审计机关以及投资者、债权人和其他与企业有关的报表使用者提供财务会计报表，以满足他们对财务报表信息的需求。

2. 财务报表报送要求

财务报表编制好以后，应将其依次编订页数，加具封面，装订成册，加盖公章。封面上应该注明企业名称、企业统一代码、组织形式、地址、报表所属年度或者月份、报出日期，并由企业负责人和主管会计工作的负责人、会计机构负责人签名并盖章；设置总会计师的企业，还应由总会计师签名并盖章。财务报表封面式样如表 4-27 所示。

表 4-27　财务报表封面式样

××省××地区企业
财 务 报 表
年　季度　月份

隶属部门（行业）：＿＿＿＿＿＿＿	总会计师：＿＿＿＿＿＿＿＿
编报单位：＿＿＿＿＿＿＿＿＿＿＿	财务负责人：＿＿＿＿＿＿＿
企业经济性质：＿＿＿＿＿＿＿＿＿	编制人：＿＿＿＿　复核人：＿＿＿＿
执行会计制度：＿＿＿＿＿＿＿＿＿	报出日期：＿＿＿年＿＿月＿＿日
单位负责人：＿＿＿＿＿＿＿＿＿＿	电话号码：＿＿＿＿邮编：＿＿＿＿

3. 财务报表报送时间

一般而言，按照期限的长短，财务报表的报送可以分为月报、季度报告、半年度报告、年度报告。其具体期限如图 4-11 所示。

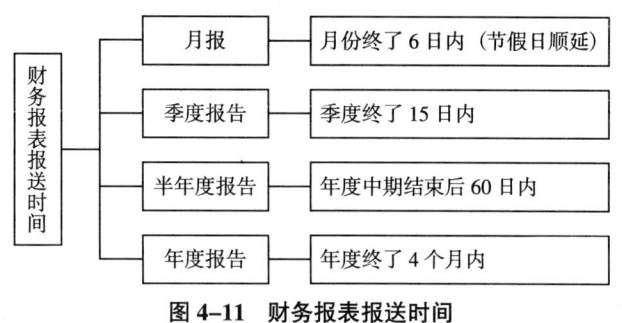

图 4-11　财务报表报送时间

二、财务报表的审核

在报送财务报表之前，必须由本单位会计主管人员和企业负责人对财务报表进行认真复核。若发现对外报送的财务报表有错误，应及时办理更正手续。除更正本单位留存的财务报表外，还应通知接收财务报表的单位更正。若错误较多，应重新编制。

财务报表报送之后，由上级主管部门或总公司以及财政、税务、金融部门对其进行及时审核。在审核过程中，若发现报表编制有错误，或不符合制度的要求，应及时通知报送单位进行更正。若发现有违反财经法规的情况，应查明原因，及时纠正，严肃处理。

无论是向上级报送财务报表，还是接收下级报送的财务报表，审核方法都包括两种：技术性审核和内容性审核。技术性审核主要审核财务报表的编制、报送是否符合规定；内容性审核主要审核财务报表的内容是否符合财经法规、制度的要求。

财务报表审核的具体内容如图 4-12 所示。

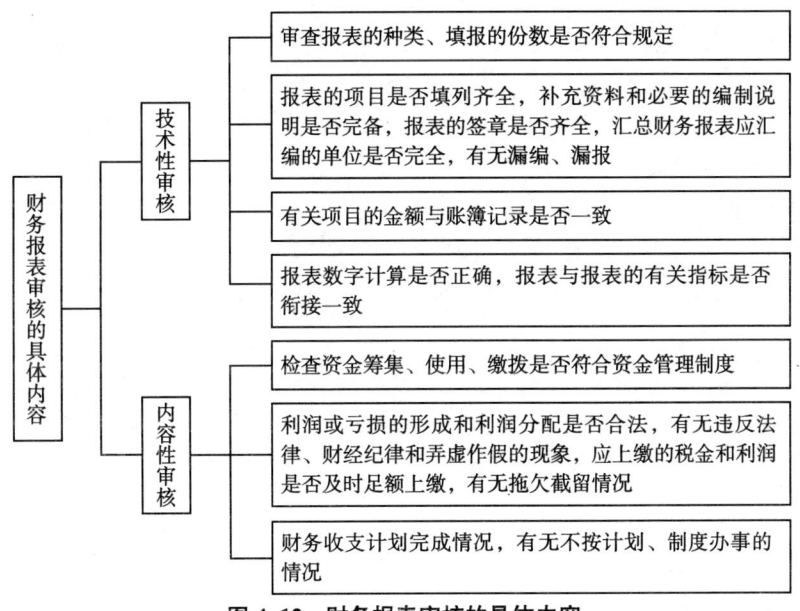

图 4-12　财务报表审核的具体内容

值得提醒的是，销售人员在报送财务报表之前，还需要自己认真审核财务报表，以防出现错误而被上级退回更正。其审核方法可以按照以上方法进行。

第五章　销售人员怎样使用和保管发票

第一节　发票的概念、内容和作用

在销售工作中，销售人员常常会用到发票。可以说，与销售打交道，很多时候都要与发票打交道。可是，发票的概念是什么？它包括哪些内容？它的作用是什么？你们清楚吗？

一、发票的概念

发票是商业发票的简称，亦称发货票，是指一切单位和个人在购销商品、提供劳务或接受劳务、服务以及从事其他经营活动中，所提供给对方的收付款的书面证明，是财务收支的法定凭证，是会计核算的原始依据，也是审计机关、税务机关执法检查的重要依据。

我们可以从以下三个方面理解发票的内涵，如表 5-1 所示。

表 5-1　发票的内涵

理解角度	具体内涵
从属性看	发票是一种收付款凭证，是记录经济业务活动原始状况的书面证明
从记载的经济内容看	大致有三类：第一类是基于经营性质活动所产生的证明交易成立以及货物、劳务和资金所有权转移的收付款凭证，这类凭证记载的主要是商品购销、提供接受服务等经营性活动的原始状况；第二类是基于行政管理活动而产生的收付款项的收付款凭证；第三类是基于单位内部经营管理和财务管理的需要，划分单位内各部门和个人经济责任而产生的内部结算凭证
从税务管理的角度看	这些凭证不仅是财务收支的法定凭证和会计核算的原始凭证，同时也是税收控管的重要依据，与税务管理有着直接的密切联系

发票的概念可以从两个方面界定和把握：一方面，发票必须是在经济业务活动中使用的凭证；另一方面，发票又必须是收付款项的凭证，二者缺一不可。只是在经济业务活动中使用而不是作为收付款项凭证的，或者只是作为收付款凭证而不是在经济业务活动中使用的，均不能称为发票。比如，单位或个人之间相互借用款项时所使用的借条、契约，虽然是收付款的凭证，但不是在经济业务活动中所使用，因而就不能称为发票，而只能称为借条、契约。再如，委托方将货物或商品发送到受托方加工或代销所使用的发货单，虽然也是在经济业务活动中使用的，但不能作为收付款的凭证，因此也不能称为发票。

二、发票的内容

发票作为经济交往活动中收付款项的凭证，必须具备足以记录经济交往活动的基本内容。发票的内容一般由以下四个方面组成，如表5-2所示。

表5-2　发票的内容

内容	具体内容
票头	发票的票头一般包括发票名称、字轨号码、客户名称、开票日期等内容
票体	票体也就是发票上表格里面的部分，是发票的主体内容，它一般包括商品或劳务名称或经营项目、计量单位、数量、单价、大小写金额等。具有代扣、代收税款或委托代征税款作用的发票，其内容还应当包括代扣、代收、代征的税种、税率、税额，被代扣、代收、代征的税种、税率、税额，纳税人的地址、税务登记证号等。增值税专用发票的票体还包括购销双方的名称、地址、电话、纳税人登记号、开户银行及账号，增值税适用税率、金额、税额等
票尾	票尾主要包括开票单位、开票经办人、收款人、财务负责人、复核人等
边联字	边联字一般包括联次用途、批印文号、该批印制本数、每本份数、每份联数、印制厂家、印制日期等

三、发票的作用

发票作为经济生活中的收付款凭证，在整个社会经济活动中，尤其是税收征管及财务管理中的作用越来越大，归纳起来主要有以下几个方面，如表5-3所示。

表 5-3　发票的作用

作　用	具体内容
记录经营活动的一种原始凭证	由于发票上载明的经济事项较为完整，既有填制单位印章，又有经办人签章，还有监制机关、字轨号码、发票代码等，具有法律证明效力。它为工商部门检查经济合同，处理合同纠纷，法院裁定民事诉讼，消费者向销货方要求调换、退货、修理商品等，提供了重要依据。所以，很多消费者都会养成主动索取发票的习惯，以修护其自身的合法权益
加强财务会计管理，保证国家财产安全的重要手段	发票是会计核算的原始凭证，正确地填制发票是正确进行会计核算的基础。只有发票填制合法、真实，会计核算资料才会真实可信，会计核算质量才有可靠的保证，提供的会计信息才会准确、完整
税务稽查的重要依据	发票一经开具，票面上所载明的征税对象名称、数量、金额为计税基数提供了原始可靠的依据；发票还为计算应税所得额、应税财产提供了必备资料，所以，税务稽查往往从检查发票人手
维护社会秩序的重要工具	发票具有证明作用，在一定条件下，又有合同的性质。多年来的实践证明，各类发票违法行为，不仅与偷税、骗税有关，还与社会秩序的诸多方面，如投机倒把、贪污受贿、走私贩私等案件关系甚大。所以，管好发票，不仅是税务机关的责任，也是整个社会的责任

第二节　发票的种类及适用范围

　　销售人员在工作中一定遇到过或使用过各种各样的发票，可是，对于发票的种类和适用范围，很多销售人员就了解得不够全面了。

　　日常工作和生活中使用的发票种类繁多，按照不同的分类标准，发票的种类也不同，不同的发票适用范围也不同。但总的来看，发票的种类及适用范围如下：

一、按发票的用途分类

　　按发票的用途分类，发票可分为增值税专用发票、普通发票和专业发票。这三种发票是最常见的发票种类。按照发票的用途分类，发票的种类和适用范围如表 5-4 所示。

二、按用票对象的经济性质分类

　　按用票对象的经济性质分类是根据用票人的不同经济性质，对每个经济性质

表 5-4　按发票的用途分类

种　类	适用范围
增值税专用发票	只有经国家税务机关认定的增值税一般纳税人才能领购增值税专用发票
普通发票	主要由营业税纳税人和增值税小规模纳税人使用，增值税一般纳税人在不能开具增值税专用发票的情况下也可使用普通发票。普通发票由行业发票和专用发票组成，前者适用于某个行业的经营业务，如商业零售发票；后者仅适用某一经营项目，如商品房销售发票、广告费结算发票等
专用发票	专用发票是指国有金融、保险企业的存货、汇兑、转账凭证和保险凭证；国有邮政、电信企业的邮票、邮单、话务、电报收据；国有铁路、国有航空企业和交通部门、国有公路、水上运输企业的客票、货票等。专用发票是一种特殊种类的发票，经有关部门批准后，专用发票可由主管部门自定格式，自行印制、发放和管理，自行负责。专用发票一般套印发票监制章，但随着"以票管税"力度的加强，今后发展的方向将是专用发票全部纳入税务机关统一管辖的范畴，套印全国统一的发票监制章

确定同一种类的发票，并用甲、乙、丙、丁或甲发、乙发、丙发、丁发等符号表示，以示区别。即甲或甲发代表全民所有制类；乙或乙发代表集体所有制类；丙或丙发代表私营及个体类；丁或丁发代表临时经营性发票。按用票对象的经济性质分类，如表 5-5 所示。

表 5-5　按用票对象的经济性质分类

种　类	适用范围
甲种发票类	一般适用于全民所有制的工矿、交通运输、建筑安装、商业以及农、林、牧、渔等
乙种发票类	一般适用于城乡集体所有制企业、校办工厂、部队家属企业、事业等单位举办的集体所有制形式的企业
丙种发票类	一般适用于已办工商营业执照和税务登记的私营企业、个体工商业户和私人承包者
丁种发票类	一般适用于未经工商、税务批准的一切从事临时性经营的单位和个人

三、按经济性质并结合行业特点分类

按用票对象的经济性质并结合行业的特点进行发票分类，就是在按发票使用人的经济性质进行整体分类的基础上对每一个经济性质的各行业均设计行业专用发票。根据这种分类方法，可将发票分为：国有、集体企业发票，个体、私营企业发票。在这两大类中，按行业的特点分为：工业企业发票、商业批发及商业零售发票、交通运输业发票、建筑安装业发票、各项服务业发票等若干个行业小类发票。按经济性质并结合行业特点分类，如表 5-6 所示。

表 5–6　按经济性质并结合行业特点分类

种　类	细　分	适用范围
国营集体企业类发票	工业发票	工业企业统一发票——产品销售填用 工业企业批发统一发票——产品批发销售扣税填用 工业企业委托加工发票——委托加工业务扣税填用 加工修理专用发票——加工修理业务填用 服装加工专用发票——服装加工业填用 ……
	商业发票	商品零售统一发票——商业商品零售填用 商品批发统一发票——商业商品批发扣税填用 ……
	交通运输业发票	联运行业统一发票——联运行业业务填用 运输、交通、装卸、搬运专用发票——装卸、搬运业务填用 交通定额统一发票——出租车专用 汽车维修行业专用发票——汽车维修业务填用 ……
	建筑安装业发票	建筑安装业务填用
	服务业发票	旅店业专用发票——旅社、招待所、宾馆、饭店住宿时填用 饮食业专用发票——饮食、服务的各种餐馆业务填用 照相业专用发票——照相行业填用 洗染业专用发票——洗染行业填用 停车场（站）定额发票——各类停车场（站）业务填用 ……
	其他行业发票	书店专用发票——书店业务填用 专控商品专用发票——专控商品定点销售单位填用 住宅租金专用发票——出租住宅业务填用 专用收款收据——行政事业性收费专用 统一收款收据——内部往来业务及非营利性款项收支时填用 ……
私营个体类发票	私营企业发票	私营工业统一发票——私营工业产品销售填用 私营工商统一发票——私营工商户填用 ……
	个体工商业发票	个体工商业统一发票——个体工商户销售产品商品填用 个体工商业限额发票——个体工商户销售产品商品填用 个体饮食行业统一发票——个体饭店、饮食店、餐馆填用 个体服装加工统一发票——个体缝纫店、服装加工填用 个体旅社专用发票——个体旅社填用 个体照相专用发票——个体照相馆填用 个体（联合）行医发票——个体行医填用

四、按发票反映的业务范围分类

按发票反映的业务范围分类，发票可分为物质生产部门发票、非物质生产部门发票、专用发票和特种发票四大类。按发票反映的业务范围分类，如表5-7所示。

表5-7　按发票反映的业务范围分类

种　类	适用范围
物质生产部门发票	主要是指直接创造物质财富的单位所使用的发票。适用于工矿业、农业、林业、渔业、牧业、建筑业、交通运输业、饮食业、加工修理业等单位，在销售产（商）品或提供劳务服务取得收入时使用
非物质生产部门发票	主要是指不直接从物质资料生产的单位所使用的发票。适用于商业、信息、科研、医疗卫生、国防、教育等部门，在发生商（产）品销售或提供劳务服务取得收入时使用
专用发票	有专门用途的发票，一般有行业专用发票、增值税专用发票、社会集团购买力专用发票等。适用于某个行业、某个项目和缴纳增值税的单位以及社会集团控购商品专店（柜）在销售商（产）品取得收入时使用
特种发票	税务机关使用的《发票换票证》属于特种发票

五、按发票填开金额分类

按发票填开金额进行分类，发票可分为限额发票、非限额发票、定额发票和非定额发票四种。按发票填开金额分类，如表5-8所示。

表5-8　按发票填开金额分类

种　类	适用范围
限额发票	限额发票是为了控制税收，减少发票漏洞，将发票票面可填开金额数限定在一个较小的范围内。该发票适用于个体工商业户和私营企业使用，在发票限额以内，使用人填开超过限定的额度时，必须到税务部门申请领用统一发票
非限额发票	非限额发票只是相对而言的，从广义上讲，所有的发票票面金额数字都是有限度的，也可称限额发票，但是，这时讲的非限额发票通常是指票面金额数字大的统一发票。非限额发票适用于国有和县以上集体工商企事业单位使用
定额发票	定额发票是指发票票面金额数字固定，使用时不需要填写的发票。定额发票适用于交通运输、文化体育、公园等单位的车、船、门票使用
非定额发票	非定额发票是指发票票面金额不固定，由用票人自行填开的发票。非定额发票适用于所有使用统一发票的单位和个人

值得说明的是，印制"限额发票"和"定额发票"的目的主要是控制其收入，防止某些不法分子利用填开发票隐瞒收入，逃避税收和贪污作弊。

第三节　增值税专用发票和普通发票的区别

增值税专用发票和普通发票是销售人员在工作中经常接触到的两种发票，这两种发票是有区别的。增值税专用发票是我国为了推行新的增值税制度而使用的新型发票，与日常经营过程中所使用的普通发票相比有以下不同，如表5-9所示。

表5-9　增值税专用发票和普通发票的区别

区　别	具体内容
发票的定义不同	增值税专用发票是指专门用于结算销售货物和提供加工、修理修配劳务使用的一种发票；普通发票是指除增值税专用发票以外的发票，包括一般普通发票和用于出口退税、抵扣税款的其他发票
发票使用的主体不同	增值税专用发票一般只能由增值税一般纳税人领购使用，小规模纳税人需要使用的，只能经税务机关批准后由当地的税务机关代开；普通发票则可以由从事经营活动并办理了税务登记的各种纳税人领购使用，未办理税务登记的纳税人也可以向税务机关申请领购使用普通发票
发票的内容不同	增值税专用发票除了具备购买单位、销售单位、商品或者服务的名称、商品或者劳务的数量和计量单位、单价和价款、开票单位、收款人、开票日期等普通发票所具备的内容外，还包括纳税人税务登记号、不含增值税金额、适用税率、应纳增值税额等内容；普通发票则没有关于增值税方面的内容
发票的联次不同	增值税专用发票有四个基本联次，第一联为存根联（用于留存备查），第二联为发票联（用于购买方记账），第三联为抵扣联（用作购买方的扣税凭证），第四联为记账联（用于销售方记账）；普通发票则只有三联，第一联为存根联，第二联为发票联，第三联为记账联
发票的作用不同	增值税专用发票不仅是购销双方收付款的凭证，而且可以用作购买方扣除增值税的凭证；普通发票仅是购销双方的收付款凭证，一般不得用作购买方的扣税凭证（收购废旧物资、免税农产品的发票、运费发票除外）
发票的印制不同	增值税专用发票由国家税务总局指定的企业印制，票样由国家税务总局统一制定，其他单位和个人不得擅自变更；普通发票应按照国家税务总局的规定，分别由省、自治区、直辖市国家税务局、地方税务局指定企业印制。符合条件的企业也可申请印制具名普通发票
发票的使用范围不同	有资格使用增值税专用发票的纳税人在很多情况下不得向对方开出增值税专用发票，如纳税人向消费者销售商品、销售免税商品、提供非应税项目、出口商品等；有资格使用普通发票的纳税人向购买方销售商品收取款项时均可向购买方开出普通发票
发票的开具要求不同	增值税专用发票与普通发票在填写的具体要求、发生退货时的处理方式等方面也有一定的差异（这一点我们将会在后面的小节中详细介绍）

第四节　发票的领购

　　销售人员在工作中经常用到的发票是相关单位或个人通过法定程序领购得来的。那么，发票的领购对象有哪些？发票领购申请时需要符合哪些条件？发票领购的申请程序是什么？下面我们就来详细介绍这几方面的内容。

一、发票的领购对象

　　一般地，发票的领购对象主要包括以下几种，如图 5-1 所示。

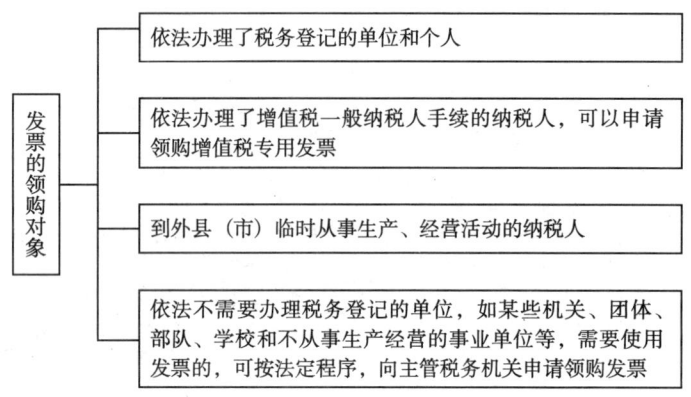

图 5-1　发票的领购对象

　　值得说明的是，其他未领取税务登记证的纳税人不得领购发票，需要使用发票时，可向经营地主管税务机关申请填开。申请填开时，应提供足以证明发生购销业务或提供劳务服务以及其他经营业务活动方面的证明，对税法规定应当缴纳税款的，应当先交税后开票。

二、申请领购发票需要符合的条件

　　申请领购发票需要符合一定的条件，如表 5-10 所示。

表 5-10　申请领购发票需要符合的条件

领购情况	领购条件
纳税人首次申请领购发票	纳税人首次申请领购发票时，需要提供下列证件、资料： ①税务登记证（副本）及其复印件 ②经办人身份证明 ③发票专用章或财务印章印模 ④《纳税人领购发票票种核定申请表》 ⑤主管地税机关要求提供的其他证件、资料 在证件、资料齐全的情况下，主管单位将在 5 个工作日内核发普通发票领购簿，确认可以使用的发票种类、数量、金额版别以及领购方式等。纳税人到主管地税机关正常办理发票领购事宜，必须携带普通发票领购簿
到外县（市）临时从事生产、经营活动的纳税人申请领购发票	到外县（市）临时从事生产、经营活动纳税人申请领购发票时，需要提供下列证件、资料： ①税务登记证（副本）及其复印件 ②经办人身份证明 ③发票专用章或财务印章印模 ④《税务行政许可申请表》 ⑤《外出经营活动税收管理证明》 ⑥主管地税机关要求提供的其他证件、资料 跨省（自治区、直辖市）从事临时生产经营的，必须提供保证人或者根据所领购发票的票面限额及数量缴纳不超过 10000 元的发票保证金，方可领购经营地发票
纳税人申请印制有本单位名称的发票	纳税人申请印制有本单位名称的发票时，需要提供下列证件、资料： ①税务登记证（副本）及其复印件 ②经办人身份证明 ③发票专用章或财务印章印模 ④《税务行政许可申请表》 ⑤《冠名企业发票印制申请审批表》 ⑥普通发票领购簿 ⑦自行设计的本单位发票样式（根据需要决定是否提供） ⑧主管地税机关要求提供的其他证件、资料 对于纳税人申请印制有本单位名称的发票行政许可，在提供证件、资料完整的情况下，主管地税机关将逐级上报市级地税机关审批，并书面予以答复。经批准同意印制的，由地税机关指定的发票承印企业印制并由地税机关统一管理、发放

三、发票领购的申请程序

1. 首次领购发票的申请程序

首次领购发票的申请程序如图 5-2 所示。

2. 日常领购发票的申请程序

日常领购发票的申请程序如图 5-3 所示。

3. 申请印制有本单位名称的发票的程序

申请印制有本单位名称的发票的程序如图 5-4 所示。

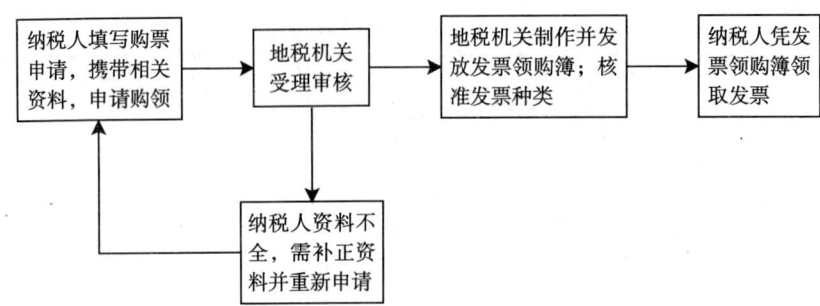

图 5-2　首次领购发票的申请程序

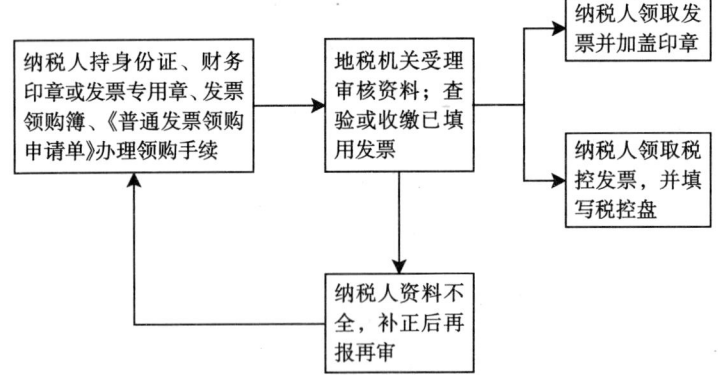

图 5-3　日常领购发票的申请程序

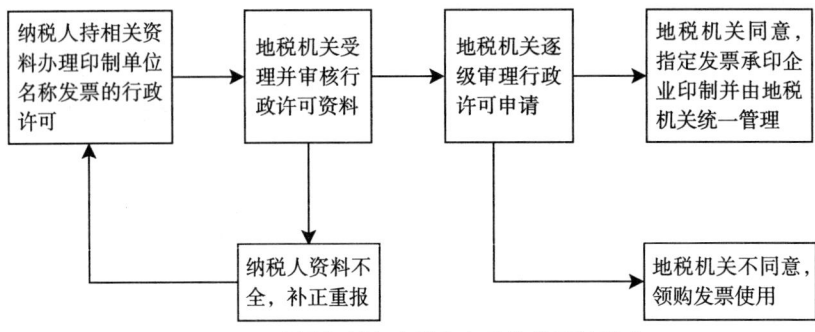

图 5-4　申请印制有本单位名称的发票的程序

　　从以上发票领购的申请程序可以得知,发票的领购并不是那么容易的,它需要一定的程序和手续,顺利的话也需要一段时日才能申请下来。所以,销售人员在工作中一定要爱惜发票,正确使用发票,以免造成不必要的浪费,给单位或个人带来不必要的损失。

第五节　发票的填开

在从事销售活动的过程中，销售人员常常需要填开发票。你会正确填开发票吗？发票应该怎样填开？这一节我们就来详细介绍正确填开发票的常识。

一、填开发票的基本要求

填开发票的基本要求如表 5-11 所示。

表 5-11　填开发票的基本要求

名称	基本要求
填开发票的基本要求	按照规定的时限、号码逐一填开
	项目齐全、内容真实、字迹清楚、内容一致，并加盖单位财务印章或者发票专用章
	应使用中文填开发票，特殊情况下可以使用中、外两种文字
	发票只限于单位和个人自己填开使用，不得转借、转让、代开发票
	未经国家税务机关批准，不得拆本使用发票
	发票只准在领购发票所在地填开，不准携带到外县（市）使用
	到外县（市）从事经营活动的单位和个人需要填开普通发票时，须到经营地国家税务机关申请购买发票或者申请填开
	不得用"白条"和其他票据代替发票使用，也不得自行扩大专业发票的使用范围
	必须在实现经营收入或者发生纳税义务时填开发票，未发生经营业务一律不准填开发票
	对外发生经营业务收取款项，收款方应如实向付款方填开发票；但收购单位和扣缴义务人支付个人款项时，可按规定由付款单位向收款个人填开发票
	对消费者个人零售小额商品或提供零星劳务服务，可以免予逐笔填开发票，但应逐日记账
	开具电脑版发票的，须经主管税务机关审批并使用税务机关统一监制的机外发票，开具后的存根联按顺序号装订成册

二、填开发票的注意事项

填开发票的注意事项如图 5-5 所示。

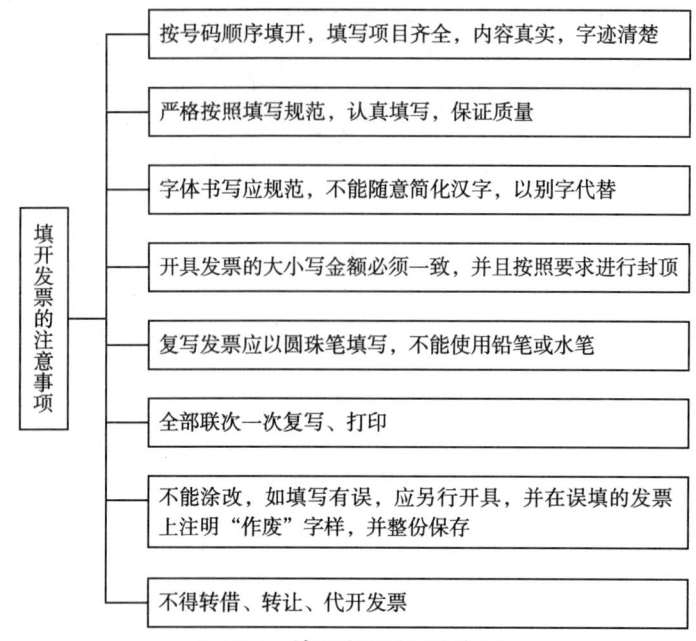

填开发票的注意事项
- 按号码顺序填开，填写项目齐全，内容真实，字迹清楚
- 严格按照填写规范，认真填写，保证质量
- 字体书写应规范，不能随意简化汉字，以别字代替
- 开具发票的大小写金额必须一致，并且按照要求进行封顶
- 复写发票应以圆珠笔填写，不能使用铅笔或水笔
- 全部联次一次复写、打印
- 不能涂改，如填写有误，应另行开具，并在误填的发票上注明"作废"字样，并整份保存
- 不得转借、转让、代开发票

图 5-5 填开发票的注意事项

三、普通发票的开具

1. 普通发票的开具时限

普通发票的开具时限如图 5-6 所示。

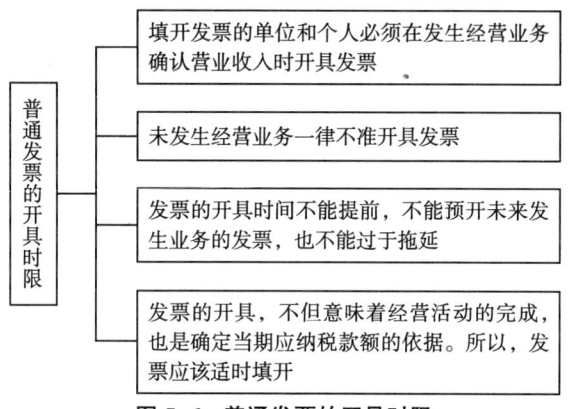

普通发票的开具时限
- 填开发票的单位和个人必须在发生经营业务确认营业收入时开具发票
- 未发生经营业务一律不准开具发票
- 发票的开具时间不能提前，不能预开未来发生业务的发票，也不能过于拖延
- 发票的开具，不但意味着经营活动的完成，也是确定当期应纳税款额的依据。所以，发票应该适时填开

图 5-6 普通发票的开具时限

2. 普通发票的填开顺序

普通发票的填开顺序如图 5-7 所示。

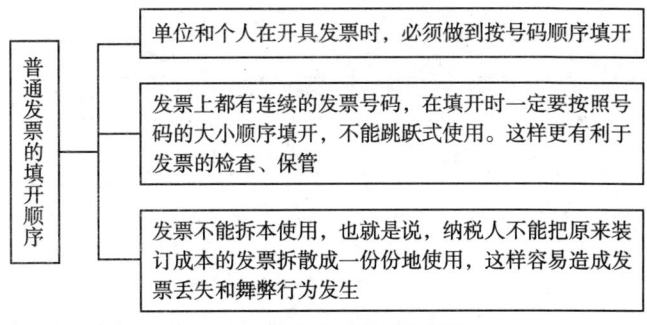

图 5-7　普通发票的填开顺序

3. 普通发票的填开内容

普通发票的填开内容如表 5-12 所示。

表 5-12　普通发票的填开内容

名称	填开内容	
普通发票的填开内容	对于发票上所列示的项目要逐项填写，不应遗漏，不但货物名称、规格、数量、单价、金额等主要内容要一应俱全，客户名称、开票日期也必须如实地填写	
	大小写的金额都不应遗漏，还要用特定标志封顶	
	开票人的姓名一定不能忽视，填写它的目的是为了明确责任，不应省略	
	最后，不要忘了在发票联和抵扣联加盖单位财务印章或者发票专用章	
	普通发票内容填开时的注意事项	不得变更品名和金额。发票开具人常常为了迎合顾客的要求，开具不是顾客所购商品实际名称的发票，帮助顾客弄虚作假，这种所谓的"卖甲开乙"的行为是不允许的
		不准"大头小尾"。"大头小尾"是指发票顾客联单独填开（按实际金额或大于实际金额），而把其他联次发票单独小额开具，以达到偷逃税款的目的
		发票填开时必须所有联次在一起填开，品名和金额各联应与实际数相同。客户名称要用全名。表头的客户名称（单位或个人）应该填写全称，不能简化或更改
		不准涂改发票。发票内容填开错误，不应该涂改后继续使用或销毁。如填写有误，应另行开具发票，并在误填的发票上注明"误填作废"四字。这是为了防止发票所有者企图靠修改发票内容的方式达到个人的违法犯罪目的
		字迹要清晰。发票既是重要的记账凭证，也是税务机关征缴税款的依据。为了保证账目的正确，维护税收秩序，发票的填写一定要认真，保证字迹清晰可辨

4. 红字发票的开具

红字发票的开具如表 5-13 所示。

表 5-13　红字发票的开具

名称	开　具
红字发票的开具	《中华人民共和国发票管理办法实施细则》规定：开具发票后，如发生销货退回需开红字发票的，必须收回原发票并注明"作废"字样或取得对方有效证明；发生销售折让的，应收回原发票并注明"作废"字样后，重新开具销售发票
	凡发生销货折让或退回，如果购货方未作账务处理，能取回原发票的，可将收回的发票联粘附在存根联后面依次注明"作废"，属于销售折让的，应按折让后的货款重新开具销售发票给购货方，不得开具红字发票；如果购货方已作账务处理，可开具相同内容的红字发票以红字发票记账联抵减当期的销售收入
	发生销货折让或退回，无法取回原发票需要开具红字发票的，销货方必须取得对方主管税务机关的有效证明，即由购买方主管税务机关开具《进货退回及索取折让证明》
	具体应由购买方向当地主管税务机关提供有关证明和资料，取得当地主管税务机关开具的"国家税务局进货退回或索取折让证明单（普通发票专用）"，或由购买方出具与进货退回或索取折让的有关书面材料，并附有关资料交由主管税务机关出具意见并盖章后送交销货方，才能作为销货方开具红字发票的合法依据，否则，销货方不得抵减当期的销售收入

5. 开具发票的文字

开具发票的文字如图 5-8 所示。

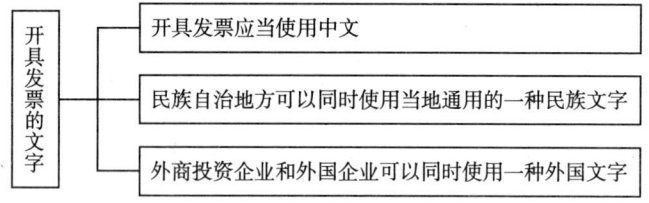

图 5-8　开具发票的文字

6. 电脑发票的开具

电脑发票的开具如图 5-9 所示。

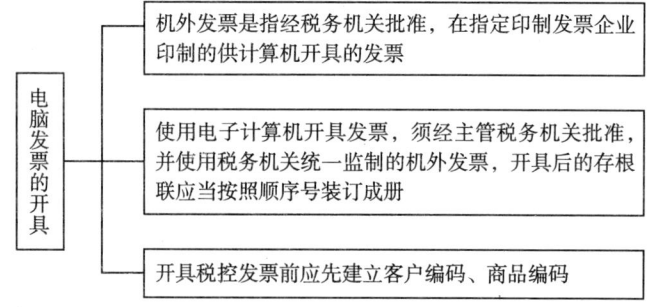

图 5-9　电脑发票的开具

四、增值税专用发票的开具

1. 不必开具增值税专用发票的情形

不必开具增值税专用发票的情形如表 5-14 所示。

表 5-14　不必开具增值税专用发票的情形

情　形	具体内容
向消费者销售应税项目	向消费者销售的应税货物或提供的应税劳务，消费者没有抵扣进项税的需要，所以不必开具专用发票，只需开具普通发票
销售免费产品	免税产品不需要缴纳增值税，更不存在进项税额或销项税额的核算问题，所以不必开具专用发票
将货物用于非应税项目	将货物用于非应税项目属于内部使用的情况，虽然视同销售，但是没有必要自己对自己开具专用发票
将货物用于集体福利或个人消费	也属于内部使用问题，不必开具专用发票
将货物无偿赠送他人	将货物无偿赠送他人不必开具专用发票
提供非应税劳务（应当征收增值税的除外）、转让无形资产和销售不动产	这些项目不属于增值税的应税范围，所以不能开具增值税专用发票
向小规模纳税人销售应税项目	对商业零售的烟、酒、食品、服装、鞋帽（不包括劳保专用的部分）、化妆品等消费品不得开具专用发票；对生产经营机器、机车、轮船、锅炉等大型机械、电子设备的工商企业，凡直接销售给使用单位的，应当开具普通发票，如果购货方索取增值税专用发票，销货方可开具增值专用发票

2. 增值税专用发票的开具时限

增值税专用发票的开具时限如图 5-10 所示。

3. 增值税专用发票的一般填开要求

增值税专用发票的一般填开要求如表 5-15 所示。

4. 增值税专用发票部分栏目的具体填开规定

增值税专用发票部分栏目的具体填开规定如表 5-16 所示。

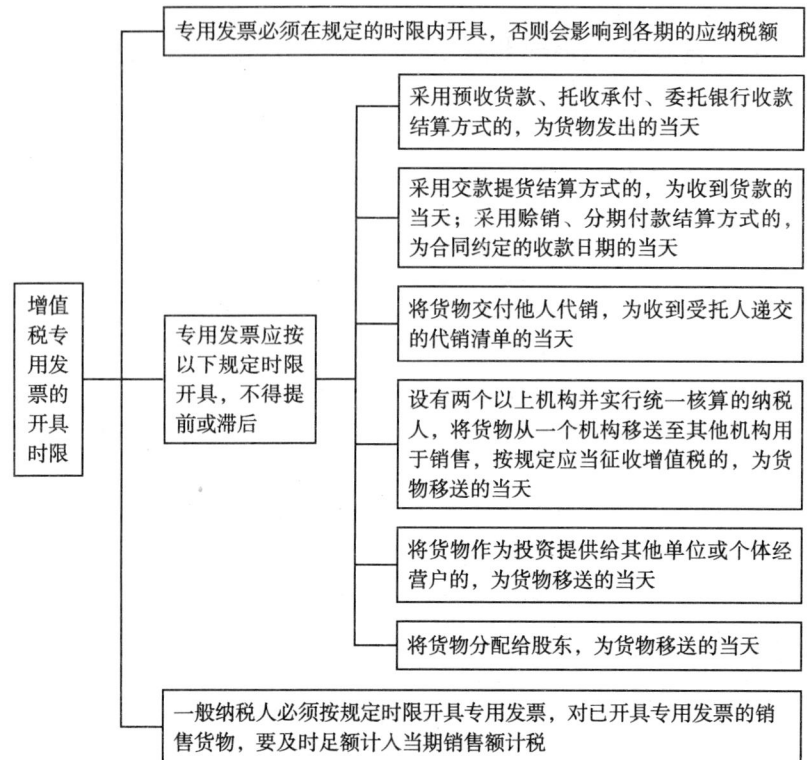

图 5-10 增值税专用发票的开具时限

表 5-15 增值税专用发票的一般填开要求

名称	填开要求
增值税专用发票的一般填开要求	字迹清楚
	不得涂改（如果填写有误，应另行开具专用发票，并在误填的专用发票上注明"误填作废"四字。如专用发票开具后因购货方不索取而成为废票的，也应按填写有误办理）
	项目填写齐全
	票、物相符，票面金额与实际收取的金额相符
	各项目内容正确无误
	全部联次一次开具，上下联的内容、金额、税额一致
	发票联和抵扣联加盖财务专用章或发票专用章
	按照规定的时限开具专用发票
	不得拆本使用专用发票
	不得开具票样与国家税务总局统一制定的票样不相符的专用发票
	不得超面额开具专用发票
	用中文开具发票
	一般纳税人销售货物或者提供应税劳务可汇总开具专用发票，但要同时提供防伪税控系统开具的销售货物或者提供应税劳务清单

表 5-16 增值税专用发票部分栏目的具体填开规定

名　称	填开规定
增值税专用发票部分栏目的具体填开规定	购货单位和销货单位的"名称"、"地址"、"纳税人登记号"栏，应填写全称，不得简写；"开户银行及账号"及"购销双方电话号码"必须如实填写
	"货物或应税劳务名称"栏，填写销售货物或提供应税劳务的名称和型号。如果销售货物或提供应税劳务的品种较多，纳税人可按照不同税率的货物进行汇总开具专用发票
	"单价"栏，填写单位货物或应税劳务不含增值税价格。如果纳税人将价格和增值税额合并定价的，应先计算出不含税单价，然后按不含税单价填写本栏
	纳税人如果采用销售额和增值税额合并定价方法的，其不含税单价应按下列公式计算：①一般纳税人按增值税税率计算应纳税额的，不含税单价计算公式为：不含税单价＝含税单价÷（1＋税率）；②一般纳税人按简易办法计算应纳税额的以及由税务所代开专用发票的小规模纳税人，不含税单价计算公式为：不含税单价＝含税单价÷（1＋征收率）
	单价的尾数，"元"以下一般保留到"分"，特殊情况下，也可以适当增加保留的位数。如果是汇总开具专用发票，此栏可以不填写
	"金额"栏，填写销售货物或者提供应税劳务的销售额，不包含增值税税额，计算公式为：销售额＝不含税单价×数量
	"税率"栏，填写货物或者应税劳务所适用的增值税税率为17%或13%；一般纳税人销售按照规定可以实行简易办法计算缴纳增值税的货物，本栏填写征收率6%
	"价税合计"栏，填写各项货物和应税劳务销售额（金额）与税额汇总数的大小写金额。在小写数前用"￥"符号封顶，在未填用的大写金额单位前用"⊗"符号封顶

第六节　发票代理的审查

发票代理的审查是销售人员极有必要了解的发票常识之一。发票代理审查一般不单独进行，而是审查人员在计算填报纳税申报表和办理发票领购手续之前所做的准备工作。当然，在审查纳税情况时，发票代理审查也是不可缺少的环节。

审查人员在接受纳税人委托进行发票审查时，首先应明确发票审查的目的和要求，以及审查的对象和范围，然后深入纳税人的生产经营场所进行实地审查。

一、发票代理审查的基本内容

1. 普通发票代理审查操作要点

普通发票代理审查操作要点如表5-17所示。

表5-17　普通发票代理审查操作要点

操作要点	具体内容
审查发票的基础管理情况	发票基础管理工作的状况，直接影响到发票使用、保管等各个环节的管理成效
审查用票单位人员配备及发票安全性、严密性等	主要是审查用票单位发票管理人员的配备、发票存放的安全性、发票取得与开具管理环节的严密性等
审查发票的领购、发放、保管情况	对发票的领购环节主要审查发票领购的手续是否合法，有无私印、私售发票的问题；对发票发放环节主要审查发票的发放是否符合规定的范围，按序时登记并有领取人的签收手续；对发票保管环节主要审查发票存根、库存未用的发票是否保存完整，账面数与实际库存数是否相等，有无发生丢失、霉烂等情况。已用的发票存根联及作废发票是否完整保存，是否按规定造册登记并报税务机关销毁
审查发票的使用情况	审查发票取得是否符合发票管理制度的规定，有无转借、代开或虚开发票的问题。对于从中国境外取得的发票，如有疑问，可要求纳税人提供境外公证部门或注册会计师提供的确认书
	审查发票开具内容是否真实，即票面各项内容所反映的业务是否为用票单位情况

2. 增值税专用发票代理审查操作要点

增值税专用发票是纳税人经济活动中的重要原始凭证，是兼记销货方纳税人和购货方进项税额的合法证明，对增值税的计算和管理起着决定性的作用。增值税专用发票的审查，除上述审查普通发票的操作要点以外，还应侧重以下几个方面，如表5-18所示。

表5-18　增值税专用发票代理审查操作要点

操作要点	具体内容
审查增值税专用发票抵扣联的取得	对用票单位取得增值税专用发票的时间、内容、税额计算等方面进行详细核查，凡属于未按规定取得增值税专用发票的情况，应提示纳税人不得计算抵扣进项税额
审查增值税专用发票的缴销	为了保证增值税专用发票的安全使用，纳税人要按规定的期限缴销，对于填开有误的专用发票，要加盖"误填作废"的条形专用章后予以缴销
审查增值税专用发票开具的范围	审查发生销售免税项目、在境外销售应税劳务、向消费者销售应税项目时，用票单位是否有开具增值税专用发票的问题

二、发票代理审查的基本方法

发票代理审查的方法可以因事而异，其目的是为了帮助纳税人严格按照发票管理制度的规定取得和开具发票，保证原始凭证的真实性与合法性。

发票代理审查的基本方法有以下两种，如表5-19所示。

表 5-19 发票代理审查的基本方法

基本方法		具体内容
对照审查法		所谓对照审查法，就是将用票单位发票使用的实际情况，与发票领购簿及发票领用存的情况进行核对，审查丢失发票、私印发票、代开发票、虚开发票、使用作废发票和超经营范围填开发票的问题
票面逻辑推理法	这是根据发票各个栏目所列内容之间、发票与用票单位有关经济业务之间的关系进行分析审核，从中发现问题的一种审查方法	利用发票的各项内容之间的逻辑关系进行分析审核。发票所列各项内容之间，有其内在的逻辑关系或规律性，如果违背了这些规律，就说明发票使用存在问题。如增值税专用发票中购、销双方的名称与税务机关登记号有着直接的对应关系；根据销售货物或劳务的名称可以确定适用税率；根据计量单价、数量、单位、金额、税率和税额之间的逻辑关系可能推断金额和税额的计算有无错误等
		利用发票和企业经济业务的关系进行分析审核。发票与企业的购销业务有着直接的联系，而购销业务与企业存货数量及货币资金（包括债权、债务）的增减变化有着一定的对应关系，利用这一逻辑关系就可以审查发票的使用有无问题。首先，取得发票的金额与存货、费用增加额，货币资金减少额，流动负债增加额呈同步变化趋势。其次，填开发票的金额与存货减少额、货币资金或应收债权增加额呈同步变化趋势。如果企业取得或填开的发票与购销业务之间的关系违背了上述规律，在数量、金额上的逻辑关系不符，就有可能存在问题，需要进一步审查核实

第七节 发票的保管与处罚

发票在销售工作中起着举足轻重的作用。作为销售人员，我们不但应妥善保管自己手中的发票，还应知道一些违反发票管理法规的具体行为及发票保管不善的处罚办法。

一、发票的保管

发票保管就是对尚未填用的空白发票以及已经填用的发票存根进行专门保存管理。加强发票管理是保证发票安全使用、堵塞非法漏洞的重要途径。

根据发票管理的要求，发票的保管可分为以下两个层次，如图 5-11 所示。

在这里，我们介绍的主要是用票人对发票的保管规定，其具体保管规定如表 5-20 所示。

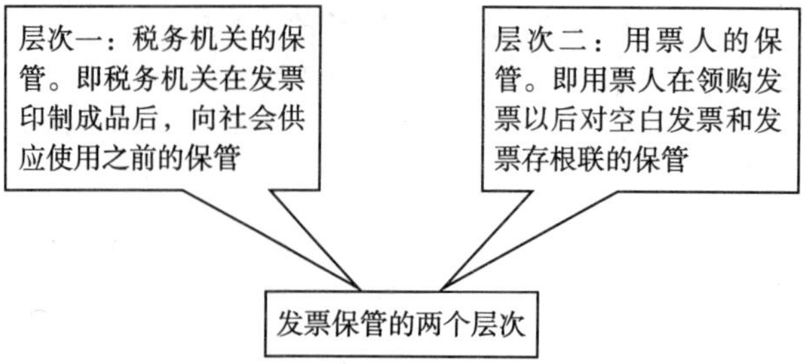

层次一：税务机关的保管。即税务机关在发票印制成品后，向社会供应使用之前的保管

层次二：用票人的保管。即用票人在领购发票以后对空白发票和发票存根联的保管

发票保管的两个层次

图 5-11　发票的保管

表 5-20　发票保管的具体规定

名称	具体内容
发票的保管	单位和个人应当建立发票使用登记制度，设置发票登记簿，并定期向主管国家税务机关报告发票使用情况
	单位和个人应当在办理变更或者注销税务登记的同时，办理发票和发票领购簿的变更、缴销手续
	使用发票的单位和个人应当妥善保管发票，不得丢失。发票丢失，应当于丢失当日书面报告主管国家税务机关，并在报刊和电视等传播媒介上公开声明作废，并接受国家税务机关的处罚
	开具发票的单位和个人应当按照国家税务机关的规定存放和保管发票，不得擅自损毁。已经开具的发票存根联和发票登记簿，应当保存五年。保存期满，报经主管国家税务机关查验后销毁

二、发票的处罚

1. 违反发票管理法规的具体行为

违反发票管理法规的具体行为如表 5-21 所示。

表 5-21　违反发票管理法规的具体行为

违规行为	具体内容
未按规定印制发票	①未经省国家税务局批准，而私自印制发票 ②伪造、私刻发票监制章，伪造、变造发票防伪专用品 ③印制发票的企业未按《发票印制通知书》印制发票，转借、转让发票监制章和发票防伪专用品 ④印制发票的企业未按规定保管发票成品、发票防伪专用品、发票监制章，以及未按规定销毁废品而造成流失 ⑤用票单位私自印制发票 ⑥未按国家税务机关的规定制定印制发票管理制度 ⑦其他未按规定印制发票的行为
未按规定购领发票	①向国家税务机关或国家税务机关委托单位以外的单位和个人取得发票 ②私售、倒买倒卖发票 ③贩卖、窝藏假发票

违规行为	具体内容
未按规定购领发票	④借用他人发票 ⑤盗取（用）发票 ⑥私自向未经国家税务机关批准的单位和个人提供发票 ⑦其他未按规定取得发票的行为
未按规定填开发票	①单联填开或上下联金额、内容不一致 ②填写项目不齐全 ③涂改、伪造、变造发票 ④转借、转让、代开发票 ⑤未经批准拆本使用发票 ⑥虚构经济业务活动，虚填发票 ⑦填开票物不符发票 ⑧填开作废发票 ⑨未经批准，跨县（市）填开发票 ⑩以其他票据或白条代替发票填开 ⑪扩大专用发票填开范围 ⑫未按规定填报《发票购领用存申报表》 ⑬未按规定设置发票购领用存登记簿 ⑭其他未按规定填开发票的行为
未按规定取得发票	①应取得而未取得发票 ②取得不符合规定的发票 ③专用发票只取得记账联或只取得抵扣联的 ④取得发票时，要求开票方或自行变更品名、金额或增值税税款 ⑤擅自填开发票入账 ⑥其他未按规定取得发票的行为
未按规定保管发票	①丢失发票 ②损（撕）毁发票 ③丢失或擅自销毁发票存根联 ④未按规定缴销发票 ⑤印制发票的企业丢失发票或发票监制章及发票防伪专用品等 ⑥未按规定建立发票管理制度 ⑦未按国家税务机关规定设专人保管专用发票 ⑧未按国家税务机关规定设置专门存放专用发票的场所 ⑨未经国家税务机关查验擅自销毁专用发票的基本联次 ⑩其他未按规定保管发票的行为
未接受税务机关检查	①拒绝检查、隐瞒真实情况 ②刁难、阻挠税务人员进行检查 ③拒绝接受《发票换票证》 ④其他未按规定接受国家税务机关检查的行为

2. 发票保管不善的处罚办法

发票保管不善的处罚办法如表 5-22 所示。

表 5-22　发票保管不善的处罚办法

名称	处罚办法
发票保管不善的处罚办法	有表 5-21 中所列行为之一的单位和个人，由国家税务机关责令限期改正，没收非法所得，并处 1 万元以下的罚款。有所列两种或者两种以上行为的，可以分别处罚
	非法携带、邮寄、运输或者存放空白发票的，由国家税务机关收缴发票，没收非法所得，并处 1 万元以下的罚款
	私自印制、伪造变造、倒买倒卖发票，私自制作发票监制章，发票防伪专用品的，由国家税务机关依法查封、扣押或者销毁，没收非法所得和作案工具，并处 1 万~5 万元的罚款，构成犯罪的，由司法机关依法追究刑事责任
	违反发票管理法规，导致纳税人、扣缴义务人以及其他单位或个人未缴、少缴或者骗取税款的，由国家税务机关没收非法所得，并处未缴、少缴或者骗取税款一倍以下的罚款，还对纳税人、扣缴义务人以及其他单位或者个人进行依法查处
	单位或者个人有下列行为之一的，应当承担刑事责任： ①虚开增值税专用发票的（虚开是指为他人虚开、为自己虚开、让他人为自己虚开、介绍他人虚开增值税专用发票行为之一的，下同） ②伪造或出售伪造的增值税专用发票的 ③非法出售增值税专用发票的 ④非法购买增值税专用发票或者购买伪造的增值税专用发票的 ⑤虚开用于骗取出口退税、抵扣税款的其他发票的 ⑥伪造、擅自制造或者出售伪造、擅自制造的可以用于骗取出口退税、抵扣税款的其他发票的，以及以营利为目的，伪造、擅自制造或者出售伪造、擅自制造的上述规定以外的其他发票的 ⑦非法出售可以用于骗取出口退税、抵扣税款的其他发票的，以及以营利为目的，非法出售上述规定以外的其他发票的 ⑧盗窃增值税专用发票或者其他发票的

第八节　发票的检查

　　发票的检查是销售人员应该懂得的发票常识之一。可是，什么是发票检查？发票检查的组织形式是怎样的？发票检查的基本内容是什么？发票检查的方法有哪些？并不是每一位销售人员都能回答上来。所以，我们很有必要详细地介绍一下这方面的财务知识。

一、发票检查的含义

　　发票检查是指税务机关依照发票及国家税收财务会计法规对在中华人民共和国境内印制、领购、开具、取得和保管发票的单位和个人的发票进行审查监督的活动。发票检查既是税收检查的重要组成部分，也是税收检查的重要依据。

二、发票检查的组织形式

发票检查的组织形式是指采取何种组织形式进行发票检查。发票检查的组织形式主要包括以下两种，如图 5-12 所示。

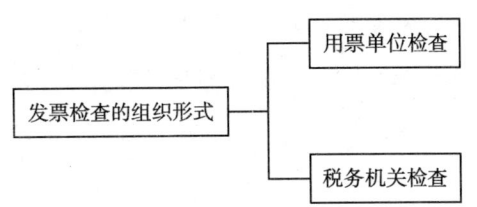

图 5-12　发票检查的组织形式

1.用票单位检查

用票单位检查的具体方式如表 5-23 所示。

表 5-23　用票单位检查

检查方式	具体内容
自查	用票单位（个人）自查，是指用票单位（个人）在税务机关的指导和主管部门的领导下，发动和组织内部各职能部门和填票人及管票人参加检查的一种形式
互审	互审是指在税务机关指导下，依靠用票单位的主管部门和被查单位（个人），将被查单位（个人）按系统或行业或地段进行合理的划分，抽调被查单位（个人）发票管理的财会人员和填票人员，组织检查小组进行互审

2.税务机关检查

税务机关检查的具体方式如表 5-24 所示。

表 5-24　税务机关检查

检查方式	具体内容
日常检查	是指税务专管员按照日常管理岗位责任制的要求，在进行纳税辅导、纳税检查时，对所管业户的发票领购、保管、使用进行的检查
专职检查	是指各级税务机关发票管理机构的专职人员对税务机关内部所辖发票管理站（组）和指定承印发票的印刷厂及用票单位和个人的检查
验旧购新检查	是指对已使用过的发票存根在领购新票时，实行验旧领新的检查形式
连环检查	是税务机关强化发票检查责任，将违章消灭在管理环节而采取的形式，分为专管员初查、发票专管员验旧领新时的复查、检查组或所长考核验收检查

检查方式	具体内容
联审互查	是由各级税务机关从所属基层税务所抽调发票专管员或业务骨干组成小组,分片进行联审,或以基层税务所组织互相交叉检查的一种形式

三、发票检查的基本内容

发票检查的基本内容是发票检查工作的中心环节,只有把发票检查诸环节进行科学分类,才能达到预期的目的。发票检查的基本内容如图 5-13 所示。

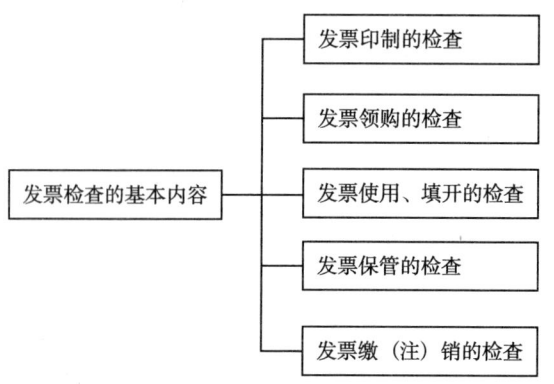

图 5-13　发票检查的基本内容

1. 发票印制的检查

加强发票印制环节的检查,是做好发票源泉管理的重要一环。印制环节检查主要是检查发票定点印刷厂是否按税务机关的统一规定健全各项印制、安全及保密制度,设备、技术水平是否符合印制发票的标准,是否具有较高企业管理水平及严格的质量监督制度。生产发票防伪专用品厂,还要检查底纹纸和油墨是否按规定生产、保管、发运等。

对于发票印制的检查,不但要检查指定印刷厂发票印制情况,而且还要检查非指定印刷厂有无承印发票和收据的行为。

2. 发票领购的检查

发票领购的检查如表 5-25 所示。

表 5-25　发票领购的检查

名称	具体内容
发票领购的检查	用票单位和个人领购发票时的手续是否完备、真实、有无虚假
	领购发票的登记情况，是否在发票台账和领购手册中进行双向登记，登记的数量、种类是否相符，领购的数量是否与核定的数量一致
	税务机关内部发票领购押金的收取、存储情况，有无挪用
	检查发票工本费、管理费是否按规定收取、管理费是否专户储存，专款专用，有无挪用
	检查各类发票发放范围，是否存在超范围、超限量领购

3. 发票使用、填开的检查

检查发票的使用、填开情况，即检查发票的真实性和反映经济业务的合法性，也就是检查发票中所反映的经济交往事项的内容是否真实，是否符合发票管理办法的规定，是否符合有关财经纪律。概括起来说，就是要检查发票的真实性、合法性、合理性和正确性。如表 5-26 所示。

表 5-26　发票使用、填开的检查

名称	具体内容
发票使用、填开的检查	检查所有用票单位和个人使用填开的发票是否得当，填开是否规范、真实、准确
	是否大头小尾、卖甲开乙
	有无转让、转借、出售、代开、涂改重用、拆本使用、单联填开、带到外地使用、撕毁、谎报丢失、伪造、收据代发、白纸条代发发票等
	严格审查发票填开的内容是否完整、符合实际情况、有无虚开、偷税现象

4. 发票保管的检查

发票保管的检查如表 5-27 所示。

表 5-27　发票保管的检查

检查内容	具体内容
对用票单位和个人的检查	主要检查是否做到了专人、专柜、专账管理，查领、用、存报表与实物是否相符，有无私印、借用外单位的票据
对税务机关内部保管情况的检查	主要检查是否做到了专人、专库、专账、专表，有无严格的保管制度，责任是否明确，账物、账账、账表是否相符，有无被盗、遗失、虫蛀、潮湿、损毁情况发生

5. 发票缴（注）销的检查

发票缴（注）销的检查如表 5-28 所示。

表 5-28 发票缴（注）销的检查

名　称	具体内容
发票缴（注）销的检查	用票单位和个人因改组、合并、停业、分设等经营情况发生变化时，检查结存发票是否按时向主管税务机关缴（注）销和结算应交税款，有无隐瞒不报、私自存留现象
	因为管理办法变动，作废发票是否及时清理缴（注）销，有无隐瞒不报、少报或留用作废发票
	查收回的存根联保存是否完整得当，是否按规定期限保存，到期销毁手续是否完备，有无擅自销毁、遗失现象

6. 对外来发票的检查

检查已在会计核算中入账的外来发票，主要是对其真实性、合法性、正确性进行检查。

四、发票检查的方法

发票检查的方法，是根据发票检查的内容范围和目的来确定的，根据发票检查的内容、范围和目的，应采用不同的检查方法。如图 5-14 所示。

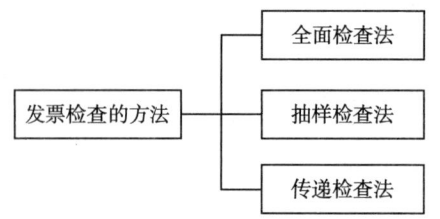

图 5-14 发票检查的方法

1. 全面检查法

发票的全面检查，即对所有票据进行全面检查的一种方法。这种方法易于发现问题，能够深入了解印票、用票单位和个人发票印、领（购）、用、存、销的全面情况及外来发票接受情况。全面检查法具体可分为以下几种方法，如表 5-29 所示。

2. 抽样检查法

即有选择，有重点地抽取发票管理诸环节中的一个环节或一个既定范围期间对发票管理进行检查的一种方法。抽样检查法主要包括以下三种方法，如表 5-30 所示。

表 5-29　全面检查法

详细方法	具体内容
核对检查法	是将印票、用票单位（个人）印制或领购发票的台账、表册与实际情况核对，与税务机关的台账、表册登记的数量核对
实地盘点法	是对实有的发票进行实地清查、点数的一种检查
复核检查法	是按照发票使用填开的规定，对已填开的发票进行复核检查
还原检查法	是税务机关根据检查的需要，对用票单位（个人）开出的发票从购货单位换回，与存根联对照还原
查访法	是为摸清用票单位和个人实际管理和使用发票的情况，采取实地走访考察、座谈，以发现问题
逻辑推理法	是利用填开的发票进行逻辑推理，从填开的内容、购货单位所购货物上发现疑点，进行逻辑判断，从而发现问题

表 5-30　抽样检查法

详细方法	具体内容
任意抽查法	就是无选择地任意抽查所要检查的发票
统计抽查法	根据概率论原则，确定抽查发票的数量和应该抽查哪些发票
判断抽查法	根据平时掌握情况，选择重点项目、重点环节或某一部分发票进行检查

3. 传递检查法

传递检查法，是甲地税务人员或检查人员检查发现可疑的发票，传递给乙地主管税务机关或检查管理人员进行核查落实的一种方法，适用于外来发票的检查。

第九节　伪造发票和违章发票的鉴别

当前，利用发票进行偷税骗税、贪污受贿、走私贩私等经济犯罪活动已成为扰乱正常经济秩序的一大"公害"，引起了社会各界的关注。因此，销售人员应提高鉴别伪造发票、违章发票的能力，认真做好销售工作，抵制各种伪造发票、违章发票。

那么，如何鉴别伪造发票和违章发票呢？具体方法如表 5-31 所示。

表 5-31　伪造发票和违章发票的鉴别

鉴别事项	鉴别方法
发票监制章	"发票监制章"作为税务机关管理发票的法定标志,是识别伪造发票的重要依据。国家发〔1991〕121号文规定,发票联必须套印"全国统一发票监制章",其他联次均不得套印。"全国统一发票监制章"呈椭圆形,章外缘是粗线条椭圆,紧接外缘有一条细线条椭圆,细线条椭圆内上方有"全国统一发票监制章"字样,中间有"×省×县(市)或×市×区税务局监制"。如果发票未套印"全国统一发票监制章",或套印是过时的"发票监制章",则是不合法的发票。所以,鉴别发票是否真假,特别要注意"全国统一发票监制章"这个重要标志
发票各联是否套写	发票管理制度规定,填开发票要规范,顺号填开,每份各联用圆珠笔一道套印复写,不准单联填写。有些发票用户,填票时做手脚,把发票联直接撕出,其他联次填小金额,发票联填大金额,以达到偷税或虚报冒领的目的。如果发现发票联的背面没有复写的痕迹,或其他联次的背面应有复写的痕迹而没有,或某一联背面出现了局部复写的痕迹,这些发票必定是违章发票
发票使用区域	《全国发票管理暂行办法》中规定,发票只能以县、市为统一管理使用区域,发票只能在经营单位和个人所在地使用,不准带到外地填开,如果在甲地填开发乙地的发票,即是违章使用的发票
发票底纹	发票底纹是防伪的重要标志。发票底纹呈淡黄色,底纹最明显的标记是一排双环半圆和一排长方形接连排列的有规则的几何图形,其中双环半圆的内环中刻有"中国税务发展监制"的汉语拼音,长方形中间用小隶字体刻有"中国税务发票监制章"字样。如果发现底纹上的汉语拼音音节和小隶字体模糊不清,甚至有错漏,或是底纹颜色不对,一定是假发票
填写字迹是否移位	税务部门在印制发票时,各联次上的客户、名称、填票时间、单位、品种项目、数量、金额、单价等,纵横各行列,大小写,都是对齐的,有固定位置。如果发票各联填写的字迹有不正常的移位现象,也可据此确认为是违章发票
发票签章	发票管理制度规定,用票人必须按照工商登记名称或牌号,刻制经营业务专用章,填开发票必须如实签章。有些填开的发票,没有如实签章,其中必定有鬼,发票签章的名称若与牌号不符,肯定是违章使用发票
发票填写字迹	如果发票票面上出现了几种笔迹,以及文字涂改,或笔迹重写,或有添加的字样,或字迹颜色深浅不一则很可能是违章填票
填票内容	发票各栏内容之间具有严密的内在联系,货号、品名及规格、单位、数量、单价、金额是否符合市场行情,各项目是否齐全,大小写金额是否相符,是否超越票面金额。若数量、单价和金额关系上有出入,或某项不实,用票上必定存在问题
发票使用范围	税务部门在设计发票时,严格按行业分门别类地设计使用式样,并限定了每种发票的使用范围。用票单位和个人购买或印制发票时,只能根据办理税务登记证时所申报的经营范围办理手续,填票时不得超越行业经营范围。如果发票所填内容超越经营范围,其中定有作假舞弊行为

附录 5-1 《中华人民共和国发票管理办法》

（1993 年 12 月 12 日国务院批准，1993 年 12 月 23 日财政部令第 6 号发布，根据 2010 年 12 月 20 日《国务院关于修改〈中华人民共和国发票管理办法〉的决定》修订）

第一章 总 则

第一条 为了加强发票管理和财务监督，保障国家税收收入，维护经济秩序，根据《中华人民共和国税收征收管理法》，制定本办法。

第二条 在中华人民共和国境内印制、领购、开具、取得、保管、缴销发票的单位和个人（以下称印制、使用发票的单位和个人），必须遵守本办法。

第三条 本办法所称发票，是指在购销商品、提供或者接受服务以及从事其他经营活动中，开具、收取的收付款凭证。

第四条 国务院税务主管部门统一负责全国的发票管理工作。省、自治区、直辖市国家税务局和地方税务局（以下统称省、自治区、直辖市税务机关）依据各自的职责，共同做好本行政区域内的发票管理工作。

财政、审计、工商行政管理、公安等有关部门在各自的职责范围内，配合税务机关做好发票管理工作。

第五条 发票的种类、联次、内容以及使用范围由国务院税务主管部门规定。

第六条 对违反发票管理法规的行为，任何单位和个人可以举报。税务机关应当为检举人保密，并酌情给予奖励。

第二章 发票的印制

第七条 增值税专用发票由国务院税务主管部门确定的企业印制；其他发票，按照国务院税务主管部门的规定，由省、自治区、直辖市税务机关确定的企业印制。禁止私自印制、伪造、变造发票。

第八条 印制发票的企业应当具备下列条件：

（一）取得印刷经营许可证和营业执照；

（二）设备、技术水平能够满足印制发票的需要；

（三）有健全的财务制度和严格的质量监督、安全管理、保密制度。

税务机关应当以招标方式确定印制发票的企业，并发给发票准印证。

第九条 印制发票应当使用国务院税务主管部门确定的全国统一的发票防伪专用品。禁止非法制造发票防伪专用品。

第十条 发票应当套印全国统一发票监制章。全国统一发票监制章的式样和发票版面印刷的要求，由国务院税务主管部门规定。发票监制章由省、自治区、直辖市税务机关制作。禁止伪造发票监制章。

发票实行不定期换版制度。

第十一条 印制发票的企业按照税务机关的统一规定，建立发票印制管理制度和保管措施。

发票监制章和发票防伪专用品的使用和管理实行专人负责制度。

第十二条 印制发票的企业必须按照税务机关批准的式样和数量印制发票。

第十三条 发票应当使用中文印制。民族自治地方的发票，可以加印当地一种通用的民族文字。有实际需要的，也可以同时使用中、外两种文字印制。

第十四条 各省、自治区、直辖市内的单位和个人使用的发票，除增值税专用发票外，应当在本省、自治区、直辖市内印制；确有必要到外省、自治区、直辖市印制的，应当由省、自治区、直辖市税务机关商印制地省、自治区、直辖市税务机关同意，由印制地省、自治区、直辖市税务机关确定的企业印制。

禁止在境外印制发票。

第三章　发票的领购

第十五条 需要领购发票的单位和个人，应当持税务登记证件、经办人身份证明、按照国务院税务主管部门规定式样制作的发票专用章的印模，向主管税务机关办理发票领购手续。主管税务机关根据领购单位和个人的经营范围和规模，确认领购发票的种类、数量以及领购方式，在 5 个工作日内发给发票领购簿。

单位和个人领购发票时，应当按照税务机关的规定报告发票使用情况，税务机关应当按照规定进行查验。

第十六条　需要临时使用发票的单位和个人，可以凭购销商品、提供或者接受服务以及从事其他经营活动的书面证明、经办人身份证明，直接向经营地税务机关申请代开发票。依照税收法律、行政法规规定应当缴纳税款的，税务机关应当先征收税款，再开具发票。税务机关根据发票管理的需要，可以按照国务院税务主管部门的规定委托其他单位代开发票。

禁止非法代开发票。

第十七条　临时到本省、自治区、直辖市以外从事经营活动的单位或者个人，应当凭所在地税务机关的证明，向经营地税务机关领购经营地的发票。

临时在本省、自治区、直辖市以内跨市、县从事经营活动领购发票的办法，由省、自治区、直辖市税务机关规定。

第十八条　税务机关对外省、自治区、直辖市来本辖区从事临时经营活动的单位和个人领购发票的，可以要求其提供保证人或者根据所领购发票的票面限额以及数量缴纳不超过1万元的保证金，并限期缴销发票。

按期缴销发票的，解除保证人的担保义务或者退还保证金；未按期缴销发票的，由保证人或者以保证金承担法律责任。

税务机关收取保证金应当开具资金往来结算票据。

第四章　发票的开具和保管

第十九条　销售商品、提供服务以及从事其他经营活动的单位和个人，对外发生经营业务收取款项，收款方应当向付款方开具发票；特殊情况下，由付款方向收款方开具发票。

第二十条　所有单位和从事生产、经营活动的个人在购买商品、接受服务以及从事其他经营活动支付款项，应当向收款方取得发票。取得发票时，不得要求变更品名和金额。

第二十一条　不符合规定的发票，不得作为财务报销凭证，任何单位和个人有权拒收。

第二十二条　开具发票应当按照规定的时限、顺序、栏目，全部联次一次性如实开具，并加盖发票专用章。

任何单位和个人不得有下列虚开发票行为：

（一）为他人、为自己开具与实际经营业务情况不符的发票；

（二）让他人为自己开具与实际经营业务情况不符的发票；

（三）介绍他人开具与实际经营业务情况不符的发票。

第二十三条 安装税控装置的单位和个人，应当按照规定使用税控装置开具发票，并按期向主管税务机关报送开具发票的数据。

使用非税控电子器具开具发票的，应当将非税控电子器具使用的软件程序说明资料报主管税务机关备案，并按照规定保存、报送开具发票的数据。

国家推广使用网络发票管理系统开具发票，具体管理办法由国务院税务主管部门制定。

第二十四条 任何单位和个人应当按照发票管理规定使用发票，不得有下列行为：

（一）转借、转让、介绍他人转让发票、发票监制章和发票防伪专用品；

（二）知道或者应当知道是私自印制、伪造、变造、非法取得或者废止的发票而受让、开具、存放、携带、邮寄、运输；

（三）拆本使用发票；

（四）扩大发票使用范围；

（五）以其他凭证代替发票使用。

税务机关应当提供查询发票真伪的便捷渠道。

第二十五条 除国务院税务主管部门规定的特殊情形外，发票限于领购单位和个人在本省、自治区、直辖市内开具。

省、自治区、直辖市税务机关可以规定跨市、县开具发票的办法。

第二十六条 除国务院税务主管部门规定的特殊情形外，任何单位和个人不得跨规定的使用区域携带、邮寄、运输空白发票。

禁止携带、邮寄或者运输空白发票出入境。

第二十七条 开具发票的单位和个人应当建立发票使用登记制度，设置发票登记簿，并定期向主管税务机关报告发票使用情况。

第二十八条 开具发票的单位和个人应当在办理变更或者注销税务登记的同时，办理发票和发票领购簿的变更、缴销手续。

第二十九条　开具发票的单位和个人应当按照税务机关的规定存放和保管发票，不得擅自损毁。已经开具的发票存根联和发票登记簿，应当保存 5 年。保存期满，报经税务机关查验后销毁。

第五章　发票的检查

第三十条　税务机关在发票管理中有权进行下列检查：

（一）检查印制、领购、开具、取得、保管和缴销发票的情况；

（二）调出发票查验；

（三）查阅、复制与发票有关的凭证、资料；

（四）向当事各方询问与发票有关的问题和情况；

（五）在查处发票案件时，对与案件有关的情况和资料，可以记录、录音、录像、照相和复制。

第三十一条　印制、使用发票的单位和个人，必须接受税务机关依法检查，如实反映情况，提供有关资料，不得拒绝、隐瞒。

税务人员进行检查时，应当出示税务检查证。

第三十二条　税务机关需要将已开具的发票调出查验时，应当向被查验的单位和个人开具发票换票证。发票换票证与所调出查验的发票有同等的效力。被调出查验发票的单位和个人不得拒绝接受。

税务机关需要将空白发票调出查验时，应当开具收据；经查无问题的，应当及时返还。

第三十三条　单位和个人从中国境外取得的与纳税有关的发票或者凭证，税务机关在纳税审查时有疑义的，可以要求其提供境外公证机构或者注册会计师的确认证明，经税务机关审核认可后，方可作为记账核算的凭证。

第三十四条　税务机关在发票检查中需要核对发票存根联与发票联填写情况时，可以向持有发票或者发票存根联的单位发出发票填写情况核对卡，有关单位应当如实填写，按期报回。

第六章　罚　则

第三十五条　违反本办法的规定，有下列情形之一的，由税务机关责令改正，可以处 1 万元以下的罚款；有违法所得的予以没收：

（一）应当开具而未开具发票，或者未按照规定的时限、顺序、栏目、全部联次一次性开具发票，或者未加盖发票专用章的；

（二）使用税控装置开具发票，未按期向主管税务机关报送开具发票的数据的；

（三）使用非税控电子器具开具发票，未将非税控电子器具使用的软件程序说明资料报主管税务机关备案，或者未按照规定保存、报送开具发票的数据的；

（四）拆本使用发票的；

（五）扩大发票使用范围的；

（六）以其他凭证代替发票使用的；

（七）跨规定区域开具发票的；

（八）未按照规定缴销发票的；

（九）未按照规定存放和保管发票的。

第三十六条　跨规定的使用区域携带、邮寄、运输空白发票，以及携带、邮寄或者运输空白发票出入境的，由税务机关责令改正，可以处1万元以下的罚款；情节严重的，处1万元以上3万元以下的罚款；有违法所得的予以没收。

丢失发票或者擅自损毁发票的，依照前款规定处罚。

第三十七条　违反本办法第二十二条第二款的规定虚开发票的，由税务机关没收违法所得；虚开金额在1万元以下的，可以并处5万元以下的罚款；虚开金额超过1万元的，并处5万元以上50万元以下的罚款；构成犯罪的，依法追究刑事责任。

非法代开发票的，依照前款规定处罚。

第三十八条　私自印制、伪造、变造发票，非法制造发票防伪专用品，伪造发票监制章的，由税务机关没收违法所得，没收、销毁作案工具和非法物品，并处1万元以上5万元以下的罚款；情节严重的，并处5万元以上50万元以下的罚款；对印制发票的企业，可以并处吊销发票准印证；构成犯罪的，依法追究刑事责任。

前款规定的处罚，《中华人民共和国税收征收管理法》有规定的，依照其规定执行。

第三十九条　有下列情形之一的，由税务机关处 1 万元以上 5 万元以下的罚款；情节严重的，处 5 万元以上 50 万元以下的罚款；有违法所得的予以没收：

（一）转借、转让、介绍他人转让发票、发票监制章和发票防伪专用品的；

（二）知道或者应当知道是私自印制、伪造、变造、非法取得或者废止的发票而受让、开具、存放、携带、邮寄、运输的。

第四十条　对违反发票管理规定 2 次以上或者情节严重的单位和个人，税务机关可以向社会公告。

第四十一条　违反发票管理法规，导致其他单位或者个人未缴、少缴或者骗取税款的，由税务机关没收违法所得，可以并处未缴、少缴或者骗取的税款 1 倍以下的罚款。

第四十二条　当事人对税务机关的处罚决定不服的，可以依法申请行政复议或者向人民法院提起行政诉讼。

第四十三条　税务人员利用职权之便，故意刁难印制、使用发票的单位和个人，或者有违反发票管理法规行为的，依照国家有关规定给予处分；构成犯罪的，依法追究刑事责任。

第七章　附　则

第四十四条　国务院税务主管部门可以根据有关行业特殊的经营方式和业务需求，会同国务院有关主管部门制定该行业的发票管理办法。

国务院税务主管部门可以根据增值税专用发票管理的特殊需要，制定增值税专用发票的具体管理办法。

第四十五条　本办法自发布之日起施行。财政部 1986 年发布的《全国发票管理暂行办法》和原国家税务局 1991 年发布的《关于对外商投资企业和外国企业发票管理的暂行规定》同时废止。

附录 5-2 《中华人民共和国发票管理办法实施细则》

（《中华人民共和国发票管理办法实施细则》已经 2011 年 1 月 27 日国家税务总局第 1 次局务会议审议通过，自 2011 年 2 月 1 日起施行）

第一章　总　则

第一条　根据《中华人民共和国发票管理办法》（以下简称《办法》）规定，制定本实施细则。

第二条　在全国范围内统一式样的发票，由国家税务总局确定。

在省、自治区、直辖市范围内统一式样的发票，由省、自治区、直辖市国家税务局、地方税务局（以下简称"省税务机关"）确定。

第三条　发票的基本联次包括存根联、发票联、记账联。存根联由收款方或开票方留存备查；发票联由付款方或受票方作为付款原始凭证；记账联由收款方或开票方作为记账原始凭证。

省以上税务机关可根据发票管理情况以及纳税人经营业务需要，增减除发票联以外的其他联次，并确定其用途。

第四条　发票的基本内容包括：发票的名称、发票代码和号码、联次及用途、客户名称、开户银行及账号、商品名称或经营项目、计量单位、数量、单价、大小写金额、开票人、开票日期、开票单位（个人）名称（章）等。

省以上税务机关可根据经济活动以及发票管理需要，确定发票的具体内容。

第五条　有固定生产经营场所、财务和发票管理制度健全的纳税人，发票使用量较大或统一发票式样不能满足经营活动需要的，可以向省以上税务机关申请印有本单位名称的发票。

第二章　发票的印制

第六条　发票准印证由国家税务总局统一监制，省税务机关核发。

税务机关应当对印制发票企业实施监督管理，对不符合条件的，应当取消其印制发票的资格。

第七条 全国统一的发票防伪措施由国家税务总局确定，省税务机关可以根据需要增加本地区的发票防伪措施，并向国家税务总局备案。

发票防伪专用品应当按照规定专库保管，不得丢失。次品、废品应当在税务机关监督下集中销毁。

第八条 全国统一发票监制章是税务机关管理发票的法定标志，其形状、规格、内容、印色由国家税务总局规定。

第九条 全国范围内发票换版由国家税务总局确定；省、自治区、直辖市范围内发票换版由省税务机关确定。

发票换版时，应当进行公告。

第十条 监制发票的税务机关根据需要下达发票印制通知书，被指定的印制企业必须按照要求印制。

发票印制通知书应当载明印制发票企业名称、用票单位名称、发票名称、发票代码、种类、联次、规格、印色、印制数量、起止号码、交货时间、地点等内容。

第十一条 印制发票企业印制完毕的成品应当按照规定验收后专库保管，不得丢失。废品应当及时销毁。

第三章 发票的领购

第十二条 《办法》第十五条所称经办人身份证明是指经办人的居民身份证、护照或者其他能证明经办人身份的证件。

第十三条 《办法》第十五条所称发票专用章是指用票单位和个人在其开具发票时加盖的有其名称、税务登记号、发票专用章字样的印章。

发票专用章式样由国家税务总局确定。

第十四条 税务机关对领购发票单位和个人提供的发票专用章的印模应当留存备查。

第十五条 《办法》第十五条所称领购方式是指批量供应、交旧购新或者验旧购新等方式。

第十六条 《办法》第十五条所称发票领购簿的内容应当包括用票单位和个人

的名称、所属行业、购票方式、核准购票种类、开票限额、发票名称、领购日期、准购数量、起止号码、违章记录、领购人签字（盖章）、核发税务机关（章）等内容。

第十七条　《办法》第十五条所称发票使用情况是指发票领用存情况及相关开票数据。

第十八条　税务机关在发售发票时，应当按照核准的收费标准收取工本管理费，并向购票单位和个人开具收据。发票工本费征缴办法按照国家有关规定执行。

第十九条　《办法》第十六条所称书面证明是指有关业务合同、协议或者税务机关认可的其他资料。

第二十条　税务机关应当与受托代开发票的单位签订协议，明确代开发票的种类、对象、内容和相关责任等内容。

第二十一条　《办法》第十八条所称保证人，是指在中国境内具有担保能力的公民、法人或者其他经济组织。

保证人同意为领购发票的单位和个人提供担保的，应当填写担保书。担保书内容包括：担保对象、范围、期限和责任以及其他有关事项。

担保书须经购票人、保证人和税务机关签字盖章后方为有效。

第二十二条　《办法》第十八条第二款所称由保证人或者以保证金承担法律责任，是指由保证人缴纳罚款或者以保证金缴纳罚款。

第二十三条　提供保证人或者缴纳保证金的具体范围由省税务机关规定。

第四章　发票的开具和保管

第二十四条　《办法》第十九条所称特殊情况下，由付款方向收款方开具发票，是指下列情况：

（一）收购单位和扣缴义务人支付个人款项时；

（二）国家税务总局认为其他需要由付款方向收款方开具发票的。

第二十五条　向消费者个人零售小额商品或者提供零星服务的，是否可免予逐笔开具发票，由省税务机关确定。

第二十六条　填开发票的单位和个人必须在发生经营业务确认营业收入时开具发票。未发生经营业务一律不准开具发票。

第二十七条　开具发票后，如发生销货退回需开红字发票的，必须收回原发票并注明"作废"字样或取得对方有效证明。

开具发票后，如发生销售折让的，必须在收回原发票并注明"作废"字样后重新开具销售发票或取得对方有效证明后开具红字发票。

第二十八条　单位和个人在开具发票时，必须做到按照号码顺序填开，填写项目齐全，内容真实，字迹清楚，全部联次一次打印，内容完全一致，并在发票联和抵扣联加盖发票专用章。

第二十九条　开具发票应当使用中文。民族自治地方可以同时使用当地通用的一种民族文字。

第三十条　《办法》第二十六条所称规定的使用区域是指国家税务总局和省税务机关规定的区域。

第三十一条　使用发票的单位和个人应当妥善保管发票。发生发票丢失情形时，应当于发现丢失当日书面报告税务机关，并登报声明作废。

第五章　发票的检查

第三十二条　《办法》第三十二条所称发票换票证仅限于在本县（市）范围内使用。需要调出外县（市）的发票查验时，应当提请该县（市）税务机关调取发票。

第三十三条　用票单位和个人有权申请税务机关对发票的真伪进行鉴别。收到申请的税务机关应当受理并负责鉴别发票的真伪；鉴别有困难的，可以提请发票监制税务机关协助鉴别。

在伪造、变造现场以及买卖地、存放地查获的发票，由当地税务机关鉴别。

第六章　罚　　则

第三十四条　税务机关对违反发票管理法规的行为进行处罚，应当将行政处罚决定书面通知当事人；对违反发票管理法规的案件，应当立案查处。

对违反发票管理法规的行政处罚，由县以上税务机关决定；罚款额在2000元以下的，可由税务所决定。

第三十五条　《办法》第四十条所称的公告是指，税务机关应当在办税场所或者广播、电视、报纸、期刊、网络等新闻媒体上公告纳税人发票违法的情况。公

告内容包括：纳税人名称、纳税人识别号、经营地点、违反发票管理法规的具体情况。

第三十六条 对违反发票管理法规情节严重构成犯罪的，税务机关应当依法移送司法机关处理。

第七章 附　则

第三十七条 《办法》和本实施细则所称"以上"、"以下"均含本数。

第三十八条 本实施细则自 2011 年 2 月 1 日起施行。

第六章　销售人员必知的税务常识

第一节　税务与税收

作为一名合格的销售人员，在工作中经常会接触到一些税务方面的知识，如果我们不掌握一些必要的税务知识，那么，我们很可能吃亏甚至给企业造成不必要的损失。因此，销售人员必须掌握一些税务方面的常识。

一、税务

税务是指和税收相关的事务。一般税务的范畴包括：税法的概念、税收的本质、税收的产生、税收的作用。如图6-1所示。

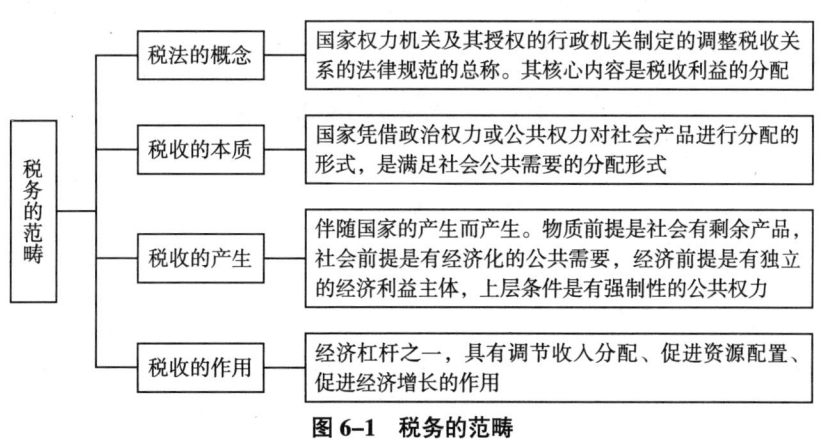

图6-1　税务的范畴

二、税收

1. 税收的含义

税收是国家（政府）为了实现其职能，凭借政治权力，按照法律规定的标准，强制地、无偿地参与国民收入再分配而取得的财政收入。它是国家进行经济管理的一种重要手段。

2. 税收的特征

税收具有强制性、无偿性和固定性的特征，习惯上称为税收的"三性"。如图 6-2 所示。

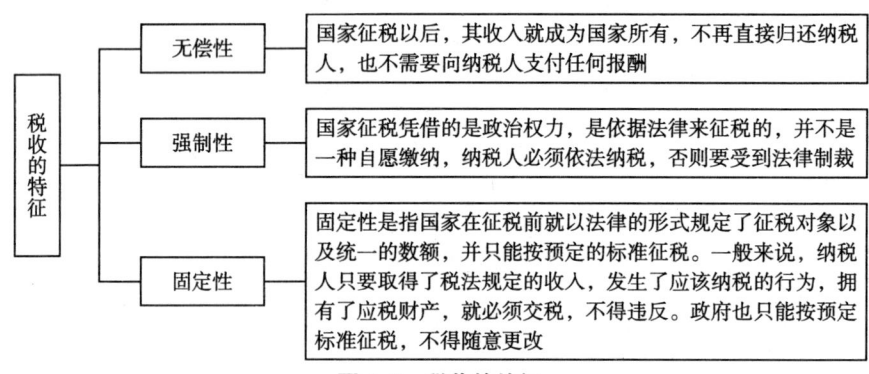

税收的特征	无偿性	国家征税以后，其收入就成为国家所有，不再直接归还纳税人，也不需要向纳税人支付任何报酬
	强制性	国家征税凭借的是政治权力，是依据法律来征税的，并不是一种自愿缴纳，纳税人必须依法纳税，否则要受到法律制裁
	固定性	固定性是指国家在征税前就以法律的形式规定了征税对象以及统一的数额，并只能按预定的标准征税。一般来说，纳税人只要取得了税法规定的收入，发生了应该纳税的行为，拥有了应税财产，就必须交税，不得违反。政府也只能按预定标准征税，不得随意更改

图 6-2　税收的特征

税收的三个特征相互依赖，缺一不可。无偿性是税收这种特殊分配手段的本质体现，国家财政支出采取无偿拨付的特点，要求税收必须采取无偿征收的原则。征税的无偿性，必然要求征税方式的强制性。强制性是无偿性和固定性得以实现的保证。国家财政的固定需要，决定了税收必须具有固定性特征，税收的固定性也是强制性的必然结果。

3. 税收的分类

按照不同的分类标准，税收的分类也不同，如图 6-3 所示。

4. 我国的主要税种

目前，我国税种繁多，但最主要的税种包括五个方面。具体内容如表 6-1 所示。

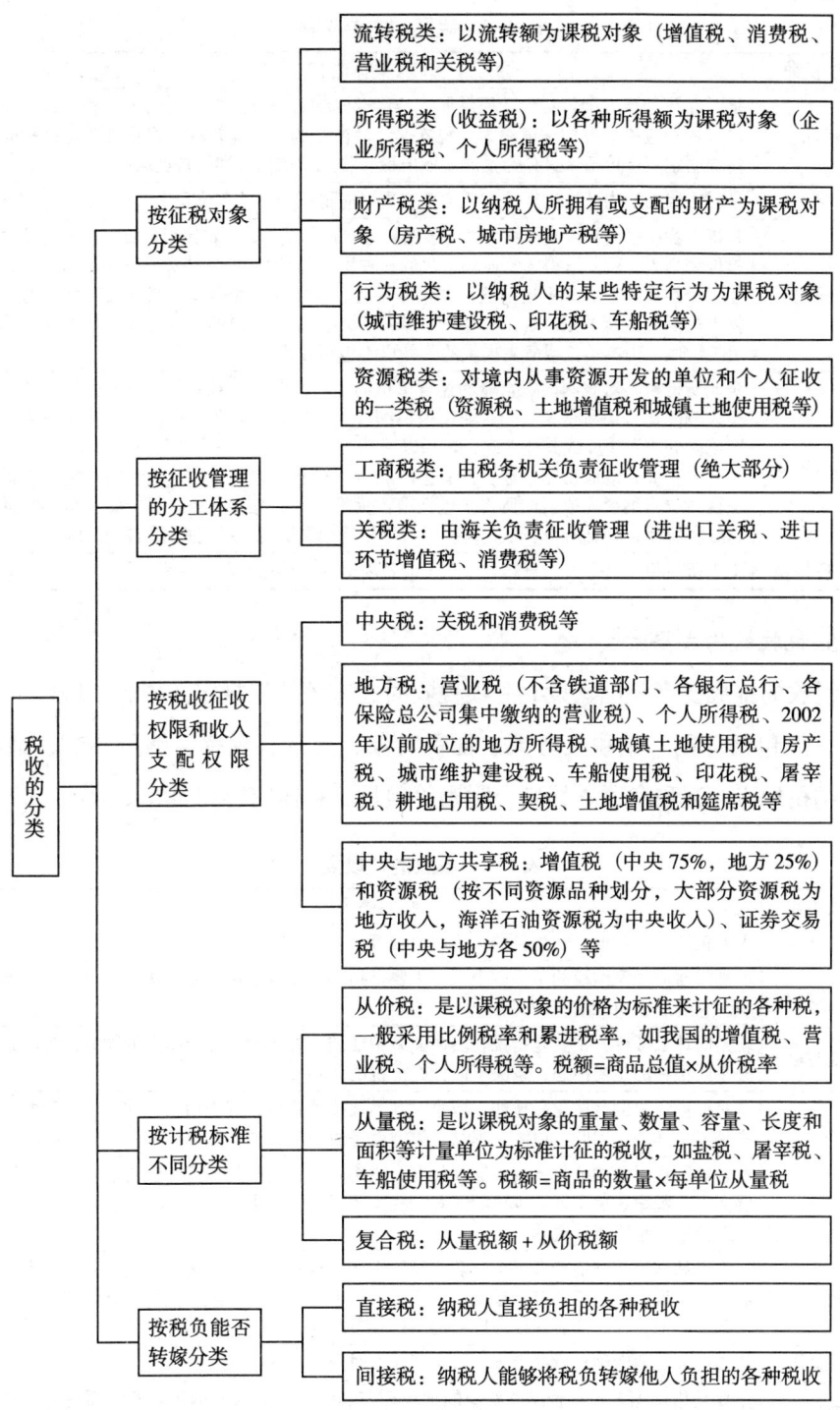

图6-3 税收的分类

表 6-1　我国的主要税种

主要税种	具体内容
增值税	是对在我国境内销售货物、提供加工、修理修配劳务及进口货物的单位和个人，就其应税货物和应税劳务的增值额为计税依据计算征收的一种流转税。根据计算增值税时是否扣除固定资产价值，又分为生产型增值税、收入型增值税和消费型增值税
消费税	是对在我国境内从事生产、委托加工和进口应税消费品的单位和个人征收的一种流转税
营业税	是指在我国境内提供《营业税暂行条例》规定的应税劳务、转让无形资产或销售不动产的单位和个人，就其取得的营业额征收的一种税。"应税劳务"是指属于交通运输业、建筑业、金融保险业、邮电通信业、文化体育业、娱乐业、服务业税目征收范围的劳务。销售人员需要注意的是：加工和修理、修配，不属于营业税的应税劳务。单位和个体户的员工、雇工为本单位或雇主提供的劳务也不包括在内
企业所得税	企业所得税是对我国内资企业和经营单位的生产经营所得和其他所得征收的一种税。纳税人范围比公司所得税大。企业所得税纳税人即所有实行独立经济核算的中华人民共和国境内的内资企业或其他组织，包括以下几类：①国有企业；②集体企业；③私营企业；④联营企业；⑤股份制企业；⑥有生产经营所得和其他所得的其他组织。企业所得税的征税对象是纳税人取得的所得。包括销售货物所得、提供劳务所得、转让财产所得、股息红利所得、利息所得、租金所得、特许权使用费所得、接受捐赠所得和其他所得
个人所得税	个人所得税是对个人（自然人）取得的各项应税所得征收的一种税

5. 税收的构成要素

税收的构成要素是国家设立一项税收时，应该予以规定的内容。税收的构成要素一般包括总则、纳税义务人、征税对象、税目、税率、纳税环节、纳税期限、纳税地点、减税免税、罚则、附则等项目。具体内容如表 6-2 所示。

表 6-2　税收的构成要素

构成要素	具体内容
总则	主要包括立法依据、立法目的、适用原则等
纳税义务人	就是需要向国家纳税的单位或个人，主要是指一切履行纳税义务的法人、自然人及其他组织。它解决了由谁纳税的问题
征税对象	就是向什么征税，主要是指税收法律关系中征纳双方权利义务所指向的物或行为。它是区分不同税种的主要标志，解决了向什么征税的问题
税目	是对征税对象的具体化。比如，国家对酒类征收消费税，其中白酒、啤酒、果酒的征税办法是不一样的，因此，白酒、啤酒、果酒就是酒类产品这一征税对象下的三个税目
税率	就是对征税对象的征收比例或征收额度。税率是计算税额的尺度，也是衡量税负轻重的重要标志。税率解决了征多少税的问题。我国现行的税率主要有比例税率、定额税率、超额累进税率、超率累进税率
纳税环节	一件产品从生产到消费者手中，需要经历生产、批发、零售等诸多环节，并非每个环节都需要缴纳税款，纳税环节就是规定了应当在哪个环节缴纳税款。例如，香烟和黄金首饰都需要缴纳消费税，前者在生产厂家的出厂环节缴纳，后者则在零售环节由零售商缴纳
纳税期限	指纳税人需要缴纳税款的期限，解决了什么时间纳税的问题
纳税地点	主要是指根据各个税种纳税对象的纳税环节和有利于对税款的源泉控制而规定的纳税人（包括代征、代扣、代缴义务人）具体纳税地点

构成要素	具体内容
减税免税	主要是对某些纳税人和征税对象采取减少征税或者免予征税的特殊规定
罚则	主要是指对纳税人违反税法的行为采取的处罚措施
附则	附则一般都规定与该法紧密相关的内容，比如该法的解释权、生效时间等

第二节　我国现行税率

在销售活动中，税率是销售人员最常用到的财务知识之一，因此，熟悉税率知识对销售人员的工作将起到很大的帮助。这一节就来介绍一些日常销售工作中用到的税率知识。

一、税率的概念

税率是税额与课税对象之间的数量关系或比例关系，它表现为税额占课税对象的比例，税率是税的核心要素，是计算应纳税额尺度，体现税收负担的深度，是税制建设的中心环节。

二、我国现行税率

1. 我国现行税率的种类

我国现行税率可分为三种，即比例税率、定额税率和累进税率。如表6-3所示。

表6-3　我国现行税率的种类

种类	解释	具体运用
比例税率	实行比例税率就是对同一征税对象，不论数额大小都按照同一比例征税。其优点主要表现在：同一课税对象的不同纳税人税收负担相同，能够鼓励先进者、鞭策落后者，有利于公平竞争；其计算简单，有利于税收的征收管理。但是比例税率不能体现大者多征、小者少征的原则	比例税率的具体运用可分为以下四种： ①行业比例税率：指的是不同行业规定不同的税率，同一行业采用相同税率 ②产品比例税率：指的是对不同产品规定不同的税率，同一产品采用相同的税率 ③地区差别比例税率：指的是对不同地区实行不同的税率 ④幅度比例税率：指的是中央只规定一个幅度税率，各地可在此税率幅度内，根据本地区的实际情况，选择或确定一个比例作为适用税率

销售人员必知的财务知识

种类	解释	具体运用
定额税率	定额税率是税率中的一种特殊形式。它不是按照课税对象规定的征收比例，而是按照征税对象的计量单位规定固定税额。所以，定额税率又称为固定税率，一般适用于从量计征的税种。定额税率的优点表现在：从量计征，不是从价计征，有利于鼓励纳税人提高产品质量和改进包装，计算方法简单。但是，由于税额的规定同价格的变化情况脱离，当价格提高时，不能使国家财政收入随着国民收入的增长而同步增长；当价格下降时，则会限制纳税人的生产经营积极性	定额税率的具体运用可分为以下三种： ①地区差别税额：由于不同地区的自然资源、生产水平和盈利水平之间存在着差别。因此，根据各地区经济发展的不同情况分别制定的不同税率 ②幅度税额：指的是中央只规定一个税额幅度，各地区根据本地的实际情况，在税额幅度之间确定一个执行税额 ③分类分级税率：把税额对象划分为若干个类别和等级，对各类各级由低到高规定相应的税额，等级高的税额高，等级低的税额低，使其具有累进税的特性
累进税率	累进税率指的是按照征税对象数额的大小，划分为若干等级，每个等级由低到高规定相应的税率，征税对象数额越大，则税率越高。反之，数额越小，税率越低	根据累进税率的计算方法和依据的不同，具体运用可分为以下四种： ①全额累进税率：指的是对征税对象的金额按照与之相适应等级的税率计算税额。在征税对象提高到一个级距时，对征税对象的金额都按高一级的税率征税 ②全率累进税率：它与全额累进税率的原理相同，只是税率累进的依据不同而已。全额累进税率的依据是征税对象的数额，而全率累进税率的依据是征税对象的某种比率，如销售利润率、资金利润率等 ③超额累进税率：指的是把征税对象按照数额大小划分为若干等级，每个等级由低到高规定相应的税率，每一个等级分别按照该级别的税率计税 ④超率累进税率：它与超额累进税率的原理相同，只是税率累进的依据不是征税对象的数额，而是征税对象的某种比率

2. 我国现行税率

我国现行税率如表6-4所示。

表6-4　我国现行税率

主要税种	税率大小
增值税税率	一般纳税人的税率有17%和13%，小规模纳税人的征收率有4%和6%
营业税税率	①对服务行业、转让无形资产和销售不动产、金融保险业适用5% ②对交通运输业、建筑业、邮电通信业和文化体育业等基础产业和鼓励发展的行业适用3% ③对娱乐业统一适用20%
车辆购置税税率	实行比例税率，税率为10%
企业所得税税率	采用33%的比例税率。另外对年应纳税所得额在3万元以下（含3万元）的企业，按18%的税率征收。对超过3万~10万元（含10万元）的企业，按27%的税率征收

主要税种	税率大小
企业所得税税率	采用33%的比例税率。另外对年应纳税所得额在3万元以下（含3万元）的企业，按18%的税率征收。对超过3万~10万元（含10万元）的企业，按27%的税率征收
印花税税率	①比例税率。各类合同以及具有合同性质的凭证、产权转移书据、营业账簿中记载资金的账簿，适用比例税率。比例税率为0.05‰、0.3‰、0.5‰、1‰ ②定额税率。权利、许可证照和营业账簿中除记载资金的账簿外的其他账簿，适用比例税率，均按件贴花，税额为5元
城建税税率	城市为7%，县城、建制镇为5%，城市、县城、建制镇以外的为1%
房产税税率	①按房产余值计算应纳税额的，税率为1.2% ②按房产租金计算应纳税额的，税率为12%
消费税税率	一、烟 ①卷烟：定额税率每标准箱（50000支）150元 比例税率每标准条（200支）对外调拨价50元以上45% 每标准条（200支）对外调拨价50元以下30% ②雪茄烟：25% ③烟丝：30% 二、酒及酒精 ①粮食白酒：定额税率每斤（500克）0.5元 比例税率25% ②薯类白酒：定额税率每斤（500克）0.5元 比例税率15% ③黄酒：吨/240元 ④啤酒：吨/220元 ⑤其他酒：10% ⑥酒精：5% 三、化妆品：含成套化妆品30% 四、护肤护发品：8% 五、贵重首饰及珠宝玉石，包括各种金、银、珠宝首饰玉石：10% 六、鞭炮、烟火：15% 七、汽油（无铅）：升/0.2元 汽油（含铅）：升/0.28元 八、柴油：升/0.1元 九、汽车轮胎：10% 十、摩托车：10% 十一、小汽车： ①小轿车 汽缸容量（排气量下同）2200毫升以上（含2200毫升）：8% 汽缸容量1000~2200毫升（含1000毫升）：5% 汽缸容量1000毫升以下的：3% ②越野车（四轮驱动） 汽缸容量2400毫升以上的（含2400毫升）：5% 汽缸容量2400毫升以下的：3% ③小客车（面包车）：22座以下 DWG3汽缸容量2000毫升以上的（含2000毫升）：5% 汽缸容量2000毫升以下的：3%

主要税种	税率大小
消费税税率	新增高尔夫球及球具、高档手表、游艇、木制一次性筷子、实木地板税目，适用税率分别为： ①高尔夫球及球具税率为10% ②高档手表税率为20% ③游艇税率为10% ④木制一次性筷子税率为5% ⑤实木地板税率为5%

3. 最新个人所得税税率

我国现行的最新个人所得税税率如表6-5、表6-6所示。

表6-5 最新个人所得税税率表（一）

（工资、薪金所得适用）

级数	全月应纳税所得额（含税级距）	全月应纳税所得额（不含税级距）	税率（%）	速算扣除数
1	不超过1500元的	不超过1455元的	3	0
2	超过1500~4500元的部分	超过1455~4155元的部分	10	105
3	超过4500~9000元的部分	超过4155~7755元的部分	20	555
4	超过9000~35000元的部分	超过7755~27255元的部分	25	1005
5	超过35000~55000元的部分	超过27255~41255元的部分	30	2755
6	超过55000~80000元的部分	超过41255~57505元的部分	35	5505
7	超过80000元的部分	超过57505元的部分	45	13505

表6-6 最新个人所得税税率表（二）

（个体工商户的生产经营所得和对企事业单位的承包经营、承租经营所得适用）

级数	全年应纳税所得额	税率（%）	速算扣除数
1	不超过15000元的	5	0
2	超过15000~30000元的部分	10	750
3	超过30000~60000元的部分	20	3750
4	超过60000~100000元的部分	30	9750
5	超过100000元的部分	35	14750

第三节　税务认定资格的纳税人

一、纳税人

纳税人，也称纳税义务人、"课税主体"，是税法上规定的直接负有纳税义务的单位和个人。纳税义务人可以是个人，也可以是单位组织。国家无论课征什么税，均要由一定的纳税义务人来承担，舍此就不成其为税收。因此，纳税人是税收制度构成的基本要素之一。

二、纳税人的种类

从法律角度来划分，纳税人包括法人和自然人两种。具体内容如表6-7所示。

表6-7　纳税人的种类

种类	具体内容
法人	是指按照法律程序建立，具备必要的生产经营条件，实行独立经济核算并能独立承担经济责任和行使经济权利的单位。在我国，法人主要的表现形式除有国有企业、集体企业、私营企业、外商投资企业和外国企业等各种企业外，还有事业法人、社团法人等
自然人	是指在法律上可以独立地享有民事权利并承担民事义务的公民个人，如从事营利性活动的个人以及有应税收入和应税财产的个人

三、税务认定资格的纳税人

1. 增值税一般纳税人

增值税一般纳税人是指年应税销售额超过财政部规定的标准的企业和企业性单位，即企业规模较大、会计核算较为健全、能够提供完整的核算资料的纳税人。如图6-4所示。

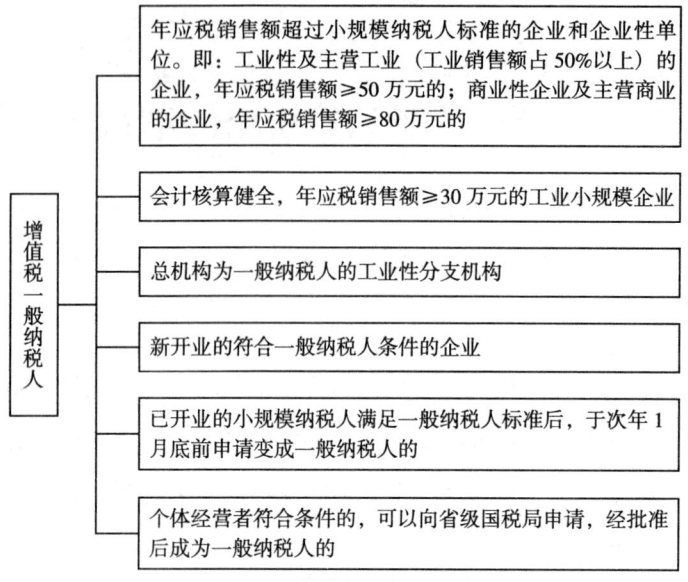

图6-4 增值税一般纳税人

框图内容：

增值税一般纳税人：
- 年应税销售额超过小规模纳税人标准的企业和企业性单位。即：工业性及主营工业（工业销售额占50%以上）的企业，年应税销售额≥50万元的；商业性企业及主营商业的企业，年应税销售额≥80万元的
- 会计核算健全，年应税销售额≥30万元的工业小规模企业
- 总机构为一般纳税人的工业性分支机构
- 新开业的符合一般纳税人条件的企业
- 已开业的小规模纳税人满足一般纳税人标准后，于次年1月底前申请变成一般纳税人的
- 个体经营者符合条件的，可以向省级国税局申请，经批准后成为一般纳税人的

2. 消费税纳税人

根据《中华人民共和国消费税暂行条例》的规定，在中华人民共和国境内生产、委托加工和进口《条例》所规定的消费品的单位或个人，为消费税的纳税义务人。单位是指国有企业、集体企业、私有企业、股份制企业、其他企业和行政单位、事业单位、军事单位、社会团体及其他单位。个人是指个体经营者及其他个人。具体来讲，消费税的纳税人包括以下几种，如图6-5所示。

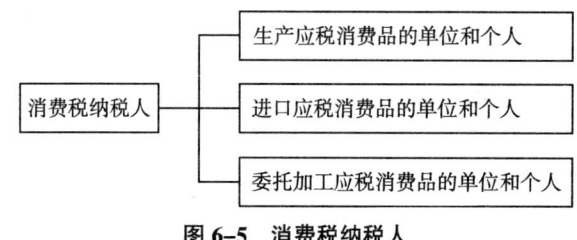

框图内容：

消费税纳税人：
- 生产应税消费品的单位和个人
- 进口应税消费品的单位和个人
- 委托加工应税消费品的单位和个人

图6-5 消费税纳税人

其中，委托加工的应税消费品由受托方于委托方提货时代扣代缴（受托方为个体经营者除外），自产自用的应税消费品由自产自用单位和个人在移送使用时缴纳消费税。

3. 营业税纳税人

凡是在中华人民共和国境内提供应税劳务、转让无形资产或销售不动产的单位和个人都是营业税的纳税人。需要注意的是，单位以承包、承租、挂靠方式经营的，承包人、承租人、挂靠人（统称承包人）发生应税行为，承包人以发包人、出租人、被挂靠人（统称发包人）名义对外经营并由发包人承担相关法律责任的，以发包人为纳税人，否则以承包人为纳税人。一句话，以谁的名义对外经营并承担相关法律责任的，就以谁为纳税人。

4. 企业所得税纳税人

企业所得税纳税人，是依据《企业所得税法》负有纳税义务的企业和其他取得收入的组织。为了有效行使我国税收管辖权，最大限度维护我国的税收利益，《企业所得税法》选择了来源地税收管辖权和居民税收管辖权相结合的混合管辖权。具体为登记注册地标准和实际管理机构标准，把企业分为居民企业和非居民企业，分别确定不同的纳税义务。如表6-8所示。

表6-8 企业所得税纳税人

企业所得税纳税人	具体内容
居民企业	依法在中国境内成立，或者依照外国（地区）法律成立但实际管理机构在中国境内的企业
非居民企业	依照外国（地区）法律成立且实际管理机构不在中国境内，但在中国境内设立机构、场所的，或者在中国境内未设立机构、场所，但有来源于中国境内所得的企业

5. 个人所得税纳税人

个人所得税纳税人包括中国公民、个体工商户（个人独资企业和合伙企业的投资者），以及在中国境内有所得的外籍人员和中国香港、中国澳门、中国台湾同胞。具体如表6-9所示。

表6-9 个人所得税纳税人

个人所得税纳税人	含义	承担义务
居民纳税人	在中国境内（中国大陆地区）有住所，或者无住所而在中国境内居住满一年的个人	负无限纳税义务——来源于境内所得＋境外所得
非居民纳税人	在中国境内无住所又不居住，或者无住所而在境内居住不满一年的外籍人员、华侨或港、澳、台同胞	负有限纳税义务——来源于境内所得

第四节　纳税人的权利和义务

在销售活动中，很多销售人员总是由于搞不清纳税人应该享有哪些权利、履行哪些义务而做不好工作。因此，销售人员必须清楚纳税人应该享有的权利和履行的义务。

一、纳税人的权利

根据《中华人民共和国税收征收管理法》和其他有关法律、法规规定，我国纳税人主要享有以下 17 项权利。如表 6-10 所示。

表 6-10　纳税人的权利

权　利	具体内容
知情权	纳税人、扣缴义务人有权向税务机关了解国家税收法律、行政法规的规定以及与纳税程序有关的情况。税务机关应当无偿为纳税人提供纳税咨询服务
保密权	纳税人、扣缴义务人有权要求税务机关为自己的情况保密。税务机关应依法为其保密
申请减免税权	纳税人可以依照法律、行政法规的规定，书面申请减免税
申请退税权	纳税人超过应纳税额缴纳的税款，税务机关发现后应当立即退还；纳税人自结算缴纳税款之日起三年内发现的，可以向税务机关要求退还多缴的税款并加算银行同期存款利息，税务机关及时查实后应当立即退还
陈述、申辩权	纳税人、扣缴义务人对税务机关所作出的决定，享有陈述权、申辩权
申请行政复议、提起行政诉讼权	纳税人、扣缴义务人对税务机关所作出的决定，依法享有申请行政复议、提起行政诉讼的权利
请求国家赔偿权	纳税人、扣缴义务人对税务机关所作出的决定，享有请求国家赔偿的权利；税务机关滥用职权违法采取税收保全措施、强制执行措施，或者采取税收保全措施、强制执行措施不当，使纳税人、扣缴义务人或者纳税担保人的合法权益遭受损失的，应当依法承担赔偿责任
控告、检举权	纳税人、扣缴义务人有权控告和检举税务机关、税务人员的违法违纪行为
请求回避权	税务人员征收税款和查处税收违法案件，与纳税人、扣缴义务人或者税收违法案件有利害关系的应当回避
举报权	任何单位和个人都有权检举违反税收法律、行政法规的行为。收到检举的机关和负责查处的机关应当为检举人保密。税务机关应当按照规定给予奖励
申请延期申报期	纳税人、扣缴义务人不能按期办理纳税申报或者报送代扣代缴、代收代缴税款报告表的，经税务机关核准，可以延期申报

权　利	具体内容
取得代扣、代收手续费权	税务机关按照规定付给扣缴义务人代扣、代收手续费
延期缴纳税款权	纳税人因有特殊困难，不能按期缴纳税款的，经省、自治区、直辖市国家税务局、地方税务局批准，可以延期缴纳税款，但是，最长不得超过三个月
索取完税凭证权	税务机关征收税款时，必须给纳税人开具完税凭证。扣缴义务人代扣、代收税款时，纳税人要求扣缴义务人开具代扣、代收税款凭证，扣缴义务人应当开具
索取收据或清单权	税务机关扣押商品、货物或其他财产时，必须开付收据；查封商品、货物或者其他财产时，必须开付清单
拒绝检查权	税务机关派出的人员进行税务检查时，应当出示税务检查证和税务检查通知书，并有责任为被检查人保守秘密；未出示税务检查证和税务检查通知书的，被检查人有权拒绝检查
委托税收代理权	纳税人、扣缴义务人可以委托税务代理人代为办理税务事宜

二、纳税人的义务

根据《中华人民共和国税收征收管理法》和其他有关法律、法规规定，我国纳税人应当履行下列 18 项义务，如表 6-11 所示。

表 6-11　纳税人的义务

义　务	具体内容
依法办理税务登记的义务	纳税人在发生纳税事宜时，有义务在规定期限内申报办理税务登记；在税务登记内容发生变化时，有义务按规定办理变更或注销税务登记
办理纳税申报和报送纳税资料的义务	纳税人有义务在税法规定的申报期限内如实办理纳税申报，报送纳税申报表、财务会计报表以及税务机关根据实际需要要求纳税人报送的其他纳税资料。扣缴义务人也有在规定的申报期限内如实报送代扣代缴、代收代缴税款报告表以及其他需要报送资料的义务
按时缴纳或解缴税款的义务	纳税人、扣缴义务人应按照法律、行政法规规定的期限，或者税务机关依照法律、行政法规的规定确定的期限，缴纳或者解缴税款
代扣、代缴税款的义务	法律、行政法规规定负有代扣代缴、代收代缴税款义务的单位和个人为扣缴义务人。扣缴义务人应依照法律、行政法规的规定履行代扣、代收税款的义务
按照规定使用税务登记证件的义务	纳税人按照国务院税务主管部门的规定使用税务登记证件。税务登记证件不得转借、涂改、损毁、买卖或者伪造
依法设置账簿、进行核算并保管账簿和有关资料的义务	纳税人、扣缴义务人按照有关法律、行政法规和国务院财政、税务主管部门的规定设置账簿，根据合法、有效凭证记账并进行核算；保管账簿、记账凭证、完税凭证及其有关资料；账簿、记账凭证、完税凭证及其他有关资料不得伪造、变造或者擅自损毁
财务会计制度或办法、会计核算软件备案的义务	从事生产经营的纳税人的财务、会计制度、会计处理办法和会计核算软件，应当报送税务机关备案。纳税人、扣缴义务人的财务、会计制度或者财务、会计处理办法与国务院或者财政、税务主管部门有关税收的规定抵触的，依照国务院或者国务院财政、税务主管部门有关税收的规定计算应纳税款、代扣代缴和代收代缴税款

义　务	具体内容
按规定开具、使用、取得发票的义务	单位、个人在购销商品、提供或者接受经营服务以及从事其他经营活动中，应当按照规定开具、使用、取得发票
按照规定安装、使用税控装置的义务	国家根据税收征收管理的需要，积极推广使用税控装置。纳税人应当按照规定安装、使用税控装置，不得损毁或者擅自改动税控装置
延期申报必须预交税款的义务	经核准延期办理规定的申报、报送事项的，应当在纳税期内按照上期实际缴纳的税额或者税务机关核定的税额预缴税款，并在核准的延期内办理税款结算
不得拒绝扣缴义务代扣、代收税款的义务	扣缴义务人依法履行代扣、代收税款义务时，纳税人不得拒绝。纳税人拒绝的，扣缴义务人应当及时报告税务机关处理
依法计价核算与关联企业之间的业务往来的义务	企业或者外国企业在中国境内设立的从事生产经营的机构、场所与其关联企业之间的业务往来，应当按照独立企业之间的业务往来收取或者支付价款、费用
结清税款或提供担保的义务	税务机关有根据认为从事生产经营的纳税人有逃避纳税义务行为的，可以在规定的纳税期之前，责令限期缴纳应纳税款；在限期内发现纳税人有明显的转移、隐匿其应纳税的商品、货物以及其他财产或者应纳税的收入的迹象的，税务机关可以责成纳税人提供纳税担保。欠缴税款的纳税人或者它的法定代表人需要出境的，应当在出境前向税务机关结清应纳税款、滞纳金或者提供担保。纳税人有合并、分立情形的，应当向税务机关报告，并依法结清税款
欠税人应当向抵押权人、质权人说明欠税情况的义务	纳税人有欠税情形而以其财产设定抵押、质押的，应当向抵押权人、质权人说明其欠税情况
继续纳税和承担连带责任的义务	纳税人合并时未缴清税款的，应当由合并后的纳税人继续履行未履行的纳税义务；纳税人分立时未缴清税款的，分立后的纳税人对未履行纳税义务应当承担连带责任
向税务机关提供税务信息的义务	纳税人、扣缴义务人和其他有关单位应当按照国家有关规定如实向税务机关提供与纳税人和代扣代缴、代收代缴税款有关的信息；从事生产经营的纳税人应当将全部银行账号向税务机关报告；有合并、分立情形应当向税务机关报告；欠缴税款数额较大的纳税人在处分其不动产或者大额资产之前，应当向税务机关报告
接受税务检查的义务	纳税人、扣缴义务人必须接受税务机关依法进行的税务检查，如实反映情况，提供有关资料，不得拒绝、隐瞒
发生纳税争议先缴纳税款或提供担保的义务	纳税人、扣缴义务人、纳税担保人同税务机关在纳税上发生争议时，首先必须依照税务机关的纳税决定缴纳或者解缴税款及滞纳金或者提供相应的担保，然后可以依法申请行政复议。对行政复议决定不服的，可以依法向人民法院起诉

第五节　纳税申报的方式和内容

所谓纳税申报，是指纳税人、扣缴义务人在发生法定纳税义务后，按照税法或税务机关相关行政法规所规定的内容，在申报期限内，以书面形式向主管税务机关提交有关纳税事项及应缴税款的法律行为。

一、纳税申报的方式

纳税申报的方式是指纳税人和扣缴义务人在发生纳税义务和代扣代缴、代收代缴义务后，在其申报期限内，依照税收法律、行政法规的规定到指定税务机关进行申报纳税的方式。目前，主要有直接申报（上门申报）、邮寄申报、数据电文申报等方式。如图6-6所示。

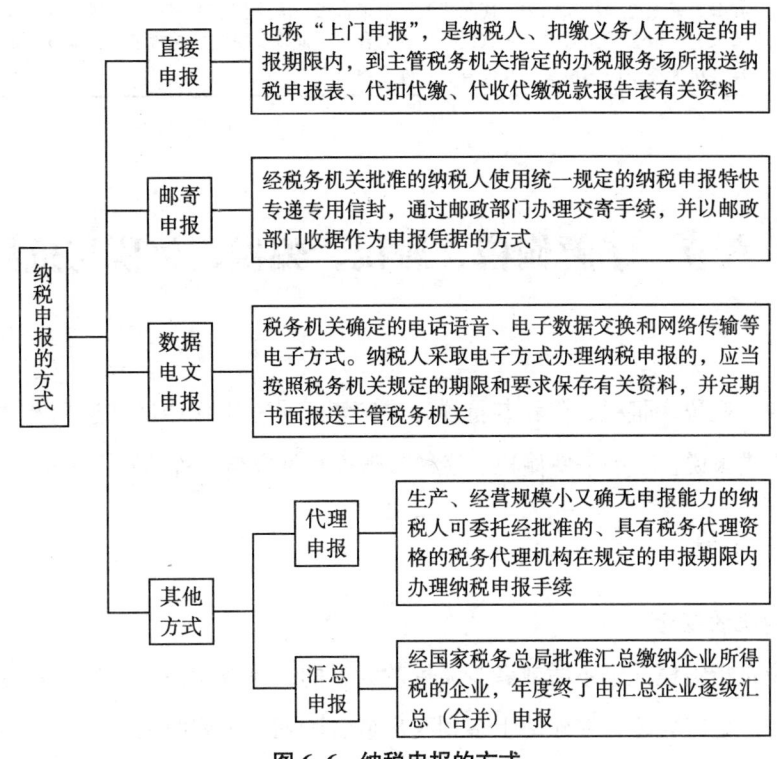

图6-6　纳税申报的方式

二、纳税申报的内容

纳税人办理纳税申报时，应当如实填写纳税申报表，并根据不同的情况相应报送下列有关证件、资料。具体内容如表6-12所示。

表 6-12 纳税申报的内容

名称	具体内容
纳税申报的内容	财务会计报表及其说明材料
	与纳税有关的合同、协议书及凭证
	税控装置的电子报税资料
	外出经营活动税收管理证明和异地完税凭证
	境内或者境外公证机构出具的有关证明文件
	纳税人、扣缴义务人的纳税申报或者代扣代缴、代收代缴税款报告表的主要内容包括：税种、税目，应纳税项目或者应代扣代缴、代收代缴税款项目，计税依据，扣除项目及标准，适用税率或者单位税额，应退税项目及税额、应减免税项目及税额，应纳税额或者应代扣代缴、代收代缴税额，税款所属期限、延期缴纳税款、欠税、滞纳金等
	扣缴义务人办理代扣代缴、代收代缴税款报告时，应当如实填写代扣代缴、代收代缴税款报告表，并报送代扣代缴、代收代缴税款的合法凭证以及税务机关规定的其他有关证件、资料
	税务机关规定应当报送的其他有关证件、资料

第六节 了解偷税、避税、骗税、欠税与抗税

偷税、避税、骗税、欠税与抗税，是销售人员在工作中经常遇到的情形。对于销售人员来说，了解一些偷税、避税、骗税、欠税与抗税的知识是很有必要的。

一、偷税

1.偷税的概念

偷税是指纳税人以不缴或者少缴税款为目的，采取伪造、变造、隐匿、擅自销毁账簿、记账凭证，在账簿上多列支出或者不列、少列收入，或采取各种不公开的手段，或者进行虚假的纳税申报的手段，隐瞒真实情况，不缴或少缴税款，欺骗税务机关的行为。

2.偷税的手段

销售人员需要注意分辨，偷税的手段主要有以下几种，如表 6-13 所示。

表 6-13　偷税的手段

偷税的手段	具体内容
伪造、变造、隐匿、擅自销毁账簿、记账凭证	纳税人伪造、变造、隐匿、擅自销毁用于记账的发票等原始凭证的行为
在账簿上多列支出或不列、少列收入	纳税人非法取得虚开的增值税专用发票上注明的税额已经记入"应交税金"作进项税额，构成了"在账簿上多列支出或者不列、少列收入"的行为
经税务机关通知申报而拒不申报纳税	经税务机关通知申报后，纳税人、扣缴义务人已经依法办理税务登记或者扣缴税款登记的，拒不申报纳税；依法不需要办理税务登记的纳税人，经税务机关依法书面通知其申报，拒不申报纳税；尚未依法办理税务登记、扣缴税款登记的纳税人、扣缴义务人，经税务机关依法书面通知其申报，拒不申报纳税
虚假的纳税申报	虚假的纳税申报，是指纳税人或者扣缴义务人向税务机关报送虚假的纳税申报表、财务报表、代扣代缴、代收代缴税款报告表或者其他纳税申报资料，如提供虚假申请，编造减税、免税、抵税、先征收后退还税款等虚假资料等。主要表现是申报表、申报资料与纳税人账簿记载的内容不一致
缴纳税款后，以假报出口或者其他欺骗手段，骗取所缴纳的税款	纳税人先缴纳了税款，然后以假报出口或者其他欺骗手段骗取所缴纳的税款，这种情况下，应当认定为偷税

3. 偷税应负的法律责任

根据《中华人民共和国税收征收管理法》的规定，偷税应负的法律责任如表 6-14 所示。

表 6-14　偷税应负的法律责任

名称	法律责任
偷税应负的法律责任	纳税人偷税数额在 1 万元以上不满 10 万元并且偷税数额占应纳税额的 10%以上不满 30%的，或者因偷税被税务机关给予二次行政处罚后又偷税的，除税务机关追缴其偷税款外，处三年以下有期徒刑或者拘役，并处偷税数额 1 倍以上 5 倍以下的罚金
	纳税人偷税数额在 10 万元以上并且偷税数额占应纳税的 30%以上的，处三年以上七年以下有期徒刑，并处偷税数额 1 倍以上 5 倍以下的罚金
	扣缴义务人采取前款所列手段，不缴或者少缴已扣、已收税款，数额占应缴税额的 10%以上并且数额在 1 万元以上的，依照前款的规定处罚
	企事业单位犯罪的，除处以罚金外，对负有直接责任的主管人员和其他直接责任人员，处三年以下有期徒刑或者拘役。投诉数额不满 1 万元或者投诉数额占应纳税额不到 10%的，由税务机关追缴其偷税款，处以偷税数额 5 倍以下的罚款

二、避税

1. 避税的概念

避税是指纳税人利用税法上的漏洞或税法允许的办法，作适当的财务安排或税收策划，在不违反税法规定的前提下，达到减轻或解除税负目的的行为。

2. 避税的特征、产生原因和后果（见表6–15）

表6–15　避税的特征、产生原因和后果

避税的特征	避税产生的原因	避税的后果
非违法性	在利益驱动下，纳税人除了在成本费用上做文章外，也打税收的主意，以达到利益的最大化	直接导致国家税收收入减少
低风险、高收益	税收管辖权的选择和运用、税制要素、征税方法等方面存在差别，造成了税务的不公平性，给避税行为提供了便利的外在条件	侵犯了税收法律法规的立法意图，使其公正性、严肃性受到影响
策划性	税收法律、法规本身存在漏洞。由于纳税人定义的可变通性、课税对象金额的可调整性、税率的差别性、起征点与个税税收上的优惠政策等，使纳税人的主观避税愿望能够通过对现有政策的不足之处的利用得以实现	对于社会公德及道德造成不良侵害，使诚信纳税受到威胁，造成守法经营在市场竞争上处于不利地位

3. 避税的种类

从税收法规的角度看，避税可以分为以下几种，如表6–16所示。

表6–16　避税的种类

种　类	具体内容
利用选择性条文避税	这一避税类型主要是指税法对统一征税对象同时作了几项并列而又不同的规定，纳税人选择任何一项规定都属合法。如《中华人民共和国外商投资企业和外国企业所得税法》规定：外商投资企业和外国企业缴纳企业所得税和地方所得税，按年计算，分季预缴，季度终了后15日内预缴；年度终了后五个月内汇算清缴，多退少补。这样，在同一个纳税年度内，纳税人可以根据资金运动状况，自行选择预缴税款的日期，从而使税款入库的时间人为地延长，递延了应纳税款
利用不明晰条文避税	这一避税类型主要是指税法的有关规定过于抽象，纳税人可以从自身利益角度加以理解，并据此执行，同时得到税务机关的默认或许可，从而实现避税。比如《中华人民共和国个人所得税法》规定：在中华人民共和国境内居住满一年的个人，应承担有限的纳税义务，只从中国境内取得的所得纳税。在我国对居民个人身份的认定采用的是时间标准，这样纳税人可以利用各国之间关于确定居民身份的居留期限长短不一的规定，达到变更原来个人居民身份的目的，从而逃避有关国家的税收管辖
利用伸缩性条文避税	这一避税类型主要是指税法的有关规定在具体执行中，纳税人加以简单化，从而实现避税
利用矛盾性或冲突性条文避税	这一避税类型主要是利用税法的具体规定相互矛盾的方面进行避税

以上几种类型的避税，有的是纳税人实现了永久的避税，带来了额外的收益；而有的则仅是纳税人利用了时间差，暂时递延了纳税义务，从一个较长时期

来看，某一时期所避的税款在以后逐期返还，纳税人仅获得资金营运上暂时的好处。但这并不是说，暂时性避税就可以忽视了。应该看到，这种暂时性避税在国家修改税法，对已经实现的暂时性避税没有溯及力时，可能转化为永久性避税。

4. 避税与逃税的区别

避税和逃税虽然都是违反税法的行为，但二者却有明显区别。如表 6-17 所示。

表 6-17　避税与逃税的区别

区　别	避　税	逃　税
适用的法律不同	适用涉外经济活动有关的法律、法规	仅适用国内的税法规范
适用的对象不同	针对外商投资、独资、合作等企业、个人	仅为国内的公民、法人和其他组织
各自的行为方式不同	纳税义务人利用税法上的漏洞、不完善，通过对经营及财务活动的人为安排，以达到规避或减轻纳税的目的的行为	从事生产、经营活动的纳税人，纳税到期前，有转移、隐匿其应纳税的商品、货物、其他财产及收入的行为，达到逃避纳税的义务

三、骗税

1. 骗税的概念

骗税是指纳税人以假报出口或者其他欺骗手段，骗取出口退税款的行为。也指企业事业单位采取对所生产或者经营的商品假报出口等欺骗手段，骗取国家出口退税款的行为。

2. 骗税与偷税的区别（见表 6-18）

表 6-18　骗税与偷税的区别

骗　税	偷　税
把已缴到国库的税款骗归自己所有	采取非法手段不缴或者少缴应纳税款，税款还没有缴到国库
采取假报出口、虚报价格、伪造涂改报关单等手段	采取的是伪造、变造、隐匿、擅自销毁账簿、记账凭证或在账簿上多列支出或不列、少列收入，或进行虚假的纳税申报等手段

3. 骗税应负的法律责任

根据《中华人民共和国税收征收管理法》的规定，骗税应负的法律责任如表 6-19 所示。

表6-19 骗税应负的法律责任

名　　称	法律责任
骗税应负的法律责任	骗取国家出口退税款数额较大的，处五年以下有期徒刑或者拘役，并处骗取税款1倍以上5倍以下的罚金
	骗取国家出口退税款数额巨大或者有其他严重情节的，处五年以上十年以下有期徒刑，并处骗取税款1倍以上5倍以下罚金
	骗取国家出口退税款数额特别巨大或者有其他特别严重情节的，处十年以上有期徒刑或者无期徒刑，并处骗取税款1倍以上5倍以下罚金或者没收财产
	纳税人缴纳税款后，采取前款规定的欺骗方法，骗取所缴纳的税款的，依照《刑法》第二百零一条的规定定罪处罚；骗取税款超过所缴纳的税款部分，依照前款的规定处罚

四、欠税

1. 欠税的概念

欠税是指纳税人超过税法核定的纳税期限或经税务机关批准的缓缴期限，没有缴纳或缴足税款，导致税款不能及时入库的行为。

2. 欠税应负的法律责任

根据《中华人民共和国税收征收管理法》的规定，欠税应负的法律责任如表6-20所示。

表6-20 欠税应负的法律责任

名称	法律责任
欠税应负的法律责任	纳税人、扣缴义务人在规定期限内不缴或者少缴应缴纳的税款，经税务机关责令期限缴纳，逾期仍未缴纳的，税务机关除采取强制执行措施外，可以处不缴或者少缴税款5倍以下的罚款
	纳税人欠缴应纳税款，采取转移或者隐匿财产的手段，致使税务机关无法追缴欠税的税款，数额在1万元以上不满10万元的，处三年以下有期徒刑或拘役，并处或单处欠缴税款1倍以上5倍以下的罚金；数额在10万元以上的，处三年以上七年以下有期徒刑，并处欠缴税款1倍以上5倍以下的罚金
	企事业单位犯罪的，除处以罚金外，对负有直接责任的主管人员和其他直接责任人员，处三年以下有期徒刑或者拘役

五、抗税

1. 抗税的概念

抗税是指纳税人以暴力、威胁方法拒不缴纳税款的行为。它的含义和特征如表6-21所示。

表 6-21　抗税的含义和特征

名称	具体内容	
含义	以暴力方法拒不缴纳税款	是指行为人对税务人员采用暴力方法，包括殴打、推搡、伤害、强行紧闭以及为阻碍征税而砸毁税务人员使用的交通工具、聚众冲击打砸税务机关等直接侵害人身安全的暴力方法
	以威胁方法拒不缴纳税款	是指纳税人采用威胁的方法拒不缴纳税款，如扬言以拼命的威胁方法拒缴税款，或以对税务人员及其亲属的人身、财产的安全采取伤害、破坏相要挟，使其放弃执行自己的征税公务，达到拒缴税款的目的
特征	以暴力、威胁方法拒不缴纳税款的行为特征如下： ①当事人侵害的对象是正在依法执行征税公务的税务人员 ②采取阻碍的方式，通常是以暴力、威胁方法迫使税务人员放弃执行公务 ③实施这种行为的主体既可以是纳税人、扣缴义务人，也可以是其他人 可见，构成抗税行为的关键特征是对税务机关和税务人员实施暴力和威胁，抗税行为成立与否并不决定于抗拒缴纳税款的数额大小。只要以暴力、威胁方法拒不缴纳税款，不管税款多少，都可构成抗税	

抗税是一种明目张胆地对抗国家法律的行为，它是所有未按照规定缴纳税款的行为中手段最恶劣、情节最严重、影响最坏的一种行为。它不仅严重阻碍了国家税务人员依法执行公务，扰乱了正常的税收秩序和社会秩序，影响了国家税收收入的实现，而且给税务人员的人身安全带来了威胁。特别是那些以暴力方法对税务人员进行人身伤害的抗税行为，所侵害的客体不仅是国家税收，而且是税务人员的人身健康和生命权利。

2. 抗税应负的法律责任

根据《中华人民共和国税收征收管理法》的规定，抗税应负的法律责任如表 6-22 所示。

表 6-22　抗税应负的法律责任

名称	法律责任
抗税应负的法律责任	纳税人抗税的，除税务机关追缴其拒缴的税款、滞纳金外，处以三年以下有期徒刑或者拘役，并处以拒缴税款 1 倍以上 5 倍以下的罚金
	情节严重的，判处三年以上七年以下有期徒刑，并处以拒缴税款 1 倍以上 5 倍以下的罚金；情节轻微未构成犯罪的，由税务机关追缴其拒缴的税款、滞纳金税款，并处以拒缴税款 1 倍以上 5 倍以下的罚款
	以暴力方法抗税致人重伤或者死亡的，除处以罚金外，按伤害罪、杀人罪从重处罚。《刑法》规定故意伤人致死的，处七年有期徒刑；故意杀人的，处死刑、无期或十年以上有期徒刑；情节较轻的，处三年以上十年以下有期徒刑
	与纳税人或者扣缴义务人共同实施抗税行为的，以抗税罪的共犯依法处罚

第七节　运筹帷幄，合理避税

作为销售人员，你可能会觉得，合理避税应该是会计的事、企业的事或其他纳税人的事，与自己没有关系。其实不然。作为一名合格的销售人员，同样应该掌握一些合理避税的知识，这样你才能为你的客户、合作者和企业争取更大的利益。

一、合理避税概述

1. 合理避税的含义

所谓合理避税，又称合法避税、纳税筹划，是指纳税人在熟知相关税境的税收法规的基础上，在不直接触犯《税法》的前提下，利用《税法》等相关法律的差异、疏漏、模糊之处，通过对经营活动、融资活动、投资活动等涉税事项的精心安排，达到规避或减轻税负的行为。它是纳税人在履行应尽法律义务的前提下，运用《税法》赋予的权利保护纳税人既得利益的手段。

2. 合理避税的特征

合理避税的特征如图 6-7 所示。

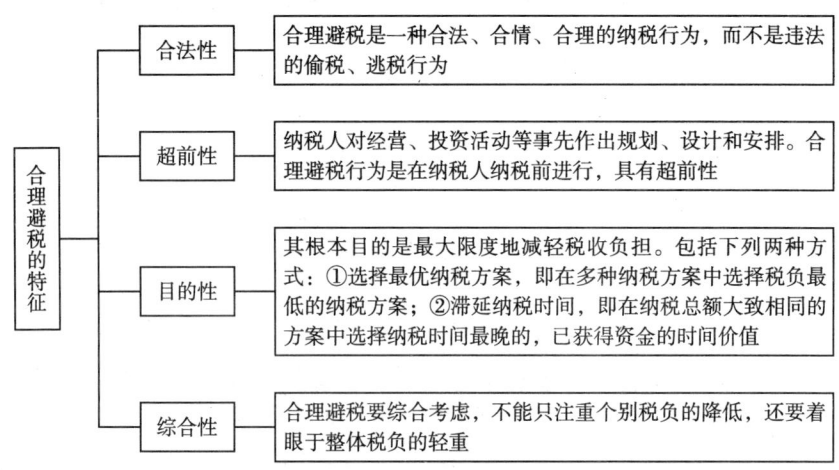

图6-7　合理避税的特征

二、合理避税筹划的空间

一般地说，合理避税筹划的空间由以下几项内容构成，如图 6-8 所示。

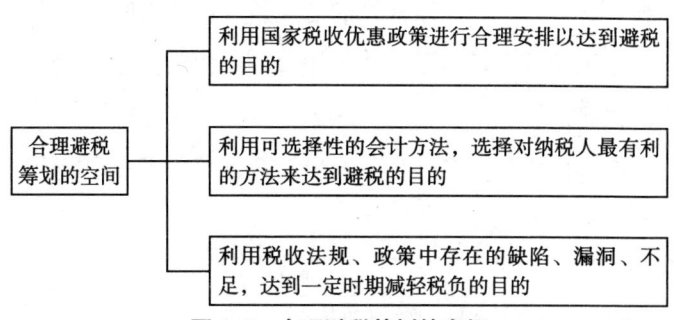

图 6-8　合理避税筹划的空间

可见，成功避税筹划方案是斗智斗勇的结果和体现。因此，销售人员在工作中必须能够运筹帷幄，具备较高的税务筹划水平，具有对税收政策深层加工的能力，以保证避税筹划方案的合法性，最大限度地给企业和客户等人带来经济利益。

三、合理避税应遵循的原则

在实施合理避税时，应遵循以下几点原则，如图 6-9 所示。

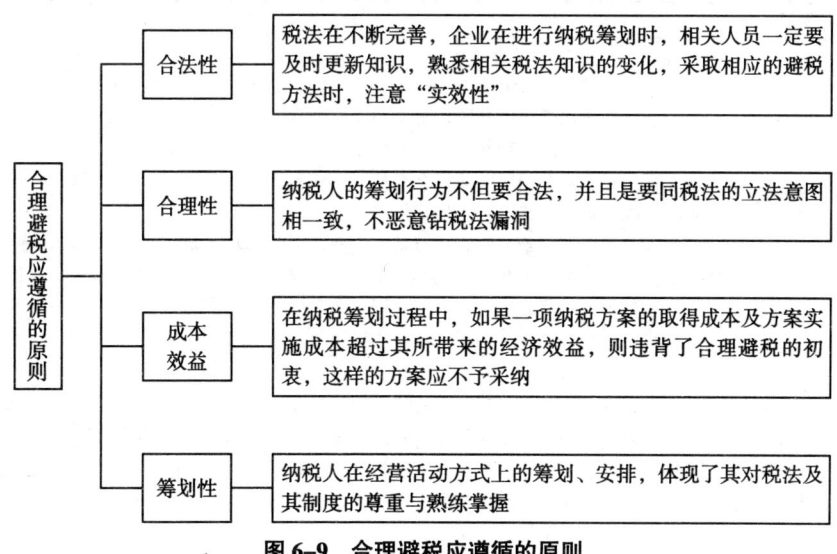

图 6-9　合理避税应遵循的原则

四、合理避税的首要条件

合理避税是有条件的，即依法纳税、依法尽其义务，按照《中华人民共和国税收征收管理法》及其细则和具体税种的法规条例，应按时足额缴纳税款。只有在这个基础上，才能进行合理避税，才能视合理避税为企业的权利，才能受到法律和社会的认可和保护。

一般地，合理避税的首要条件主要有以下几点，如表6-23所示。

表6-23　合理避税的首要条件

名称	具体内容
合理避税的首要条件	必须具有一定的法律知识，能够了解什么是合理、什么是非法，并划清合法与非法的界限，在总体上保证自身的经济活动和有关行为的合法性
	应该深刻了解和研究税法和政府征收税款的具体方法，知晓税收管理中固有的缺陷和漏洞
	必须具有一定的经营规模和收入规模，值得为有效的避税行为花费代价。因为在一般情况下，合理避税应该请有关专门人员进行纳税筹划，这是需要付出代价的

五、合理避税的操作方法

合理避税的方法主要有以下几种，如表6-24所示。

表6-24　合理避税的方法

合理避税的方法	具体内容
转让定价避税法	在经济活动存在关联企业各方，为均摊利润或转移利润而在产品交换或买卖过程中，不依据市场买卖的价格进行交易，而是根据他们之间的收入而进行的产品转让。在这种转让中，产品转让定价的依据是双方的意愿，可能高于或者低于正常的市场交易价格，以达到避税的目的
成本计算法避税	企业通过对成本费用项目的组合与预算，使其达到一个最佳方案，以实现少纳税或者不纳税的避税方法
资金筹集避税法	从资金来源来看，常见的有权益资本和债务资本，前者包括企业发行的股票、吸收直接投资留用的利润等方式筹集的资金，后者包括企业通过发行债券、银行借款、融资租赁等方式筹集的资金。权益资本是以股息形式获得的报酬，不能从所得税额中减除，而支付债务资本的利息，却可列为财务费用，从应纳所得税额中减除
资产租赁避税法	租赁是出租人以收取租金为条件在契约或合同规定的期限内，将资产租赁给承租人使用的一种经济行为。从企业避税筹划的角度看，租赁是用以减轻税负的重要方式
合理利用税收政策，规避相关税金	税收优惠是指为了对某些征税对象和纳税人给予照顾或鼓励而采取的减轻或免除税负的措施。它是国家为了扶持某些特定地区、行业、企业或业务的发展，或者为了减轻某些具有实际困难的纳税人的税负，而在税法中进行的某些特殊规定。税收优惠政策是指对某些特定纳税人和征税对象给予照顾和鼓励的各种规定

合理避税的方法	具体内容
选择合理的会计政策和会计处理方法规避税负	费用分配节税法。在会计准则允许的范围内，利用不同的费用分配方法，进行合理的筹划，以达到合理节税的目的
	利润分配次序节税法。正视利润分配过程中征（纳）税行为的存在，并尽可能采取一定的措施和手段，减少或降低利润分配过程中的税收成本
选择合理投资方式的避税	在投资方式中，选择设备和无形资产投资要优于货币资金投资方式。在投资方式的选择上，还可以考虑是分期投资或是一次性投资的税收筹划。采用分期投资方式可以获得资金的时间价值，而且未到位的资金可通过金融机构或其他途径来融通解决，其利息支出可以部分地准许在税前扣除，从而达到节税的目的
充分利用行业政策	如对服务业的有关政策：安置"四残人员"占企业生产人员35%以上的民政福利企业，其经营属于营业税"服务业"税目范围内（广告业除外）的业务，免缴营业税等
变更企业性质	我国税收政策中对外商投资企业实行税收倾斜政策，有许多减税、免税的优惠政策，因此，由内资企业向中外合资、合作经营企业等经营模式过渡，既扩大了经营规模，又能合理规避某些税务支出，减少现金流出，提高企业经营效益
变更企业经营地址	凡是在经济特区、沿海经济开发区和经济技术开发区所在城市的老市区以及国家认定的高新技术产业区、保税区设立的生产、经营、服务型企业和从事高新技术开发的企业，都可享受较大程度的税收优惠

六、合理避税举例

【例 6-1】 某企业是以生产销售钢材为主的工业企业，主要原材料是废钢和铁屑，主要经营范围是钢材生产销售、废旧物资回收等业务，原材料废钢和铁屑的购进主要以自己收购为主。2012 年 12 月，企业被认定为增值税一般纳税人。假设该企业 2012 年实现销售收入 3800 万元，购入废钢和铁屑 5000 吨，每吨不含税价为 1800 元，普通发票开具的金额为 900 万元，委托其他运输单位运输支付运费 100 万元，支付装卸费、保险费等其他杂费 20 万元。那么，该企业可以进行以下三种税收筹划。

第一种方案：该企业自己直接收购原材料废钢，取得普通发票。根据现行税法规定，工业企业收购废旧物资，不得计算抵扣进项税额，因此该企业购进的废钢不得作为进项税额申报抵扣。那么，2012 年应纳增值税 $= 3800 \times 17\% - 100 \times 7\% = 646 - 7 = 639$（万元）。

第二种方案：该企业 2012 年从废旧物资回收经营单位购入废钢，并取得销售方开具的由国税机关监制的普通发票，那么 2012 年应纳增值税 $= 3800 \times 17\% - 900 \times 10\% - 100 \times 7\% = 646 - 90 - 7 = 549$（万元）。第二种方案比第一种方案少纳增

值税 90 万元。

第三种方案：该企业作为总公司，单独设立一个废旧物资回收公司。根据现行税法规定，废旧物资回收经营单位销售的废旧物资免征增值税；收购废旧物资时支付的运输费和装卸费等其他杂费，可以作为成本计入废旧物资回收公司销售价格，开具普通发票（金额 $900 + 20 + 100 = 1020$ 万元）给加工生产企业，因此该企业 2012 年应纳增值税 $= 3800 \times 17\% - 1020 \times 10\% = 646 - 102 = 544$（万元）。第三种方案比第二种方案少缴增值税 5 万元，同时单独设立的废旧物资回收公司在收购废旧物资时还可取得进销差价，为企业带来一定的利润。

显而易见，在购进价格相同的情况下，利用废旧物资加工生产的企业通过废旧物资经营单位外购废旧物资比自己直接收购废旧物资税负要轻，而自己单独设立废旧物资回收经营单位则不仅税负更轻，还能获取额外收益，一举两得。

总之，作为从事销售工作的人员，懂得合理避税的知识，不但能给企业带来好处，还能给合作者带来利益，从而给自己带来好人缘、好业绩、可观的薪水等。因此，销售人员一定要掌握甚至精通合理避税方面的知识，做到运筹帷幄，成功避税。

第八节　销售行为与纳税筹划

从某种意义上说，销售活动的成功与否决定着企业的命运。销售活动如果实现了销量和销售收入的增加就算是达到了预期的目的，但从税收的角度来看，如果在销量和销售收入相同的条件下，没有实现纳税额的最少付出，那么，这个销售环节也不算是最佳的。因此，销售人员必须明白：销售行为只有与纳税筹划相结合，企业才能实现利润的最大化。

纳税筹划是指纳税人在不违反税收政策的前提下，通过对经营、投资、理财活动的事先筹划和安排，对纳税方案进行优化选择，以达到"节税"目的的一种活动。纳税筹划的中心内容是在正确理解国家税收思想、立法原则以及税收管理、税收征收、税收稽查的前提下，设计一种尽量减少企业税负的方案。这是一种对企业非常有利的方案。

一、兼营行为与混合销售行为的合理安排

按《税法》规定，在兼营与混合销售行为下，不同的业务情况需要缴纳不同的增值税或营业税。纳税人在进行筹划时，主要是对比增值税与营业税税负的高低，然后选择低税负的税种。如表 6-25 所示。

表 6-25　兼营行为与混合销售行为

行为方式	具体内容
兼营行为	兼营行为是指纳税人在销售增值税的应税货物或提供增值税应税劳务时，还从事营业税的应税劳务，并且这两项经营活动无直接联系和从属关系。《税法》规定兼营行为的征税方法，纳税人若能分开核算的，则分别征收增值税和营业税；不能分开核算的，一并征收增值税，不征收营业税。若该企业是增值税一般纳税人，因为提供应税产品或劳务时，允许抵扣的进项税额少，所以选择分开核算分别纳税有利；若该企业是增值税小规模纳税人，则要比较一下增值税的含税征收率和该企业所适用的营业税税率，如果企业所适用的营业税税率高于增值税税率，选择不分开核算有利
混合销售行为	混合销售是指一项销售行为同时涉及货物和非增值税应税劳务（属营业税征税范围的劳务），即同一项销售行为既包括销售货物又包括提供非增值税应税劳务，销售货物与提供非增值税应税劳务是由同一纳税人实现的，价款是同时向一个交易者收取的；该项非增值税应税劳务是直接为销售货物而发生的，具有较强的从属关系。《增值税暂行条例实施细则》规定：从事货物的生产、批发或者零售的企业、企业性单位和个体工商户的混合销售行为，视为销售货物，应当缴纳增值税。其他单位和个人的混合销售行为，视为销售非增值税应税劳务，不缴纳增值税。《税法》又对混合销售的几种特殊情况作出规定：从事运输业务的单位和个人，销售货物并负责运输的，所售货物的混合销售行为，征收增值税；电信单位（电信局及经电信局批准的其他从事电信业务的单位）自己销售无线寻呼机、移动电话，并为客户提供有关的电信服务的，属于混合销售，征收增值税 对于属于一般纳税人的企业而言，如果将涉及货物和涉及增值税非应税劳务的营业额合并征收增值税，加大了增值税税基，增加了企业增值税负担，如果涉及营业税的项目无进项税额抵扣，或者可抵扣的进项税额较少，则宜将混合销售行为转化为兼营行为

二、销售中有关折扣的纳税筹划

税法中对折扣的划分有四种，即商业折扣、现金折扣、实物折扣和现金折返。在选择促销手段时，一方面应考虑其市场营销效果，另一方面也不能忽视其税收成本，否则可能给企业造成得不偿失的结局。这一点销售人员必须要搞清楚。

【例 6-2】某百货公司为增值税一般纳税人。本月购进货物一批，取得了增值税专用发票，销售利润率为 50%，销售价格均含税，成本不含税。本月为了促

销，拟采取折扣销售方式，现在有以下四种不同的折扣方案可供选择：

方案一：顾客购买货物价值满200元的，按7折出售（折扣额与销售额在同一张发票上分别注明）；

方案二：顾客购买货物价值满200元的，赠送价值为60元的购物券（不含税成本为40元），可在商场购物；

方案三：顾客购买货物价值满200元的，返还现金60元；

方案四：顾客购买货物价值满200元的，在10天内付款，给予30%的折扣，在30天内付款不给折扣（若消费者选择该方案的话，假设一般在10天内付款）。

现有一名消费者购货价值为200元，则百货公司选择哪种方案最有利？分析如下：

方案一，百货公司计算如下：

（1）应纳增值税额为：$200 \times 70\% \div (1+17\%) \times 17\% - 200 \times (1-50\%) \times 17\% = 3.34$（元）

（2）销售毛利为：$200 \times 70\% \div (1+17\%) - 200 \times (1-50\%) = 19.66$（元）

（3）应纳企业所得税为：$19.66 \times 33\% = 6.4878$（元）

（4）税后净利为：$19.66 - 6.4878 = 13.1722$（元）

方案二，百货公司计算如下：

（1）应纳增值税额为：$(200+60) \div (1+17\%) \times 17\% - 200 \times (1-50\%) \times 17\% - 40 \times 17\% = 13.98$（元）

（2）销售毛利为：$200 \div (1+17\%) - 200 \times (1-50\%) - 40 = 30.94$（元）

（3）由于赠送商品成本不允许在企业所得税前扣除，则应纳企业所得税为：$[200 \div (1+17\%) - 200 \times (1-50\%)] \times 33\% = 23.41$（元）

（4）税后净利为：$30.94 - 23.41 = 7.53$（元）

方案三，百货公司应按照个人所得税制度的规定，代扣代缴个人所得税。为保证顾客得到60元的优惠，商场赠送的60元应是不含个人所得税的，该税应由商场承担。

（1）赠送现金商场需代顾客偶然所得缴纳个人所得税为：$60 \div (1-20\%) \times 20\% = 15$（元）

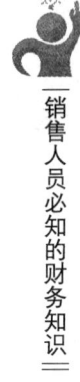

（2）商场应纳增值税额为：$200 \div (1+17\%) \times 17\% - 200 \times (1-50\%) \times 17\% = 12.06$（元）

（3）扣除成本、对外赠送的现金及代扣代缴的个人所得税后的利润为：$200 \div (1+17\%) - 200 \times (1-50\%) - 60 - 1.5 = -4.06$（元）

（4）由于赠送的现金及代扣代缴的个人所得税不允许在企业所得税前扣除，则应纳企业所得税为：$[200 \div (1+17\%) - 200 \times (1-50\%)] \times 33\% = 23.41$（元）

（5）税后净利为：$-4.06 - 23.41 = -27.47$（元）

方案四，假定该消费者选择在第九天付款，则消费者享受的现金折扣不得从销售额中减除，该百货公司应纳增值税额与方案三的计算结果相同，即为 12.06 元。

（1）企业毛利润为：$200 \div (1+17\%) - 200 \times 30\% - 200 \times (1-50\%) = 10.94$（元）

（2）应纳企业所得税为：$[200 \div (1+17\%) - 200 \times 30\% - 200 \times (1-50\%)] \times 33\% = 3.61$（元）

（3）税后净利为：$10.94 - 3.61 = 7.33$（元）

由此可见，客户购买同样价值的商品，由于企业采取的折扣方式不同，企业的税收负担和收益额也不一样。比较而言，方案一（折扣销售）最优，方案三（返回现金）最不可取。

三、代销方式的纳税筹划

代销通常有两种方式，如图 6-10 所示。

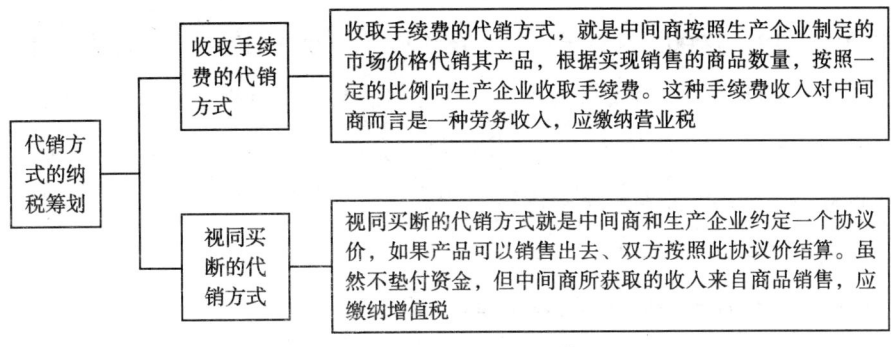

图6-10　代销方式的纳税筹划

在这两种代销方式下，中间商都能够获取一定的收入，但这两种收入的税收负担却不同。假设两种方式下，中间商的收入相等，那么哪种方式税收负担更轻一些，中间商获取的纯收益更大一些，或者说中间商应选哪种代销方式呢？下面我们举个例子来看看！

【例6-3】 某食品制造公司推出一种新食品，产品销售状况不佳，该食品制造公司决定委托某商业公司代销其产品，并借此打开销路，有以下两种待选方案：

方案一：商业公司按照食品制造公司制定的价格10元/个对外销售，每月底，商业公司向食品制造公司返回销售清单，并按实际销售价格和数量与食品制造公司结算货款；同时商业公司根据代销的数量和销售额，向食品制造公司收取20%的手续费。预计商业公司月销售数量为10000件，则其手续费收入为20000元（10×20%×10000）。

方案二：商业公司与食品制造公司约定交接价格为8元/个。每月底，商业公司向食品制造公司返回销售清单，并按约定的8元/个的销售价格和数量与食品制造公司结算货款，商业公司按照10元/个的价格对外销售，实际售价10元/个与协议价8元/个之间的差额，即2元/个归商业公司所有，假定商业公司月销售数量仍为10000件，则商业公司每月取得的进销差价也为20000元〔(10－8)×10000〕。

两种方案中，商业公司每月毛收入额均为20000元，但两种方案下公司的税收负担和净收益额是不一样的，具体分析如下（忽略城建税和教育费附加）。

方案一，食品制造公司的收益与税负：

此方案中，食品制造公司收到商业公司的代销清单时，要确认销售收入额100000元（10×10000）及销项税额17000元（100000×17%），同时要支付商业公司手续费10000元，所支付的手续费作为销售费用在所得税前列支。设食品制造公司销售的这批产品销售成本及其他期间费用为B，可抵扣的进项税额为P，则食品制造公司的收益与税负如下：

应纳增值税＝17000－P（元）

所得税前收益＝20000－1000＝19000（元）

商业公司的收益与税负如下：

应纳营业税 = 20000 × 5% = 1000（元）

所得税前收益 = 20000 - 1000 = 19000（元）

此方案下，商业公司最终以 100000 元的价格购买了产品并承担了全部增值税负担，商业公司总支出为：100000 ×（1 + 17%）= 117000（元）。

方案二，食品制造公司的收益与税负：

此方案中，食品制造公司收到商业公司的代销清单时，要确认销售收入额 80000 元（8 × 10000）及销项税额 13600 元（80000 × 17%）。设食品制造公司销售的这批销售成本及其他期间费用以及可以抵扣的进项税额均同方案一，则食品制造公司的收益与税负如下：

（1）应纳增值税 = 13600 - P（元）

（2）所得税前收益 = 80000 - B（元）

商业公司在此代销业务中，相当于购进成本为 80000 元，销售收入为 100000 元，该公司应对此代销业务缴纳增值税，不再缴纳营业税。则商业公司的收益与税负如下：

（1）应纳增值税 = 100000 × 17% - 13600 = 3400（元）

（2）所得税前收益 = 100000 - 80000 = 20000（元）

此方案下，商业公司最终仍以 100000 元的价格购买了产品并承担了全部增值税负担，商业公司总支出同方案一，仍为 117000 元。

对比两种方案可以看出，两种代销方式下，食品制造公司和商业公司缴纳的增值税总和一样，同为 17000-P（元），这是由于两种代销方式下最后对消费者的销售价格一样，均为 100000 元。增值税是中性税种，这就决定了不论中间流转环节有多少，中间各环节价格如何安排，从产品制造环节到最终销售环节之间的总税收负担总是一个固定数，即 17000-P（元）。但方案一增加了营业税负担 1000 元，造成方案一的总收益要少 1000 元。

相比较而言，食品制造公司的收益没有明显变化，而商业公司方案二中的收益要比方案一中多 1000 元。显然，从双方的共同利益出发，应选择视同买断的代销方式。但视同买断的代销方式的优越性只有在双方都是增值税一般纳税人时才能体现。如果受托方一方或双方的增值税进项税额不能抵扣，增值税负担也不

能顺利转嫁给消费者，则不适宜采取这种方式。

四、销售环节的纳税误区

销售环节的纳税误区常常被销售人员所忽视，但它是确确实实存在的问题，它会给企业带来意想不到的损失。下面我们举一个例子来说明这方面的问题。

【例6-4】福运商贸公司对外销售一批产品，由于急于成交，合同中存在诸多隐患。结果，在发出商品时就为客户开具了增值税专用发票，并委托银行收款，按合同规定应在10天后收到货款。然而，10天后，由于产品质量问题，客户拒不付款。到最后，该企业不仅没有销售成功，获得收益，反而先为客户垫付了增值税。

在这个事例中，对于福运商贸公司来说，发出商品并开具正式发票即表明销售成立，就必须缴纳增值税，一旦商品出现质量问题，极易导致交易失败，垫付增值税的情况就会发生。在这种情况下，最好给予客户一定的信用期用于验货，等客户确认无误后再开具发票。

【例6-5】福运商贸公司对外销售一批产品，所开具的增值税专用发票金额包括运输费及装卸费，该部分费用占销售价款的15%~20%。该公司相关运输任务一部分外包，另一部分由自己的车队负担。这在运输问题上经济吗？下面我们分析一下。

在这个事例中，对于福运商贸公司的运费与价款，应尽量分开，全部外包，或者组建运输公司自己运输。这样，在运输问题的处理上会更经济一些。

从以上两个事例可以看出，销售环节也会存在纳税误区。那么，销售环节为什么会存在纳税误区呢？下面我们就给出详细的分析和建议，如表6-26所示。

表6-26　关于纳税误区的分析和建议

名　称	具体内容
关于纳税误区的分析和建议	企业购销交易中的地点、对象、定价、结算方式和销售方式与企业的税负有很大的关系，合理控制这些因素就能够节税
	合同条款要仔细斟酌，防患于未然
	销售人员应增强财税意识。作为销售人员，应当懂法律法规、懂财务税务，否则，销售人员对外签订合同很容易留下财税隐患。如果销售人员欠缺财税知识，可在签订合同时让财务人员或专业顾问参与，以规避财税风险

名　称	具体内容
关于纳税误区的分析和建议	注意防范下列销售风险： ①强调销货方风险的存在，取得采购方的配合与谅解 ②货款不到不开发票，以实现推迟纳税 ③尽量避免采用托收承付和委托收款方式销售货物或产品 ④采用赊销方式分期收款的，要做到收款与开票同步 ⑤在购销合同中，注明按付款金额开具销售发票，以降低财税风险

附录 6-1 《中华人民共和国税收征收管理法》

（《中华人民共和国税收征收管理法》已经 1992 年 9 月 4 日第七届全国人民代表大会常务委员会第二十七次会议通过，根据 1995 年 2 月 28 日第八届全国人民代表大会常务委员会第十二次会议《关于修改〈中华人民共和国税收征收管理法〉的决定》修正，2001 年 4 月 28 日第九届全国人民代表大会常务委员会第二十一次会议修订）

第一章 总 则

第一条 为了加强税收征收管理，规范税收征收和缴纳行为，保障国家税收收入人，保护纳税人的合法权益，促进经济和社会发展，制定本法。

第二条 凡依法由税务机关征收的各种税收的征收管理，均适用本法。

第三条 税收的开征、停征以及减税、免税、退税、补税，依照法律的规定执行；法律授权国务院规定的，依照国务院制定的行政法规的规定执行。

任何机关、单位和个人不得违反法律、行政法规的规定，擅自作出税收开征、停征以及减税、免税、退税、补税和其他同税收法律、行政法规相抵触的决定。

第四条 法律、行政法规规定负有纳税义务的单位和个人为纳税人。

法律、行政法规规定负有代扣代缴、代收代缴税款义务的单位和个人为扣缴义务人。

纳税人、扣缴义务人必须依照法律、行政法规的规定缴纳税款、代扣代缴、代收代缴税款。

第五条 国务院税务主管部门主管全国税收征收管理工作。各地国家税务局和地方税务局应当按照国务院规定的税收征收管理范围分别进行征收管理。

地方各级人民政府应当依法加强对本行政区域内税收征收管理工作的领导或者协调，支持税务机关依法执行职务，依照法定税率计算税额，依法征收税款。

各有关部门和单位应当支持、协助税务机关依法执行职务。

税务机关依法执行职务，任何单位和个人不得阻挠。

第六条　国家有计划地用现代信息技术装备各级税务机关，加强税收征收管理信息系统的现代化建设，建立、健全税务机关与政府其他管理机关的信息共享制度。

纳税人、扣缴义务人和其他有关单位应当按照国家有关规定如实向税务机关提供与纳税和代扣代缴、代收代缴税款有关的信息。

第七条　税务机关应当广泛宣传税收法律、行政法规，普及纳税知识，无偿地为纳税人提供纳税咨询服务。

第八条　纳税人、扣缴义务人有权向税务机关了解国家税收法律、行政法规的规定以及与纳税程序有关的情况。

纳税人、扣缴义务人有权要求税务机关为纳税人、扣缴义务人的情况保密。税务机关应当依法为纳税人、扣缴义务人的情况保密。

纳税人依法享有申请减税、免税、退税的权利。

纳税人、扣缴义务人对税务机关所作出的决定，享有陈述权、申辩权；依法享有申请行政复议、提起行政诉讼、请求国家赔偿等权利。

纳税人、扣缴义务人有权控告和检举税务机关、税务人员的违法违纪行为。

第九条　税务机关应当加强队伍建设，提高税务人员的政治业务素质。

税务机关、税务人员必须秉公执法、忠于职守、清正廉洁、礼貌待人、文明服务，尊重和保护纳税人、扣缴义务人的权利，依法接受监督。

税务人员不得索贿受贿、徇私舞弊、玩忽职守、不征或者少征应征税款；不得滥用职权多征税款或者故意刁难纳税人和扣缴义务人。

第十条　各级税务机关应当建立、健全内部制约和监督管理制度。

上级税务机关应当对下级税务机关的执法活动依法进行监督。

各级税务机关应当对其工作人员执行法律、行政法规和廉洁自律准则的情况进行监督检查。

第十一条　税务机关负责征收、管理、稽查、行政复议的人员的职责应当明确，并相互分离、相互制约。

第十二条 税务人员征收税款和查处税收违法案件，与纳税人、扣缴义务人或者税收违法案件有利害关系的，应当回避。

第十三条 任何单位和个人都有权检举违反税收法律、行政法规的行为。收到检举的机关和负责查处的机关应当为检举人保密。税务机关应当按照规定给予奖励。

第十四条 本法所称税务机关是指各级税务局、税务分局、税务所和按照国务院规定设立的并向社会公告的税务机构。

第二章 税务管理

第一节 税务登记

第十五条 （1）企业，企业在外地设立的分支机构和从事生产、经营的场所，个体工商户和从事生产、经营的事业单位（以下统称从事生产、经营的纳税人）自领取营业执照之日起三十日内，持有关证件，向税务机关申报办理税务登记。税务机关应当自收到申报之日起三十日内审核并发给税务登记证件。

（2）工商行政管理机关应当将办理登记注册、核发营业执照的情况定期向税务机关通报。

（3）除（1）外的纳税人办理税务登记和扣缴义务人办理扣缴税款登记的范围和办法，由国务院规定。

第十六条 从事生产、经营的纳税人，税务登记内容发生变化的，自工商行政管理机关办理变更登记之日起三十日内或者在向工商行政管理机关申请办理注销登记之前，持有关证件向税务机关申报办理变更或者注销税务登记。

第十七条 从事生产、经营的纳税人应当按照国家有关规定，持税务登记证件，在银行或者其他金融机构开立基本存款账户和其他存款账户，并将其全部账号向税务机关报告。

银行和其他金融机构应当在从事生产、经营的纳税人的账户中登录税务登记证件号码，并在税务登记证件中登录从事生产、经营的纳税人的账户账号。

税务机关依法查询从事生产、经营的纳税人开立账户的情况时，有关银行和其他金融机构应当予以协助。

第十八条 纳税人按照国务院税务主管部门的规定使用税务登记证件。税务登记证件不得转借、涂改、损毁、买卖或者伪造。

第二节 账簿、凭证管理

第十九条 纳税人、扣缴义务人按照有关法律、行政法规和国务院财政、税务主管部门的规定设置账簿，根据合法、有效凭证记账，进行核算。

第二十条 从事生产、经营的纳税人的财务、会计制度或者财务、会计处理办法和会计核算软件，应当报送税务机关备案。

纳税人、扣缴义务人的财务、会计制度或者财务、会计处理办法与国务院或者国务院财政、税务主管部门有关税收的规定抵触的，依照国务院或者国务院财政、税务主管部门有关税收的规定计算应纳税款、代扣代缴和代收代缴税款。

第二十一条 税务机关是发票的主管机关，负责发票印制、领购、开具、取得、保管、缴销的管理和监督。

单位、个人在购销商品、提供或者接受经营服务以及从事其他经营活动中，应当按照规定开具、使用、取得发票。

发票的管理办法由国务院规定。

第二十二条 增值税专用发票由国务院税务主管部门指定的企业印制；其他发票，按照国务院税务主管部门的规定，分别由省、自治区、直辖市国家税务局、地方税务局指定企业印制。

未经前款规定的税务机关指定，不得印制发票。

第二十三条 国家根据税收征收管理的需要，积极推广使用税控装置。纳税人应当按照规定安装、使用税控装置，不得损毁或者擅自改动税控装置。

第二十四条 从事生产、经营的纳税人、扣缴义务人必须按照国务院财政、税务主管部门规定的保管期限保管账簿、记账凭证、完税凭证及其他有关资料。

账簿、记账凭证、完税凭证及其他有关资料不得伪造、变造或者擅自损毁。

第三节 纳税申报

第二十五条 纳税人必须依照法律、行政法规规定或者税务机关依照法律、行政法规的规定确定的申报期限、申报内容如实办理纳税申报，报送纳税申报表、财务会计报表以及税务机关根据实际需要要求纳税人报送的其他纳税资料。

扣缴义务人必须依照法律、行政法规规定或者税务机关依照法律、行政法规

的规定确定的申报期限、申报内容如实报送代扣代缴、代收代缴税款报告表以及税务机关根据实际需要要求扣缴义务人报送的其他有关资料。

第二十六条　纳税人、扣缴义务人可以直接到税务机关办理纳税申报或者报送代扣代缴、代收代缴税款报告表，也可以按照规定采取邮寄、数据电文或者其他方式办理上述申报、报送事项。

第二十七条　纳税人、扣缴义务人不能按期办理纳税申报或者报送代扣代缴、代收代缴税款报告表的，经税务机关核准，可以延期申报。

经核准延期办理前款规定的申报、报送事项的，应当在纳税期内按照上期实际缴纳的税额或者税务机关核定的税额预缴税款，并在核准的延期内办理税款结算。

第三章　税款征收

第二十八条　税务机关依照法律、行政法规的规定征收税款，不得违反法律、行政法规的规定开征、停征、多征、少征、提前征收、延缓征收或者摊派税款。

农业税应纳税额按照法律、行政法规的规定核定。

第二十九条　除税务机关、税务人员以及经税务机关依照法律、行政法规委托的单位和人员外，任何单位和个人不得进行税款征收活动。

第三十条　扣缴义务人依照法律、行政法规的规定履行代扣、代收税款的义务。对法律、行政法规没有规定负有代扣、代收税款义务的单位和个人，税务机关不得要求其履行代扣、代收税款义务。

扣缴义务人依法履行代扣、代收税款义务时，纳税人不得拒绝。纳税人拒绝的，扣缴义务人应当及时报告税务机关处理。

税务机关按照规定付给扣缴义务人代扣、代收手续费。

第三十一条　纳税人、扣缴义务人按照法律、行政法规规定或者税务机关依照法律、行政法规的规定确定的期限，缴纳或者解缴税款。

纳税人因有特殊困难，不能按期缴纳税款的，经省、自治区、直辖市国家税务局、地方税务局批准，可以延期缴纳税款，但是最长不得超过三个月。

第三十二条　纳税人未按照规定期限缴纳税款的，扣缴义务人未按照规定期限解缴税款的，税务机关除责令限期缴纳外，从滞纳税款之日起，按日加收滞纳税款万分之五的滞纳金。

第三十三条　纳税人可以依照法律、行政法规的规定书面申请减税、免税。

减税、免税的申请须经法律、行政法规规定的减税、免税审查批准机关审批。地方各级人民政府、各级人民政府主管部门、单位和个人违反法律、行政法规规定，擅自作出的减税、免税决定无效，税务机关不得执行，并向上级税务机关报告。

第三十四条　税务机关征收税款时，必须给纳税人开具完税凭证。扣缴义务人代扣、代收税款时，纳税人要求扣缴义务人开具代扣、代收税款凭证的，扣缴义务人应当开具。

第三十五条　纳税人有下列情形之一的，税务机关有权核定其应纳税额：

（一）依照法律、行政法规的规定可以不设置账簿的；

（二）依照法律、行政法规的规定应当设置但未设置账簿的；

（三）擅自销毁账簿或者拒不提供纳税资料的；

（四）虽设置账簿，但账目混乱或者成本资料、收入凭证、费用凭证残缺不全，难以查账的；

（五）发生纳税义务，未按照规定的期限办理纳税申报，经税务机关责令限期申报，逾期仍不申报的；

（六）纳税人申报的计税依据明显偏低，又无正当理由的。

税务机关核定应纳税额的具体程序和方法由国务院税务主管部门规定。

第三十六条　企业或者外国企业在中国境内设立的从事生产、经营的机构、场所与其关联企业之间的业务往来，应当按照独立企业之间的业务往来收取或者支付价款、费用；不按照独立企业之间的业务往来收取或者支付价款、费用，而减少其应纳税的收入或者所得额的，税务机关有权进行合理调整。

第三十七条　对未按照规定办理税务登记的从事生产、经营的纳税人以及临时从事经营的纳税人，由税务机关核定其应纳税额，责令缴纳；不缴纳的，税务机关可以扣押其价值相当于应纳税款的商品、货物。扣押后缴纳应纳税款的，税务机关必须立即解除扣押，并归还所扣押的商品、货物；扣押后仍不缴纳应纳税

款的，经县以上税务局（分局）局长批准，依法拍卖或者变卖所扣押的商品、货物，以拍卖或者变卖所得抵缴税款。

第三十八条 税务机关有根据认为从事生产、经营的纳税人有逃避纳税义务行为的，可以在规定的纳税期之前，责令限期缴纳应纳税款；在限期内发现纳税人有明显的转移、隐匿其应纳税的商品、货物以及其他财产或者应纳税的收入的迹象的，税务机关可以责成纳税人提供纳税担保。如果纳税人不能提供纳税担保，经县以上税务局（分局）局长批准，税务机关可以采取下列税收保全措施：

（一）书面通知纳税人开户银行或者其他金融机构冻结纳税人的金额相当于应纳税款的存款；

（二）扣押、查封纳税人的价值相当于应纳税款的商品、货物或者其他财产。

纳税人在第（一）、（二）项规定的限期内缴纳税款的，税务机关必须立即解除税收保全措施；限期期满仍未缴纳税款的，经县以上税务局（分局）局长批准，税务机关可以书面通知纳税人开户银行或者其他金融机构从其冻结的存款中扣缴税款，或者依法拍卖或者变卖所扣押、查封的商品、货物或者其他财产，以拍卖或者变卖所得抵缴税款。

个人及其所扶养家属维持生活必需的住房和用品，不在税收保全措施的范围之内。

第三十九条 纳税人在限期内已缴纳税款，税务机关未立即解除税收保全措施，使纳税人的合法利益遭受损失的，税务机关应当承担赔偿责任。

第四十条 从事生产、经营的纳税人、扣缴义务人未按照规定的期限缴纳或者解缴税款，纳税担保人未按照规定的期限缴纳所担保的税款，由税务机关责令限期缴纳，逾期仍未缴纳的，经县以上税务局（分局）局长批准，税务机关可以采取下列强制执行措施：

（一）书面通知其开户银行或者其他金融机构从其存款中扣缴税款；

（二）扣押、查封、依法拍卖或者变卖其价值相当于应纳税款的商品、货物或者其他财产，以拍卖或者变卖所得抵缴税款。

税务机关采取强制执行措施时，对前款所列纳税人、扣缴义务人、纳税担保人未缴纳的滞纳金同时强制执行。

个人及其所扶养家属维持生活必需的住房和用品，不在强制执行措施的范围之内。

第四十一条 本法第三十七条、第三十八条、第四十条规定的采取税收保全措施、强制执行措施的权力，不得由法定的税务机关以外的单位和个人行使。

第四十二条 税务机关采取税收保全措施和强制执行措施必须依照法定权限和法定程序，不得查封、扣押纳税人个人及其所扶养家属维持生活必需的住房和用品。

第四十三条 税务机关滥用职权违法采取税收保全措施、强制执行措施，或者采取税收保全措施、强制执行措施不当，使纳税人、扣缴义务人或者纳税担保人的合法权益遭受损失的，应当依法承担赔偿责任。

第四十四条 欠缴税款的纳税人或者他的法定代表人需要出境的，应当在出境前向税务机关结清应纳税款、滞纳金或者提供担保。未结清税款、滞纳金，又不提供担保的，税务机关可以通知出境管理机关阻止其出境。

第四十五条 税务机关征收税款，税收优先于无担保债权，法律另有规定的除外；纳税人欠缴的税款发生在纳税人以其财产设定抵押、质押或者纳税人的财产被留置之前的，税收应当先于抵押权、质权、留置权执行。

纳税人欠缴税款，同时又被行政机关决定处以罚款、没收违法所得的，税收优先于罚款、没收违法所得。

税务机关应当对纳税人欠缴税款的情况定期予以公告。

第四十六条 纳税人有欠税情形而以其财产设定抵押、质押的，应当向抵押权人、质权人说明其欠税情况。抵押权人、质权人可以请求税务机关提供有关的欠税情况。

第四十七条 税务机关扣押商品、货物或者其他财产时，必须开付收据；查封商品、货物或者其他财产时，必须开付清单。

第四十八条 纳税人有合并、分立情形的，应当向税务机关报告，并依法缴清税款。纳税人合并时未缴清税款的，应当由合并后的纳税人继续履行未履行的纳税义务；纳税人分立时未缴清税款的，分立后的纳税人对未履行的纳税义务应当承担连带责任。

第四十九条 欠缴税款数额较大的纳税人在处分其不动产或者大额资产之前，应当向税务机关报告。

第五十条 欠缴税款的纳税人因怠于行使到期债权，或者放弃到期债权，或者无偿转让财产，或者以明显不合理的低价转让财产而受让人知道该情形，对国家税收造成损害的，税务机关可以依照《合同法》第七十三条、第七十四条的规定行使代位权、撤销权。

税务机关依照前款规定行使代位权、撤销权的，不免除欠缴税款的纳税人尚未履行的纳税义务和应承担的法律责任。

第五十一条 纳税人超过应纳税额缴纳的税款，税务机关发现后应当立即退还；纳税人自结算缴纳税款之日起三年内发现的，可以向税务机关要求退还多缴的税款并加算银行同期存款利息，税务机关及时查实后应当立即退还；涉及从国库中退库的，依照法律、行政法规有关国库管理的规定退还。

第五十二条 因税务机关的责任，致使纳税人、扣缴义务人未缴或者少缴税款的，税务机关在三年内可以要求纳税人、扣缴义务人补缴税款，但是不得加收滞纳金。

因纳税人、扣缴义务人计算错误等失误，未缴或者少缴税款的，税务机关在三年内可以追征税款、滞纳金；有特殊情况的，追征期可以延长到五年。

对偷税、抗税、骗税的，税务机关追征其未缴或者少缴的税款、滞纳金或者所骗取的税款，不受前款规定期限的限制。

第五十三条 国家税务总局和地方税务局应当按照国家规定的税收征收管理范围和税款入库预算级次，将征收的税款缴入国库。

对审计机关、财政机关依法查出的税收违法行为，税务机关应当根据有关机关的决定、意见书，依法将应收的税款、滞纳金按照税款入库预算级次缴入国库，并将结果及时回复有关机关。

第四章 税务检查

第五十四条 税务机关有权进行下列税务检查：

（一）检查纳税人的账簿、记账凭证、报表和有关资料，检查扣缴义务人代扣代缴、代收代缴税款账簿、记账凭证和有关资料；

（二）到纳税人的生产、经营场所和货物存放地检查纳税人应纳税的商品、货物或者其他财产，检查扣缴义务人与代扣代缴、代收代缴税款有关的经营情况；

（三）责成纳税人、扣缴义务人提供与纳税或者代扣代缴、代收代缴税款有关的文件、证明材料和有关资料；

（四）询问纳税人、扣缴义务人与纳税或者代扣代缴、代收代缴税款有关的问题和情况；

（五）到车站、码头、机场、邮政企业及其分支机构检查纳税人托运、邮寄应纳税商品、货物或者其他财产的有关单据、凭证和有关资料；

（六）经县以上税务局（分局）局长批准，凭全国统一格式的检查存款账户许可证明，查询从事生产、经营的纳税人、扣缴义务人在银行或者其他金融机构的存款账户。税务机关在调查税收违法案件时，经设区的市、自治州以上税务局（分局）局长批准，可以查询案件涉嫌人员的储蓄存款。税务机关查询所获得的资料，不得用于税收以外的用途。

第五十五条　税务机关对从事生产、经营的纳税人以前纳税期的纳税情况依法进行税务检查时，发现纳税人有逃避纳税义务行为，并有明显的转移、隐匿其应纳税的商品、货物以及其他财产或者应纳税的收入的迹象的，可以按照本法规定的批准权限采取税收保全措施或者强制执行措施。

第五十六条　纳税人、扣缴义务人必须接受税务机关依法进行的税务检查，如实反映情况，提供有关资料，不得拒绝、隐瞒。

第五十七条　税务机关依法进行税务检查时，有权向有关单位和个人调查纳税人、扣缴义务人和其他当事人与纳税或者代扣代缴、代收代缴税款有关的情况，有关单位和个人有义务向税务机关如实提供有关资料及证明材料。

第五十八条　税务机关调查税务违法案件时，对与案件有关的情况和资料，可以记录、录音、录像、照相和复制。

第五十九条　税务机关派出的人员进行税务检查时，应当出示税务检查证和税务检查通知书，并有责任为被检查人保守秘密；未出示税务检查证和税务检查通知书的，被检查人有权拒绝检查。

第五章　法律责任

第六十条　纳税人有下列行为之一的，由税务机关责令限期改正，可以处2000元以下的罚款；情节严重的，处2000元以上1万元以下的罚款：

（一）未按照规定的期限申报办理税务登记、变更或者注销登记的；

（二）未按照规定设置、保管账簿或者保管记账凭证和有关资料的；

（三）未按照规定将财务、会计制度或者财务、会计处理办法和会计核算软件报送税务机关备查的；

（四）未按照规定将其全部银行账号向税务机关报告的；

（五）未按照规定安装、使用税控装置，或者损毁或者擅自改动税控装置的。

纳税人不办理税务登记的，由税务机关责令限期改正；逾期不改正的，经税务机关提请，由工商行政管理机关吊销其营业执照。

纳税人未按照规定使用税务登记证件，或者转借、涂改、损毁、买卖、伪造税务登记证件的，处2000元以上1万元以下的罚款；情节严重的，处1万元以上5万元以下的罚款。

第六十一条　扣缴义务人未按照规定设置、保管代扣代缴、代收代缴税款账簿或者保管代扣代缴、代收代缴税款记账凭证及有关资料的，由税务机关责令限期改正，可以处2000元以下的罚款；情节严重的，处2000元以上5000元以下的罚款。

第六十二条　纳税人未按照规定的期限办理纳税申报和报送纳税资料的，或者扣缴义务人未按照规定的期限向税务机关报送代扣代缴、代收代缴税款报告表和有关资料的，由税务机关责令限期改正，可以处2000元以下的罚款；情节严重的，可以处2000元以上1万元以下的罚款。

第六十三条　纳税人伪造、变造、隐匿、擅自销毁账簿、记账凭证，或者在账簿上多列支出或者不列、少列收入，或者经税务机关通知申报而拒不申报或者进行虚假的纳税申报，不缴或者少缴应纳税款的，是偷税。对纳税人偷税的，由税务机关追缴其不缴或者少缴的税款、滞纳金，并处不缴或者少缴的税款50%以上5倍以下的罚款；构成犯罪的，依法追究刑事责任。

扣缴义务人采取前款所列手段，不缴或者少缴已扣、已收税款，由税务机关追缴其不缴或者少缴的税款、滞纳金，并处不缴或者少缴的税款 50%以上 5 倍以下的罚款；构成犯罪的，依法追究刑事责任。

第六十四条 纳税人、扣缴义务人编造虚假计税依据的，由税务机关责令限期改正，并处 5 万元以下的罚款。

纳税人不进行纳税申报，不缴或者少缴应纳税款的，由税务机关追缴其不缴或者少缴的税款、滞纳金，并处不缴或者少缴的税款 50%以上 5 倍以下的罚款。

第六十五条 纳税人欠缴应纳税款，采取转移或者隐匿财产的手段，妨碍税务机关追缴欠缴的税款的，由税务机关追缴欠缴的税款、滞纳金，并处欠缴税款 50%以上 5 倍以下的罚款；构成犯罪的，依法追究刑事责任。

第六十六条 以假报出口或者其他欺骗手段，骗取国家出口退税款，由税务机关追缴其骗取的退税款，并处骗取税款 1 倍以上 5 倍以下的罚款；构成犯罪的，依法追究刑事责任。

对骗取国家出口退税款的，税务机关可以在规定期间内停止为其办理出口退税。

第六十七条 以暴力、威胁方法拒不缴纳税款的，是抗税，除由税务机关追缴其拒缴的税款、滞纳金外，依法追究刑事责任。情节轻微，未构成犯罪的，由税务机关追缴其拒缴的税款、滞纳金，并处拒缴税款 1 倍以上 5 倍以下的罚款。

第六十八条 纳税人、扣缴义务人在规定期限内不缴或者少缴应纳或者应解缴的税款，经税务机关责令限期缴纳，逾期仍未缴纳的，税务机关除依照本法第四十条的规定采取强制执行措施追缴其不缴或者少缴的税款外，可以处不缴或者少缴的税款 50%以上 5 倍以下的罚款。

第六十九条 扣缴义务人应扣未扣、应收而不收税款的，由税务机关向纳税人追缴税款，对扣缴义务人处应扣未扣、应收未收税款 50%以上 3 倍以下的罚款。

第七十条 纳税人、扣缴义务人逃避、拒绝或者以其他方式阻挠税务机关检查的，由税务机关责令改正，可以处 1 万元以下的罚款；情节严重的，处 1 万元以上 5 万元以下的罚款。

第七十一条 违反本法第二十二条规定，非法印制发票的，由税务机关销毁非法印制的发票，没收违法所得和作案工具，并处 1 万元以上 5 万元以下的罚

款；构成犯罪的，依法追究刑事责任。

第七十二条 从事生产、经营的纳税人、扣缴义务人有本法规定的税收违法行为，拒不接受税务机关处理的，税务机关可以收缴其发票或者停止向其发售发票。

第七十三条 纳税人、扣缴义务人的开户银行或者其他金融机构拒绝接受税务机关依法检查纳税人、扣缴义务人存款账户，或者拒绝执行税务机关作出的冻结存款或者扣缴税款的决定，或者在接到税务机关的书面通知后帮助纳税人、扣缴义务人转移存款，造成税款流失的，由税务机关处 10 元以上 50 万元以下的罚款，对直接负责的主管人员和其他直接责任人员处 1000 元以上 1 万元以下的罚款。

第七十四条 本法规定的行政处罚，罚款额在 2000 元以下的，可以由税务所决定。

第七十五条 税务机关和司法机关的涉税罚没收入，应当按照税款入库预算级次上缴国库。

第七十六条 税务机关违反规定擅自改变税收征收管理范围和税款入库预算级次的，责令限期改正，对直接负责的主管人员和其他直接责任人员依法给予降级或者撤职的行政处分。

第七十七条 纳税人、扣缴义务人有本法第六十三条、第六十五条、第六十六条、第六十七条、第七十一条规定的行为涉嫌犯罪的，税务机关应当依法移交司法机关追究刑事责任。

税务人员徇私舞弊，对依法应当移交司法机关追究刑事责任的不移交，情节严重的，依法追究刑事责任。

第七十八条 未经税务机关依法委托征收税款的，责令退还收取的财物，依法给予行政处分或者行政处罚；致使他人合法权益受到损失的，依法承担赔偿责任；构成犯罪的，依法追究刑事责任。

第七十九条 税务机关、税务人员查封、扣押纳税人个人及其所扶养家属维持生活必需的住房和用品的，责令退还，依法给予行政处分；构成犯罪的，依法追究刑事责任。

第八十条 税务人员与纳税人、扣缴义务人勾结，唆使或者协助纳税人、扣缴义务人有本法第六十三条、第六十五条、第六十六条规定的行为，构成犯罪的，依法追究刑事责任；尚不构成犯罪的，依法给予行政处分。

第八十一条 税务人员利用职务上的便利，收受或者索取纳税人、扣缴义务人财物或者谋取其他不正当利益，构成犯罪的，依法追究刑事责任；尚不构成犯罪的，依法给予行政处分。

第八十二条 税务人员徇私舞弊或者玩忽职守，不征或者少征应征税款，致使国家税收遭受重大损失，构成犯罪的，依法追究刑事责任；尚不构成犯罪的，依法给予行政处分。

税务人员滥用职权，故意刁难纳税人、扣缴义务人的，调离税收工作岗位，并依法给予行政处分。

税务人员对控告、检举税收违法违纪行为的纳税人、扣缴义务人以及其他检举人进行打击报复的，依法给予行政处分；构成犯罪的，依法追究刑事责任。

税务人员违反法律、行政法规的规定，故意高估或者低估农业税计税产量，致使多征或者少征税款，侵犯农民合法权益或者损害国家利益，构成犯罪的，依法追究刑事责任；尚不构成犯罪的，依法给予行政处分。

第八十三条 违反法律、行政和法规的规定提前征收、延缓征收或者摊派税款的，由其上级机关或者行政监察机关责令改正，对直接负责的主管人员和其他直接责任人员依法给予行政处分。

第八十四条 违反法律、行政法规的规定，擅自作出税收的开征、停征或者减税、免税、退税、补税以及其他同税收法律、行政法规相抵触的决定的，除依照本法规定撤销其擅自作出的决定外，补征应征未征税款，退还不应征收而征收的税款，并由上级机关追究直接负责的主管人员和其他直接责任人员的行政责任；构成犯罪的，依法追究刑事责任。

第八十五条 税务人员在征收税款或者查处税收违法案件时，未按照本法规定进行回避的，对直接负责的主管人员和其他直接责任人员，依法给予行政处分。

第八十六条 违反税收法律、行政法规应当给予行政处罚的行为，在5年内未被发现的，不再给予行政处罚。

第八十七条 未按照本法规定为纳税人、扣缴义务人、检举人保密的，对直

接负责的主管人员和其他直接责任人员，由所在单位或者有关单位依法给予行政处分。

第八十八条 纳税人、扣缴义务人、纳税担保人同税务机关在纳税上发生争议时，必须先依照税务机关的纳税决定缴纳或者解缴税款及滞纳金或者提供相应的担保，然后可以依法申请行政复议；对行政复议决定不服的，可以依法向人民法院起诉。

当事人对税务机关的处罚决定、强制执行措施或者税收保全措施不服的，可以依法申请行政复议，也可以依法向人民法院起诉。

当事人对税务机关的处罚决定逾期不申请行政复议也不向人民法院起诉、又不履行的，作出处罚决定的税务机关可以采取本法第四十条规定的强制执行措施，或者申请人民法院强制执行。

第六章　附　则

第八十九条 纳税人、扣缴义务人可以委托税务代理人代为办理税务事宜。

第九十条 耕地占用税、契税、农业税、牧业税征收管理的具体办法，由国务院另行制定。

关税及海关代征税收的征收管理，依照法律、行政法规的有关规定执行。

第九十一条 中华人民共和国同外国缔结的有关税收的条约、协定同本法有不同规定的，依照条约、协定的规定办理。

第九十二条 本法施行前颁布的税收法律与本法有不同规定的，适用本法规定。

第九十三条 国务院根据本法制定实施细则。

第九十四条 本法自 2001 年 5 月 1 日起施行。

附录6–2　《中华人民共和国税收征收管理法实施细则》

(国务院令〔2002〕362号，于2002年10月15日起施行)

第一章　总　则

第一条　根据《中华人民共和国税收征收管理法》(以下简称《税收征管法》)的规定，制定本细则。

第二条　凡依法由税务机关征收的各种税收的征收管理，均适用《税收征管法》及本细则；《税收征管法》及本细则没有规定的，依照其他有关税收法律、行政法规的规定执行。

第三条　任何部门、单位和个人作出的与税收法律、行政法规相抵触的决定一律无效，税务机关不得执行，并应当向上级税务机关报告。

纳税人应当依照税收法律、行政法规的规定履行纳税义务；其签订的合同、协议等与税收法律、行政法规相抵触的，一律无效。

第四条　国家税务总局负责制定全国税务系统信息化建设的总体规划、技术标准、技术方案与实施办法；各级税务机关应当按照国家税务总局的总体规划、技术标准、技术方案与实施办法，做好本地区税务系统信息化建设的具体工作。

地方各级人民政府应当积极支持税务系统信息化建设，并组织有关部门实现相关信息的共享。

第五条　《税收征管法》第八条所称为纳税人、扣缴义务人保密的情况，是指纳税人、扣缴义务人的商业秘密及个人隐私。纳税人、扣缴义务人的税收违法行为不属于保密范围。

第六条　国家税务总局应当制定税务人员行为准则和服务规范。

上级税务机关发现下级税务机关的税收违法行为，应当及时予以纠正；下级税务机关应当按照上级税务机关的决定及时改正。

下级税务机关发现上级税务机关的税收违法行为，应当向上级税务机关或者

有关部门报告。

第七条 税务机关根据检举人的贡献大小给予相应的奖励，奖励所需资金列入税务部门年度预算，单项核定。奖励资金具体使用办法以及奖励标准，由国家税务总局会同财政部制定。

第八条 税务人员在核定应纳税额、调整税收定额、进行税务检查、实施税务行政处罚、办理税务行政复议时，与纳税人、扣缴义务人或者其法定代表人、直接责任人有下列关系之一的，应当回避：

（一）夫妻关系；

（二）直系血亲关系；

（三）三代以内旁系血亲关系；

（四）近姻亲关系；

（五）可能影响公正执法的其他利害关系。

第九条 《税收征管法》第十四条所称按照国务院规定设立的并向社会公告的税务机构，是指省以下税务局的稽查局。稽查局专司偷税、逃避追缴欠税、骗税、抗税案件的查处。

国家税务总局应当明确划分税务局和稽查局的职责，避免职责交叉。

第二章 税务登记

第十条 国家税务局、地方税务局对同一纳税人的税务登记应当采用同一代码，信息共享。

税务登记的具体办法由国家税务总局制定。

第十一条 各级工商行政管理机关应当向同级国家税务局和地方税务局定期通报办理开业、变更、注销登记以及吊销营业执照的情况。

通报的具体办法由国家税务总局和国家工商行政管理总局联合制定。

第十二条 从事生产、经营的纳税人应当自领取营业执照之日起 30 日内，向生产、经营地或者纳税义务发生地的主管税务机关申报办理税务登记，如实填写税务登记表，并按照税务机关的要求提供有关证件、资料。

前款规定以外的纳税人，除国家机关和个人外，应当自纳税义务发生之日起30 日内，持有关证件向所在地的主管税务机关申报办理税务登记。

个人所得税的纳税人办理税务登记的办法由国务院另行规定。

税务登记证件的式样，由国家税务总局制定。

第十三条 扣缴义务人应当自扣缴义务发生之日起 30 日内，向所在地的主管税务机关申报办理扣缴税款登记，领取扣缴税款登记证件；税务机关对已办理税务登记的扣缴义务人，可以只在其税务登记证件上登记扣缴税款事项，不再发给扣缴税款登记证件。

第十四条 纳税人税务登记内容发生变化的，应当自工商行政管理机关或者其他机关办理变更登记之日起 30 日内，持有关证件向原税务登记机关申报办理变更税务登记。

纳税人税务登记内容发生变化，不需要到工商行政管理机关或者其他机关办理变更登记的，应当自发生变化之日起 30 日内，持有关证件向原税务登记机关申报办理变更税务登记。

第十五条 纳税人发生解散、破产、撤销以及其他情形，依法终止纳税义务的，应当在向工商行政管理机关或者其他机关办理注销登记前，持有关证件向原税务登记机关申报办理注销税务登记；按照规定不需要在工商行政管理机关或者其他机关办理注册登记的，应当自有关机关批准或者宣告终止之日起 15 日内，持有关证件向原税务登记机关申报办理注销税务登记。

纳税人因住所、经营地点变动，涉及改变税务登记机关的，应当在向工商行政管理机关或者其他机关申请办理变更或者注销登记前或者住所、经营地点变动前，向原税务登记机关申报办理注销税务登记，并在 30 日内向迁达地税务机关申报办理税务登记。

纳税人被工商行政管理机关吊销营业执照或者被其他机关予以撤销登记的，应当自营业执照被吊销或者被撤销登记之日起 15 日内，向原税务登记机关申报办理注销税务登记。

第十六条 纳税人在办理注销税务登记前，应当向税务机关结清应纳税款、滞纳金、罚款，缴销发票、税务登记证件和其他税务证件。

第十七条 从事生产、经营的纳税人应当自开立基本存款账户或者其他存款账户之日起 15 日内，向主管税务机关书面报告其全部账号；发生变化的，应当自变化之日起 15 日内，向主管税务机关书面报告。

第十八条 除按照规定不需要发给税务登记证件的外，纳税人办理下列事项时，必须持税务登记证件：

（一）开立银行账户；

（二）申请减税、免税、退税；

（三）申请办理延期申报、延期缴纳税款；

（四）领购发票；

（五）申请开具外出经营活动税收管理证明；

（六）办理停业、歇业；

（七）其他有关税务事项。

第十九条 税务机关对税务登记证件实行定期验证和换证制度。纳税人应当在规定的期限内持有关证件到主管税务机关办理验证或者换证手续。

第二十条 纳税人应当将税务登记证件正本在其生产、经营场所或者办公场所公开悬挂，接受税务机关检查。

纳税人遗失税务登记证件的，应当在 15 日内书面报告主管税务机关，并登报声明作废。

第二十一条 从事生产、经营的纳税人到外县（市）临时从事生产、经营活动的，应当持税务登记证件副本和所在地税务机关填开的外出经营活动税收管理证明，向营业地税务机关报验登记，接受税务管理。

从事生产、经营的纳税人外出经营，在同一地累计超过 180 天的，应当在营业地办理税务登记手续。

第三章 账簿、凭证管理

第二十二条 从事生产、经营的纳税人应当自领取营业执照或者发生纳税义务之日起 15 日内，按照国家有关规定设置账簿。

前款所称账簿，是指总账、明细账、日记账以及其他辅助性账簿。总账、日记账应当采用订本式。

第二十三条 生产、经营规模小又确无建账能力的纳税人，可以聘请经批准从事会计代理记账业务的专业机构或者经税务机关认可的财会人员代为建账和办

理账务；聘请上述机构或者人员有实际困难的，经县以上税务机关批准，可以按照税务机关的规定，建立收支凭证粘贴簿、进货销货登记簿或者使用税控装置。

第二十四条　从事生产、经营的纳税人应当自领取税务登记证件之日起 15 日内，将其财务、会计制度或者财务、会计处理办法报送主管税务机关备案。

纳税人使用计算机记账的，应当在使用前将会计电算化系统的会计核算软件、使用说明书及有关资料报送主管税务机关备案。

纳税人建立的会计电算化系统应当符合国家有关规定，并能正确、完整核算其收入或者所得。

第二十五条　扣缴义务人应当自税收法律、行政法规规定的扣缴义务发生之日起 10 日内，按照所代扣、代收的税种，分别设置代扣代缴、代收代缴税款账簿。

第二十六条　纳税人、扣缴义务人会计制度健全，能够通过计算机正确、完整计算其收入和所得或者代扣代缴、代收代缴税款情况的，其计算机输出的完整的书面会计记录，可视同会计账簿。

纳税人、扣缴义务人会计制度不健全，不能通过计算机正确、完整计算其收入和所得或者代扣代缴、代收代缴税款情况的，应当建立总账及与纳税或者代扣代缴、代收代缴税款有关的其他账簿。

第二十七条　账簿、会计凭证和报表，应当使用中文。民族自治地方可以同时使用当地通用的一种民族文字。外商投资企业和外国企业可以同时使用一种外国文字。

第二十八条　纳税人应当按照税务机关的要求安装、使用税控装置，并按照税务机关的规定报送有关数据和资料。

税控装置推广应用的管理办法由国家税务总局另行制定，报国务院批准后实施。

第二十九条　账簿、记账凭证、报表、完税凭证、发票、出口凭证以及其他有关涉税资料应当合法、真实、完整。

账簿、记账凭证、报表、完税凭证、发票、出口凭证以及其他有关涉税资料应当保存 10 年；但是，法律、行政法规另有规定的除外。

第四章　纳税申报

第三十条　税务机关应当建立、健全纳税人自行申报纳税制度。经税务机关批准，纳税人、扣缴义务人可以采取邮寄、数据电文方式办理纳税申报或者报送代扣代缴、代收代缴税款报告表。

数据电文方式，是指税务机关确定的电话语音、电子数据交换和网络传输等电子方式。

第三十一条　纳税人采取邮寄方式办理纳税申报的，应当使用统一的纳税申报专用信封，并以邮政部门收据作为申报凭据。邮寄申报以寄出的邮戳日期为实际申报日期。

纳税人采取电子方式办理纳税申报的，应当按照税务机关规定的期限和要求保存有关资料，并定期书面报送主管税务机关。

第三十二条　纳税人在纳税期内没有应纳税款的，也应当按照规定办理纳税申报。

纳税人享受减税、免税待遇的，在减税、免税期间应当按照规定办理纳税申报。

第三十三条　纳税人、扣缴义务人的纳税申报或者代扣代缴、代收代缴税款报告表的主要内容包括：税种、税目，应纳税项目或者应代扣代缴、代收代缴税款项目，计税依据，扣除项目及标准，适用税率或者单位税额，应退税项目及税额、应减免税项目及税额，应纳税额或者应代扣代缴、代收代缴税额，税款所属期限、延期缴纳税款、欠税、滞纳金等。

第三十四条　纳税人办理纳税申报时，应当如实填写纳税申报表，并根据不同的情况相应报送下列有关证件、资料：

（一）财务会计报表及其说明材料；

（二）与纳税有关的合同、协议书及凭证；

（三）税控装置的电子报税资料；

（四）外出经营活动税收管理证明和异地完税凭证；

（五）境内或者境外公证机构出具的有关证明文件；

（六）税务机关规定应当报送的其他有关证件、资料。

第三十五条　扣缴义务人办理代扣代缴、代收代缴税款报告时，应当如实填写代扣代缴、代收代缴税款报告表，并报送代扣代缴、代收代缴税款的合法凭证以及税务机关规定的其他有关证件、资料。

第三十六条　实行定期定额缴纳税款的纳税人，可以实行简易申报、简并征期等申报纳税方式。

第三十七条　纳税人、扣缴义务人按照规定的期限办理纳税申报或者报送代扣代缴、代收代缴税款报告表确有困难，需要延期的，应当在规定的期限内向税务机关提出书面延期申请，经税务机关核准，在核准的期限内办理。

纳税人、扣缴义务人因不可抗力，不能按期办理纳税申报或者报送代扣代缴、代收代缴税款报告表的，可以延期办理；但是，应当在不可抗力情形消除后立即向税务机关报告。税务机关应当查明事实，予以核准。

第五章　税款征收

第三十八条　税务机关应当加强对税款征收的管理，建立、健全责任制度。

税务机关根据保证国家税款及时足额入库、方便纳税人、降低税收成本的原则，确定税款征收的方式。

税务机关应当加强对纳税人出口退税的管理，具体管理办法由国家税务总局会同国务院有关部门制定。

第三十九条　税务机关应当将各种税收的税款、滞纳金、罚款，按照国家规定的预算科目和预算级次及时缴入国库，税务机关不得占压、挪用、截留，不得缴入国库以外或者国家规定的税款账户以外的任何账户。

已缴入国库的税款、滞纳金、罚款，任何单位和个人不得擅自变更预算科目和预算级次。

第四十条　税务机关应当根据方便、快捷、安全的原则，积极推广使用支票、银行卡、电子结算方式缴纳税款。

第四十一条　纳税人有下列情形之一的，属于《税收征管法》第三十一条所称特殊困难：

（一）因不可抗力，导致纳税人发生较大损失，正常生产经营活动受到较大影响的；

（二）当期货币资金在扣除应付职工工资、社会保险费后，不足以缴纳税款的。

计划单列市国家税务局、地方税务局可以参照《税收征管法》第三十一条第二款的批准权限，审批纳税人延期缴纳税款。

第四十二条 纳税人需要延期缴纳税款的，应当在缴纳税款期限届满前提出申请，并报送下列材料：申请延期缴纳税款报告，当期货币资金余额情况及所有银行存款账户的对账单，资产负债表，应付职工工资和社会保险费等税务机关要求提供的支出预算。

税务机关应当自收到申请延期缴纳税款报告之日起 20 日内作出批准或者不予批准的决定；不予批准的，从缴纳税款期限届满之日起加收滞纳金。

第四十三条 法律、行政法规规定或者经法定的审批机关批准减税、免税的纳税人，应当持有关文件到主管税务机关办理减税、免税手续。减税、免税期满，应当自期满次日起恢复纳税。

享受减税、免税优惠的纳税人，减税、免税条件发生变化的，应当自发生变化之日起 15 日内向税务机关报告；不再符合减税、免税条件的，应当依法履行纳税义务；未依法纳税的，税务机关应当予以追缴。

第四十四条 税务机关根据有利于税收控管和方便纳税的原则，可以按照国家有关规定委托有关单位和人员代征零星分散和异地缴纳的税收，并发给委托代征证书。受托单位和人员按照代征证书的要求，以税务机关的名义依法征收税款，纳税人不得拒绝；纳税人拒绝的，受托代征单位和人员应当及时报告税务机关。

第四十五条 《税收征管法》第三十四条所称完税凭证，是指各种完税证、缴款书、印花税票、扣（收）税凭证以及其他完税证明。

未经税务机关指定，任何单位、个人不得印制完税凭证。完税凭证不得转借、倒卖、变造或者伪造。

完税凭证的式样及管理办法由国家税务总局制定。

第四十六条 税务机关收到税款后，应当向纳税人开具完税凭证。纳税人通过银行缴纳税款的，税务机关可以委托银行开具完税凭证。

第四十七条 纳税人有《税收征管法》第三十五条或者第三十七条所列情形之一的，税务机关有权采用下列任何一种方法核定其应纳税额：

（一）参照当地同类行业或者类似行业中经营规模和收入水平相近的纳税人的税负水平核定；

（二）按照营业收入或者成本加合理的费用和利润的方法核定；

（三）按照耗用的原材料、燃料、动力等推算或者测算核定；

（四）按照其他合理方法核定。

采用前款所列一种方法不足以正确核定应纳税额时，可以同时采用两种以上的方法核定。

纳税人对税务机关采取本条规定的方法核定的应纳税额有异议的，应当提供相关证据，经税务机关认定后，调整应纳税额。

第四十八条 税务机关负责纳税人纳税信誉等级评定工作。纳税人纳税信誉等级的评定办法由国家税务总局制定。

第四十九条 承包人或者承租人有独立的生产经营权，在财务上独立核算，并定期向发包人或者出租人上缴承包费或者租金的，承包人或者承租人应当就其生产、经营收入和所得纳税，并接受税务管理；但是，法律、行政法规另有规定的除外。

发包人或者出租人应当自发包或者出租之日起 30 日内将承包人或者承租人的有关情况向主管税务机关报告。发包人或者出租人不报告的，发包人或者出租人与承包人或者承租人承担纳税连带责任。

第五十条 纳税人有解散、撤销、破产情形的，在清算前应当向其主管税务机关报告；未结清税款的，由其主管税务机关参加清算。

第五十一条 《税收征管法》第三十六条所称关联企业，是指有下列关系之一的公司、企业和其他经济组织：

（一）在资金、经营、购销等方面，存在直接或者间接的拥有或者控制关系；

（二）直接或者间接地同为第三者所拥有或者控制；

（三）在利益上具有相关联的其他关系。

纳税人有义务就其与关联企业之间的业务往来，向当地税务机关提供有关的

价格、费用标准等资料。具体办法由国家税务总局制定。

第五十二条 《税收征管法》第三十六条所称独立企业之间的业务往来，是指没有关联关系的企业之间按照公平成交价格和营业常规所进行的业务往来。

第五十三条 纳税人可以向主管税务机关提出与其关联企业之间业务往来的定价原则和计算方法，主管税务机关审核、批准后，与纳税人预先约定有关定价事项，监督纳税人执行。

第五十四条 纳税人与其关联企业之间的业务往来有下列情形之一的，税务机关可以调整其应纳税额：

（一）购销业务未按照独立企业之间的业务往来作价；

（二）融通资金所支付或者收取的利息超过或者低于没有关联关系的企业之间所能同意的数额，或者利率超过或者低于同类业务的正常利率；

（三）提供劳务，未按照独立企业之间业务往来收取或者支付劳务费用；

（四）转让财产、提供财产使用权等业务往来，未按照独立企业之间业务往来作价或者收取、支付费用；

（五）未按照独立企业之间业务往来作价的其他情形。

第五十五条 纳税人有本细则第五十四条所列情形之一的，税务机关可以按照下列方法调整计税收入额或者所得额：

（一）按照独立企业之间进行的相同或者类似业务活动的价格；

（二）按照再销售给无关联关系的第三者的价格所应取得的收入和利润水平；

（三）按照成本加合理的费用和利润；

（四）按照其他合理的方法。

第五十六条 纳税人与其关联企业未按照独立企业之间的业务往来支付价款、费用的，税务机关自该业务往来发生的纳税年度起 3 年内进行调整；有特殊情况的，可以自该业务往来发生的纳税年度起 10 年内进行调整。

第五十七条 《税收征管法》第三十七条所称未按照规定办理税务登记从事生产、经营的纳税人，包括到外县（市）从事生产、经营而未向营业地税务机关报验登记的纳税人。

第五十八条 税务机关依照《税收征管法》第三十七条的规定，扣押纳税人商品、货物的，纳税人应当自扣押之日起 15 日内缴纳税款。

对扣押的鲜活、易腐烂变质或者易失效的商品、货物，税务机关根据被扣押物品的保质期，可以缩短前款规定的扣押期限。

第五十九条　《税收征管法》第三十八条、第四十条所称其他财产，包括纳税人的房地产、现金、有价证券等不动产和动产。

机动车辆、金银饰品、古玩字画、豪华住宅或者一处以外的住房不属于《税收征管法》第三十八条、第四十条、第四十二条所称个人及其所扶养家属维持生活必需的住房和用品。

税务机关对单价 5000 元以下的其他生活用品，不采取税收保全措施和强制执行措施。

第六十条　《税收征管法》第三十八条、第四十条、第四十二条所称个人所扶养家属，是指与纳税人共同居住生活的配偶、直系亲属以及无生活来源并由纳税人扶养的其他亲属。

第六十一条　《税收征管法》第三十八条、第八十八条所称担保，包括经税务机关认可的纳税保证人为纳税人提供的纳税保证，以及纳税人或者第三人以其未设置或者未全部设置担保物权的财产提供的担保。

纳税保证人，是指在中国境内具有纳税担保能力的自然人、法人或者其他经济组织。

法律、行政法规规定的没有担保资格的单位和个人，不得作为纳税担保人。

第六十二条　纳税担保人同意为纳税人提供纳税担保的，应当填写纳税担保书，写明担保对象、担保范围、担保期限和担保责任以及其他有关事项。担保书须经纳税人、纳税担保人签字盖章并经税务机关同意，方为有效。

纳税人或者第三人以其财产提供纳税担保的，应当填写财产清单，并写明财产价值以及其他有关事项。纳税担保财产清单须经纳税人、第三人签字盖章并经税务机关确认，方为有效。

第六十三条　税务机关执行扣押、查封商品、货物或者其他财产时，应当由两名以上税务人员执行，并通知被执行人。被执行人是自然人的，应当通知被执行人本人或者其成年家属到场；被执行人是法人或者其他组织的，应当通知其法

定代表人或者主要负责人到场；拒不到场的，不影响执行。

第六十四条 税务机关执行《税收征管法》第三十七条、第三十八条、第四十条的规定，扣押、查封价值相当于应纳税款的商品、货物或者其他财产时，参照同类商品的市场价、出厂价或者评估价估算。

税务机关按照前款方法确定应扣押、查封的商品、货物或者其他财产的价值时，还应当包括滞纳金和扣押、查封、保管、拍卖、变卖所发生的费用。

第六十五条 对价值超过应纳税额且不可分割的商品、货物或者其他财产，税务机关在纳税人、扣缴义务人或者纳税担保人无其他可供强制执行的财产的情况下，可以整体扣押、查封、拍卖，以拍卖所得抵缴税款、滞纳金、罚款以及扣押、查封、保管、拍卖等费用。

第六十六条 税务机关执行《税收征管法》第三十七条、第三十八条、第四十条的规定，实施扣押、查封时，对有产权证件的动产或者不动产，税务机关可以责令当事人将产权证件交税务机关保管，同时可以向有关机关发出协助执行通知书，有关机关在扣押、查封期间不再办理该动产或者不动产的过户手续。

第六十七条 对查封的商品、货物或者其他财产，税务机关可以指令被执行人负责保管，保管责任由被执行人承担。

继续使用被查封的财产不会减少其价值的，税务机关可以允许被执行人继续使用；因被执行人保管或者使用的过错造成的损失，由被执行人承担。

第六十八条 纳税人在税务机关采取税收保全措施后，按照税务机关规定的期限缴纳税款的，税务机关应当自收到税款或者银行转回的完税凭证之日起1日内解除税收保全。

第六十九条 税务机关将扣押、查封的商品、货物或者其他财产变价抵缴税款时，应当交由依法成立的拍卖机构拍卖；无法委托拍卖或者不适于拍卖的，可以交由当地商业企业代为销售，也可责令纳税人限期处理；无法委托商业企业销售，纳税人也无法处理的，可以由税务机关变价处理，具体办法由国家税务总局规定。国家禁止自由买卖的商品，应当交由有关单位按照国家规定的价格收购。

拍卖或者变卖所得抵缴税款、滞纳金、罚款以及扣押、查封、保管、拍卖、变卖等费用后，剩余部分应当在3日内退还被执行人。

第七十条　《税收征管法》第三十九条、第四十三条所称损失，是指因税务机关的责任，使纳税人、扣缴义务人或者纳税担保人的合法利益遭受的直接损失。

第七十一条　《税收征管法》所称其他金融机构，是指信托投资公司、信用合作社、邮政储蓄机构以及经中国人民银行、中国证券监督管理委员会等批准设立的其他金融机构。

第七十二条　《税收征管法》所称存款，包括独资企业投资人、合伙企业合伙人、个体工商户的储蓄存款以及股东资金账户中的资金等。

第七十三条　从事生产、经营的纳税人、扣缴义务人未按照规定的期限缴纳或者解缴税款的，纳税担保人未按照规定的期限缴纳所担保的税款的，由税务机关发出限期缴纳税款通知书，责令缴纳或者解缴税款的最长期限不得超过15日。

第七十四条　欠缴税款的纳税人或者其法定代表人在出境前未按照规定结清应纳税款、滞纳金或者提供纳税担保的，税务机关可以通知出入境管理机关阻止其出境。阻止出境的具体办法，由国家税务总局会同公安部制定。

第七十五条　《税收征管法》第三十二条规定的加收滞纳金的起止时间，为法律、行政法规规定或者税务机关依照法律、行政法规的规定确定的税款缴纳期限届满次日起至纳税人、扣缴义务人实际缴纳或者解缴税款之日止。

第七十六条　县级以上各级税务机关应当将纳税人的欠税情况，在办税场所或者广播、电视、报纸、期刊、网络等新闻媒体上定期公告。

对纳税人欠缴税款的情况实行定期公告的办法，由国家税务总局制定。

第七十七条　《税收征管法》第四十九条所称欠缴税款数额较大，是指欠缴税款5万元以上。

第七十八条　税务机关发现纳税人多缴税款的，应当自发现之日起10日内办理退还手续；纳税人发现多缴税款，要求退还的，税务机关应当自接到纳税人退还申请之日起30日内查实并办理退还手续。

《税收征管法》第五十一条规定的加算银行同期存款利息的多缴税款退税，不包括依法预缴税款形成的结算退税、出口退税和各种减免退税。

退税利息按照税务机关办理退税手续当天中国人民银行规定的活期存款利率计算。

第七十九条　当纳税人既有应退税款又有欠缴税款的，税务机关可以将应退税款和利息先抵扣欠缴税款；抵扣后有余额的，退还纳税人。

第八十条　《税收征管法》第五十二条所称税务机关的责任，是指税务机关使用税收法律、行政法规不当或者执法行为违法。

第八十一条　《税收征管法》第五十二条所称纳税人、扣缴义务人计算错误等失误，是指非主观故意的计算公式运用错误以及明显的笔误。

第八十二条　《税收征管法》第五十二条所称特殊情况，是指纳税人或者扣缴义务人因计算错误等失误，未缴或者少缴、未扣或者少扣、未收或者少收税款，累计数额在 10 万元以上的。

第八十三条　《税收征管法》第五十二条规定的补缴和追征税款、滞纳金的期限，自纳税人、扣缴义务人应缴未缴或者少缴税款之日起计算。

第八十四条　审计机关、财政机关依法进行审计、检查时，对税务机关的税收违法行为作出的决定，税务机关应当执行；发现被审计、检查单位有税收违法行为的，向被审计、检查单位下达决定、意见书，责成被审计、检查单位向税务机关缴纳应当缴纳的税款、滞纳金。税务机关应当根据有关机关的决定、意见书，依照税收法律、行政法规的规定，将应收的税款、滞纳金按照国家规定的税收征收管理范围和税款入库预算级次缴入国库。

税务机关应当自收到审计机关、财政机关的决定、意见书之日起 30 日内将执行情况书面回复审计机关、财政机关。

有关机关不得将其履行职责过程中发现的税款、滞纳金自行征收入库或者以其他款项的名义自行处理、占压。

第六章　税务检查

第八十五条　税务机关应当建立科学的检查制度，统筹安排检查工作，严格控制对纳税人、扣缴义务人的检查次数。

税务机关应当制定合理的税务稽查工作规程，负责选案、检查、审理、执行的人员的职责应当明确，并相互分离、相互制约，规范选案程序和检查行为。

税务检查工作的具体办法，由国家税务总局制定。

第八十六条　税务机关行使《税收征管法》第五十四条第（一）项职权时，

可以在纳税人、扣缴义务人的业务场所进行；必要时，经县以上税务局（分局）局长批准，可以将纳税人、扣缴义务人以前会计年度的账簿、记账凭证、报表和其他有关资料调回税务机关检查，但是税务机关必须向纳税人、扣缴义务人开付清单，并在 3 个月内完整退还；有特殊情况的，经设区的市、自治州以上税务局局长批准，税务机关可以将纳税人、扣缴义务人当年的账簿、记账凭证、报表和其他有关资料调回检查，但是税务机关必须在 30 日内退还。

第八十七条　税务机关行使《税收征管法》第五十四条第（六）项职权时，应当指定专人负责，凭全国统一格式的检查存款账户许可证明进行，并有责任为被检查人保守秘密。

检查存款账户许可证明，由国家税务总局制定。

税务机关查询的内容，包括纳税人存款账户余额和资金往来情况。

第八十八条　依照《税收征管法》第五十五条规定，税务机关采取税收保全措施的期限一般不得超过 6 个月；重大案件需要延长的，应当报国家税务总局批准。

第八十九条　税务机关和税务人员应当依照《税收征管法》及本细则的规定行使税务检查职权。

税务人员进行税务检查时，应当出示税务检查证和税务检查通知书；无税务检查证和税务检查通知书的，纳税人、扣缴义务人及其他当事人有权拒绝检查。税务机关对集贸市场及集中经营业户进行检查时，可以使用统一的税务检查通知书。

税务检查证和税务检查通知书的式样、使用和管理的具体办法，由国家税务总局制定。

第七章　法律责任

第九十条　纳税人未按照规定办理税务登记证件验证或者换证手续的，由税务机关责令限期改正，可以处 2000 元以下的罚款；情节严重的，处 2000 元以上 1 万元以下的罚款。

第九十一条　非法印制、转借、倒卖、变造或者伪造完税凭证的，由税务机关责令改正，处 2000 元以上 1 万元以下的罚款；情节严重的，处 1 万元以上 5

万元以下的罚款；构成犯罪的，依法追究刑事责任。

第九十二条 银行和其他金融机构未依照《税收征管法》的规定在从事生产、经营的纳税人的账户中登录税务登记证件号码，或者未按规定在税务登记证件中登录从事生产、经营的纳税人的账户账号的，由税务机关责令其限期改正，处2000元以上2万元以下的罚款；情节严重的，处2万元以上5万元以下的罚款。

第九十三条 为纳税人、扣缴义务人非法提供银行账户、发票、证明或者其他方便，导致未缴、少缴税款或者骗取国家出口退税款的，税务机关除没收其违法所得外，可以处未缴、少缴或者骗取的税款1倍以下的罚款。

第九十四条 纳税人拒绝代扣、代收税款的，扣缴义务人应当向税务机关报告，由税务机关直接向纳税人追缴税款、滞纳金；纳税人拒不缴纳的，依照《税收征管法》第六十八条的规定执行。

第九十五条 税务机关依照《税收征管法》第五十四条第（五）项的规定，到车站、码头、机场、邮政企业及其分支机构检查纳税人有关情况时，有关单位拒绝的，由税务机关责令改正，可以处1万元以下的罚款；情节严重的，处1万元以上5万元以下的罚款。

第九十六条 纳税人、扣缴义务人有下列情形之一的，依照《税收征管法》第七十条的规定处罚：

（一）提供虚假资料，不如实反映情况，或者拒绝提供有关资料的；

（二）拒绝或者阻止税务机关记录、录音、录像、照相和复制与案件有关的情况和资料的；

（三）在检查期间，纳税人、扣缴义务人转移、隐匿、销毁有关资料的；

（四）有不依法接受税务检查的其他情形的。

第九十七条 税务人员私分扣押、查封的商品、货物或者其他财产，情节严重，构成犯罪的，依法追究刑事责任；尚不构成犯罪的，依法给予行政处分。

第九十八条 税务代理人违反税收法律、行政法规，造成纳税人未缴或者少缴税款的，除由纳税人缴纳或者补缴应纳税款、滞纳金外，对税务代理人处纳税人未缴或者少缴税款50%以上3倍以下的罚款。

第九十九条 税务机关对纳税人、扣缴义务人及其他当事人处以罚款或者没收违法所得时，应当开付罚没凭证；未开付罚没凭证的，纳税人、扣缴义务人以及其他当事人有权拒绝给付。

第一百条 《税收征管法》第八十八条规定的纳税争议，是指纳税人、扣缴义务人、纳税担保人对税务机关确定纳税主体、征税对象、征税范围、减税、免税及退税、适用税率、计税依据、纳税环节、纳税期限、纳税地点以及税款征收方式等具体行政行为有异议而发生的争议。

第八章　文书送达

第一百零一条 税务机关送达税务文书，应当直接送交受送达人。

受送达人是公民的，应当由本人直接签收；本人不在的，交其同住成年家属签收。

受送达人是法人或者其他组织的，应当由法人的法定代表人、其他组织的主要负责人或者该法人、组织的财务负责人、负责收件的人签收。受送达人有代理人的，可以送交其代理人签收。

第一百零二条 送达税务文书应当有送达回证，并由受送达人或者本细则规定的其他签收人在送达回证上记明收到日期，签名或者盖章，即为送达。

第一百零三条 受送达人或者本细则规定的其他签收人拒绝签收税务文书的，送达人应当在送达回证上记明拒收理由和日期，并由送达人和见证人签名或者盖章，将税务文书留在受送达人处，即视为送达。

第一百零四条 直接送达税务文书有困难的，可以委托其他有关机关或者其他单位代为送达，或者邮寄送达。

第一百零五条 直接或者委托送达税务文书的，以签收人或者见证人在送达回证上的签收或者注明的收件日期为送达日期；邮寄送达的，以挂号函件回执上注明的收件日期为送达日期，并视为已送达。

第一百零六条 有下列情形之一的，税务机关可以公告送达税务文书，自公告之日起满 30 日，即视为送达：

（一）同一送达事项的受送达人众多；

（二）采用本章规定的其他送达方式无法送达。

第一百零七条 税务文书的格式由国家税务总局制定。本细则所称税务文

书，包括：

（一）税务事项通知书；

（二）责令限期改正通知书；

（三）税收保全措施决定书；

（四）税收强制执行决定书；

（五）税务检查通知书；

（六）税务处理决定书；

（七）税务行政处罚决定书；

（八）行政复议决定书；

（九）其他税务文书。

第九章 附 则

第一百零八条 《税收征管法》及本细则所称"以上"、"以下"、"日内"、"届满"均含本数。

第一百零九条 《税收征管法》及本细则所规定期限的最后一日是法定休假日的，以休假日期满的次日为期限的最后一日；在期限内有连续 3 日以上法定休假日的，按休假日天数顺延。

第一百一十条 《税收征管法》第三十条第三款规定的代扣、代收手续费，纳入预算管理，由税务机关依照法律、行政法规的规定付给扣缴义务人。

第一百一十一条 纳税人、扣缴义务人委托税务代理人代为办理税务事宜的办法，由国家税务总局规定。

第一百一十二条 耕地占用税、契税、农业税、牧业税的征收管理，按照国务院的有关规定执行。

第一百一十三条 本细则自 2002 年 10 月 15 日起施行。1993 年 8 月 4 日国务院发布的《中华人民共和国税收征收管理法实施细则》同时废止。

第七章　销售人员如何做好应收账款管理

第一节　应收账款及形成

在销售工作中，销售人员不可避免地会与应收账款打交道。那么，何为应收账款？它是怎样形成的呢？下面我们就来详细介绍这方面的内容。

一、何为应收账款

应收账款是指企业在正常经营过程中因销售商品、产品、提供劳务等业务，应向购买单位或个人收取的款项。它包括应收销货款、其他应收款、应收票据等。

应收账款是企业财务管理中的重要一环，它表示企业在销售过程中被购买单位所占用的资金。企业应及时收回应收账款以弥补其在生产经营过程中的各种耗费，保证持续经营。对于被拖欠的应收账款应采取措施，组织催收；对于确实无法收回的应收账款，凡是符合坏账条件的，应在取得有关证明并按规定程序报批后，作坏账损失处理。

二、应收账款是怎样形成的

随着社会主义市场经济的迅猛发展，市场竞争日益激烈。企业为了在竞争中取胜，会竞相扩展赊销业务，以提高销售额，打开市场局面。企业往往会采取先

发货后收款的交易方式，于是在会计上便会形成一定数量的应收账款。为了规避应收账款给企业带来严重损失，销售人员应正确认识应收账款形成的原因。一般来说，应收账款形成的原因主要有以下几个方面，如图7-1所示。

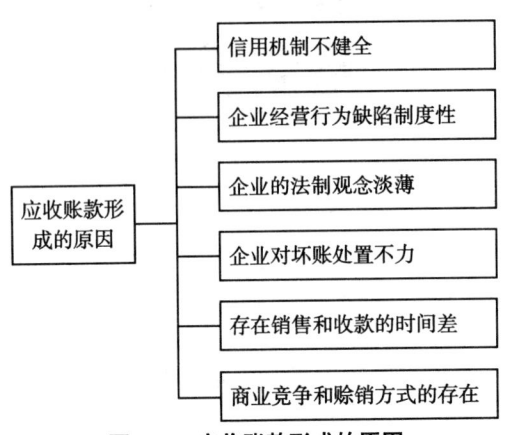

图7-1　应收账款形成的原因

1. 信用机制不健全

市场经济是信用经济，而许多企业还没有形成诚信经营的价值理念，没有健全的信用机制。一方面，在商品交易过程中还存在严重的拖欠资金现象，企业对客户的信用等级、资金状况及经济合同履行的基本情况，也缺乏应有的了解，于是轻易地将产品赊销出去，却无力收回货款；另一方面，企业为了减少库存商品，节约库存商品的管理费用，在库存商品较多时，一般采用较为优惠的信用条件进行赊销，把库存商品转化为应收账款，以节约各项支出。

2. 企业经营行为缺陷制度性

很多企业往往把生产和促销作为企业的首要任务，过分追求市场份额及销量，只重视账面的高利润，却忽略了资金的机会成本。特别是当销售人员的报酬与其销售额挂钩的时候，销售人员为追求个人利益，往往采用赊销方式，提高个人销售指标。在这种情况下，企业对加强应收账款管理认识不足，缺乏科学的财务管理思想，成本意识、风险意识淡薄，对于已经形成的应收账款的成因以及欠款时间等因素未能进行经常性分析，划分风险等级，没有制定相应的风险防范措施，缺乏有效的风险预测及防范机制，这就使应收账款不断膨胀。

3. 企业的法制观念淡薄

在当今市场经济中，由于法制建设相对落后，满足不了企业回收账款的法律援助，这就导致了企业自己"要账难"，诉诸法律又"难执行"的状况。这种法制环境也纵容了欠款者的拖欠行为，使有些企业在资金紧缺又借贷无门的情况下纷纷效仿，这样的三角债越积越多，结算资金相互占用逐年上升，企业便会深陷"债务链"难以自拔。

4. 企业对坏账处置不力

企业对坏账处置不力也是应收账款越积越多的原因之一。应收账款长期不能回收，发生坏账现象，而有些企业对坏账进行审计监督的力度不够，或没有进行审计以明确其责任，当发生坏账时，这些企业往往能积极提出账务上的处理意见，却很少或很难追究其直接责任人的经济、民事或刑事责任，坏账损失中隐含的问题很少曝光。因此，加强应收账款的回收，减少资金占用，提高坏账处置力非常重要。

5. 存在销售和收款的时间差

应收账款形成的一个重要原因是商品成交的时间和收到货款的时间经常不一致。对一般批发和大型生产企业来说，发货时间和收到货款的时间往往不同，因为货款结算需要时间，结算手段越落后，结算所需时间就越长，企业只能承认这种现实，同时承担由此引起的资金垫支。

6. 商业竞争和赊销方式的存在

商业竞争也是发生应收账款的一个主要原因。市场经济的竞争机制作用迫使企业以各种手段扩大销售，除了依靠产品质量、价格、售后服务、广告等外，赊销也是扩大销售的手段之一。相同条件下，赊销产品的销售量将大于现金销售产品的销售量，出于扩大销售的竞争需要，企业不得不以赊销或其他优惠方式招揽顾客。

赊销作为一种促销的重要手段对扩大销售量，进一步吸引顾客有着不可低估的作用。但由此带来的却是企业应收账款日益膨胀，大量资金被挤占。

我们对应收账款管理中存在的问题应保持清醒的认识。虽然大多数企业希望现销而不愿赊销，但是面对竞争，为了稳定销售渠道、扩大产品销路、减少存

货、增加收入，不得不向客户提供信用业务。特别是现在，用户拖欠企业账款者越来越多，账款回收的难度也越来越大。这种交易方式的确增加了企业的产品销量，推动了企业的发展。但是大量的应收账款被外单位占用，暂时脱离了本单位的资金周转，增加了财务成本，给企业带来了很大的风险。严重的情况下还会形成坏账，给企业带来更大的经济损失。

因此，销售人员很有必要帮助企业加强应收账款管理和回收，最大限度地提高资金使用率，降低企业经营风险，做到未雨绸缪，早虑不困。

第二节　应收账款管理的现状

在从事销售活动的过程中，为了做好应收账款管理，为了防范应收账款给企业带来风险和损失，销售人员首先必须摸清应收账款管理的现状。这是做好销售工作的关键一环。

通过分析与总结，我们发现，销售活动中产生的应收账款在管理方面存在以下现状，如图 7-2 所示。

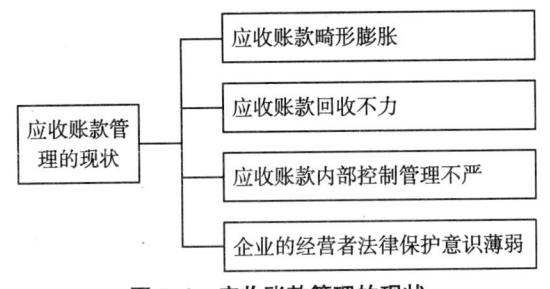

图 7-2　应收账款管理的现状

一、应收账款畸形膨胀

应收账款畸形膨胀的现状使企业大量的正常营运资金变为沉淀资金，企业营业资金难以正常营运，大大增加了企业的经营风险。从整个社会角度来看，应收账款畸形膨胀将造成社会资本流通严重受阻，社会再生产也无法正常进行。应收账款本是商品社会"重合同、守信用"经济机制正常运行的必然现象。但是，在现实经济活动中，由于种种因素的影响，应收账款长期挂账和"三角债"问题严重恶化，企业普遍感到资金紧缺。

二、应收账款回收不力

应收账款回收不力一直是困扰很多企业的一大难题，它使企业的资金无法正常流转，并带来一系列严重后果，如企业生命力下降、职工下岗失业、国家和社会负担加重等。据相关部门调查，我国企业应收账款占流动资金比重的50%以上，远远高于发达国家20%的水平。企业的正常流动资金被大量的应收账款挤占，企业只好借助于银行贷款。由于企业的应收账款不能回收，银行就不能及时收回贷款，甚至连银行资金也被逐渐转化成了应收账款。这种资金的不良循环，最终导致银行资金的大量沉淀。

三、应收账款内部控制管理不严

当前，我国企业回收账款的状况不容乐观，大多数企业风险意识差，缺乏对应收账款的科学管理。企业对应收账款内部控制管理不严的具体表现如图 7-3 所示。

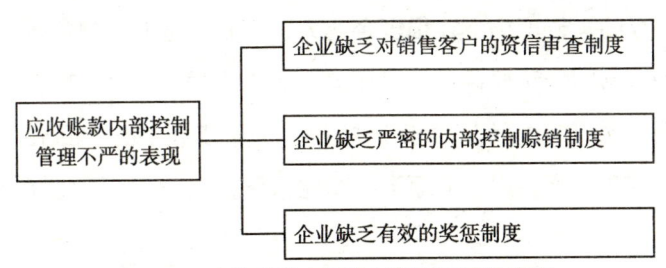

图 7-3　应收账款内部控制管理不严的表现

1. 企业缺乏对销售客户的资信审查制度

通过调查不难发现，我国的企业一般没有建立完善的资信审查制度，在业务往来上往往仅凭经验或个人感情进行赊销，在运用和管理上缺乏科学性和系统性。

2. 企业缺乏严密的内部控制赊销制度

在很多企业，一般销售人员就有几十万元的赊销权，并且业务部门对赊销客

户的情况记录残缺不全，企业也不派财务人员与客户定期对账。由于企业对应收账款的内部控制管理不严，这就为企业发生坏账和销售人员舞弊提供了机会。

3. 企业缺乏有效的奖惩制度

通常，销售人员的业绩优劣和奖罚与货款回笼的好坏没有直接挂钩，这在一定程度上抑制了销售人员的收款积极性。有的企业只重视前期销售工作，而忽视后期货款回笼，这就使企业看起来产品实现了销售，表面利润还可以，但应收账款无法按时收回，特别是有个别客户付款非常困难，有些甚至已达到破产边缘，给企业带来重大损失。

总之，由于企业风险意识差，对应收账款内部控制管理不严，最终造成了应收账款居高不下。应收账款的发生是企业参与市场竞争所不可避免的。企业只有加强对应收账款的科学管理，才能降低因应收账款而产生的经营风险，获得最大的经济效益。

四、企业的经营者法律保护意识薄弱

不按合同、协议规定归还到期债务是负债方的一种违约违法行为。但由于地方保护主义的存在、干扰以及诉讼的成本效益反差等原因，一些企业宁愿坐视相当部分应收账款沦为呆滞账，也不愿催索欠款或诉诸法律来维护自身的合法权益。而且在当今的买方市场下，很多企业为了拥有一定的客户资源，不愿通过法律手段来维护自己的合法权益。"有债不愁、欠债有理"的经济畸态使部分企业在资金紧缺又借贷无门的情况下，纷纷效仿拖欠应付款的办法，致使"三角债"越积越多，结算资金相互占用，从而形成恶性循环。

第三节　应收账款怎样管

应收账款的存在有利有弊，在促成与客户之间的长期合作关系、促进和扩大销售的同时，又会给企业带来无法预测的经营风险，并在一定程度上增加企业的

经营成本。因此，科学有效地进行应收账款管理，是销售人员必须具备的能力之一。

一、应收账款管理的两难局面

销售人员应认识到，目前企业的应收账款管理存在以下两难局面，如图 7-4 所示。

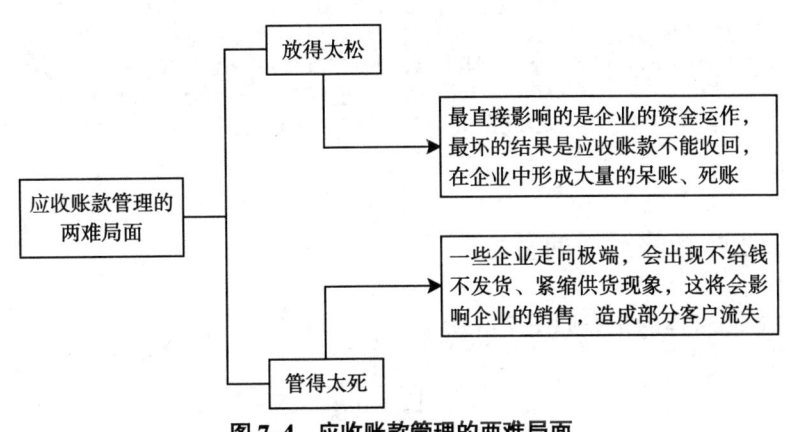

图 7-4 应收账款管理的两难局面

二、应收账款管理的一般原则

作为销售人员，必须认识到应收账款管理的重要性，并坚持应收账款管理的一般原则，如表 7-1 所示。

表 7-1 应收账款管理的一般原则

一般原则	具体内容
重视客户的信用调查	在合作关系即将确立之前，销售人员可通过直接或间接的多种方式调查客户的信用状况。信用状况良好的企业，是合作的理想状况；一些信用状况较差的企业，要尽量避免赊销
签合同时做好必要的约定	在与客户签订销售合同时，要具体约定货款结算的周期、方式等内容。若约定不清，势必会给今后合作过程中的账款管理带来障碍
遵守企业的内部财务和账款管理制度	制度是形成良好运营机制的基础。因此，企业内部都会对账款管理建立专门的管理制度：财务部门建立基本的账款管理规范，并对账款管理形成监督和约束机制；对销售人员的账款管理作出具体规定，防止因销售人员辞职或出走带来的账款风险。销售人员要想做好应收账款管理，就必须遵守企业的内部财务和账款管理制度

一般原则	具体内容
随时监控客户经营状况	要根据客户的日常变化随时监控其经营状况。客户的一些日常变化，往往是其经营状况发生不良转变的危险信号，如办公场所从繁华地段迁移到偏僻地段，且经营面积明显变小；高层管理人员频繁变动；公司财务部门经常聚集讨债人员等。一旦注意到这类危险信号，销售人员就要果断采取应急措施，防止呆账、死账的产生
严格执行货款结算的相关约定，防止恶性循环的出现	一旦合作关系确立，就要使双方严格执行货款结算的相关约定：若和客户约定了压批付款（客户收到货以后再向企业付款，如果客户对产品的质量或样式不满意，可以不收货，也就不必向企业支付货款），就要在第二批货物交付之前或同时回收第一批货款；如果和客户约定货款月结，就要在本月约定日期回收货款，遇到特殊情况也不能拖延过长时间，一般应控制在5天以内。一旦执行情况发生松动，客户会因为考虑合同执行存在弹性而争取更大的赊销额度，企业若因此形成恶性循环，再想恢复良性的账款循环就难了

三、应收账款管理的重点

应收账款管理的重点如图 7-5 所示。

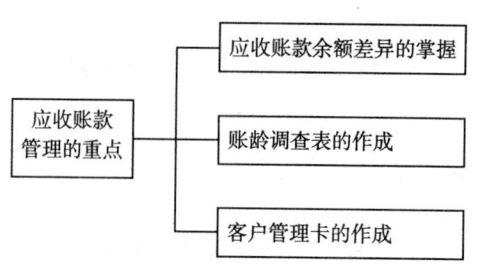

图 7-5　应收账款管理的重点

应收账款管理可以正确掌握应收账款的债权情况，并且顺利地收回账款，进而保持良好的公司财务（资金）状况，以期能更有效率、有战略地从事经营。

应收账款管理的重中之重是正确掌握应收账款余额。因此，除了应查核各种账簿或凭证之外，更要对客户确认余额。此时，不只是相对应收账款余额的差异（未收款部分），为了便于日后拟定应收账款回收对策，最重要的还是要查明差异原因。此外，作为应收账款管理的资料，还要定期作账龄调查表（应收账款余额各发生时期的明细表），并经常定期评估客户管理卡（地址、负责人、主要交易对象、交易产品、年资、资本等的财务状况、信用调查机构的报告概要、信用额度等资料）。站在内部牵制的立场，销售人员应建议企业禁止应收账款出纳业务兼任客户分户总账的记账业务，而且要避免客户分户总账经办者长期承办同一客户，应经常有人事上的变动，可达到防止不当、错误发生的效果。

四、做好授权信度管理

授权信度管理是应收账款管理的关键一环，销售人员也不可忽视。

1. 授权信度管理的效果

通过授权信度管理，可以达到以下几种效果，如图7-6所示。

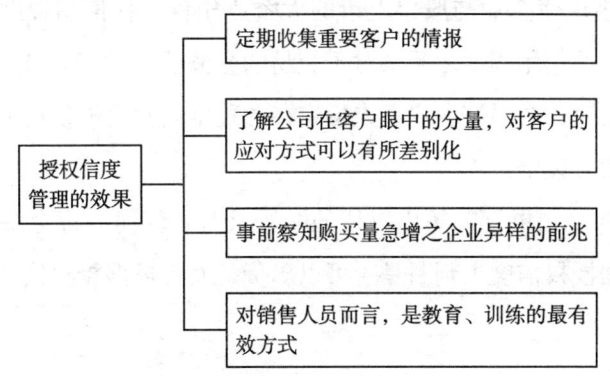

图7-6　授权信度管理的效果

特别是销售人员，他们为达到目标中的销售数字，可能会与不良客户交易从而发生呆账，所以更应让他们了解授权信度管理的重要性，而此时会计部门也应从旁协助。

2. 授权信度管理的目的

做好授权信度管理，主要是为了达到以下两种目的，如图7-7所示。

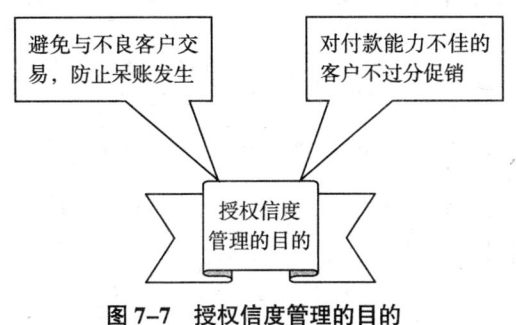

图7-7　授权信度管理的目的

我们知道，使用信用卡购买商品或服务的客户是赊购。这种业务产生了销售商的应收款项。多数有较高比例赊销额的公司都有独立的信用部门。该部门用一标准程序来评价申请信用卡的客户，以决定将向哪些客户赊销商品。这套标准包括收入、信用历史以及其他因素。在批准客户申请后，由信用部门掌管客户的付款记录。有及时付款历史的客户可得到更高的信用额；不能按时付款的客户，则取消或减少他们的信用额，可尽快回款以保证现金流通。

企业各有其不等的实力，而依实力所反映出来的付款能力也各有差异。当然，资金少的小规模企业与股票上市的大企业相较，在信用程度上就大不相同了。在调查客户的信用程度之后，对于交易的金额就可设定等级。也就是说，当某客户赊购商品时，会对该客户事先设定在此程度内有足够偿还能力的限度，这就称为授权信度之设定。

实际上，客户如果订购超出以往的购买量时，任何人都会感到疑惑。这时候，就可以根据授权信度来判断是否可以出货，而且根据授权信度可以避免发生呆账的危险。

第四节　销售人员收款守则

由于应收账款的存在，收款便成了销售人员工作的一部分。那么，销售人员收款应遵守哪些守则呢？下面我们从账单分发、收款处理程序、收款票期规定和收取票据须知四个方面来分别讲述。其具体内容如表 7–2 所示。

表 7–2　销售人员收款守则

收款守则	具体内容
账单分发	（1）财务部账款组依销售人员类别整理账单，定期汇集编制账单清表一式三份，将账单清表二份连同账单移交销售人员签收 （2）销售人员收到账单清表时，一份自行留存，另一份应尽速签还财务部账款组，如发现有不属本身的账单，应立即交还财务部账款组 （3）客户要求寄存账单时，应填写"寄存账单证明单"一份，详列笔数金额等交由客户签认，收款时再交还给客户。如因寄存账单未取得客户签认致不能收款时，由销售人员负责赔偿

收款守则	具体内容
账单分发	(4) 拿到公司的账单后，如果在访问客户时不能立即收款，则应取得客户于账单上的签字；如果不能取得客户的签认，则应尽快于发货日起三个月内，向总务部申请取得邮局包裹追踪执据，凭执收款。逾期不办致无法收取货款时，由销售人员负责赔偿
收款处理程序	(1) 销售人员于每日收到货款后，应于当日填写收款日报表一式四份（一份自留，三份交给公司财务部出纳组） (2) 销售人员业务范围属于本市的直接将现金或支票连同收款日报表第一、二、三联亲手交给出纳并取得签认 (3) 销售人员业务范围在外地区的，应将现金部分填写××银行送款单或邮政划拨储金通知单，存入附近××银行分行或邮局。次日上午将支票、××银行送款单存根或邮政划拨单存根，用回纹针别于收款日报表第一、二、三联，以挂号寄交财务部出纳组。销售人员应将挂号收执贴于自存的收款日报表左下角备查
收款票期规定	(1) 依客户的区别规定如下 ①直接客户：以货到收款为条件者，由送货员收取现金。签收的客户，则为销货日起一个月内的支票或现金期 ②一般商店：自销货日期起三个月内的票期 (2) 收款票期超过公司的规定时，依下列方式计算收款成绩 ①超过 1~30 天时，扣该票金额 20%的成绩 ②超过 31~60 天时，扣该票金额 40%的成绩 ③超过 61~90 天时，扣该票金额 60%的成绩 ④超过 91~120 天时，扣该票金额 80%的成绩 ⑤超过 121 天以上时，扣该票金额 100%的成绩
收取票据须知	(1) 法定支票记载的金额、发票人图章、发票年月日、付款地，均应齐全，大写金额绝对不可更改，否则盖章仍属无效，其他有更改之处，务必加盖负责人印章 (2) 支票的抬头请写上"××股份有限公司"全衔 (3) 跨年度时，日期易生笔误，应特别注意 (4) 字迹模糊不清时，应予退回重新开立 (5) 收取客票时，应请客户背书，并且写上"背书人××股份有限公司"，千万不可代客户签名背书 (6) "禁止背书转让"字样的客票，一律不予收取 (7) 收取客票大于应收账款时，不应以现金或其他客户的款项找钱，应这样处理 ①支票到期后，由公司以现金找还 ②另行订购抵账，或抵交未付账款中的一部分 (8) 如果本公司无销货折让的办法，发票金额误开，需将原开统一发票收回，交给公司更改或重新开立发票。如无法收回而不得已需抵扣时，则于下次向公司订货时，以备忘录说明，经业务经理核准后扣除，不得于收款时，扣除货款或以销货折让方式处理，否则尾数由销售人员负责

第五节　分析应收账款拖欠的原因

销售人员在工作中或多或少都会遇到客户拖欠应收账款的情况。那么，这些

应收账款拖欠的原因是什么呢？这一节我们就来详细介绍一下这方面的知识。

一般地，应收账款拖欠的原因主要有三个方面，即企业自身的原因、客户的原因和销售人员的原因。

一、企业自身的原因

由于企业自身的原因造成应收账款的拖欠主要包括以下两种情况，如表7-3所示。

表7-3 企业自身的原因

原　因	具体内容
企业内部管理不当	企业在应收账款的时间监控方面缺乏力度，财务部门往往不了解客户的信用期限和资信状况，不能对客户付款的时间进行实时监控
与客户的沟通障碍	企业与客户的沟通不力很容易造成应收账款拖欠。在很多货款拖欠案件中，有相当一部分是由于贸易过程中，在货物质量、包装、运输、货运期以及结算上的纠纷产生的，而这些纠纷往往是因为买卖双方未能及时沟通造成的。如果企业与客户以合作的、非敌对性的态度进行沟通，及时解决可能产生的纠纷，同时又快速了解客户的反映、要求和意愿，作出相应的决策，那么，就为要求客户按时付款扫清了障碍，维护了与客户良好的业务关系

二、客户的原因

由于客户的原因造成应收账款的拖欠主要包括以下三种情况，如表7-4所示。

表7-4 客户的原因

原　因	具体内容
客户习惯性拖欠	在我国，很多企业的客户拖欠货款属于习惯性拖欠，而并不是蓄意赖账不还。因此，如果企业对这类客户从赊销过程一开始直到货款到期日都保持与客户联系、提醒、催促付款，就会使客户感觉到债权人的压力。如果客户不是经营困难或到了破产的边缘，又没有别的特殊原因，一般是不会轻易地推迟付款的
客户存在侥幸心理	客户总是优先考虑那些管理严格的债权人。在激烈的市场竞争中，客户往往面临许多市场风险和资金短缺情况，所以，客户有时拖欠付款往往并不是恶意拖欠，而是经营上的原因。在这种情况下，面对其众多的债权人，客户总是选择那些对应收账款管理严格的债权人优先付款。对应收账款不闻不问的债权人，客户会产生一种侥幸的心理，能躲一时就躲一时
客户信誉不良和恶意拖欠	客户信誉不良和恶意拖欠会给企业的应收账款回收工作带来很大困难。通过不断与客户保持联系，企业可以发现一些不良的征兆，如客户经营困难、领导人更换、迁址、法律纠纷、资产转移等，以便及早采取应对措施

三、销售人员的原因

在竞争激烈的市场经济中，为解决企业的销售问题，各单位都投入较大的人力、物力、财力。在政策上也五花八门，其中按销售额提成（薪水和业绩挂钩）和销售人员大包干是普遍采用的方法。销售人员为完成任务或拿到高绩效、提取奖金，会向客户强行推销，有的采取违法手段对客户进行行贿，对方被迫签订了购销合同，而销售人员又不完全承担回收货款的责任，这就造成了货物发出、货款长时间不能收回的局面。

总之，不论是由于企业自身的原因，还是由于客户的原因，或者是由于自己的原因形成应收账款的拖欠，销售人员都应在工作中有意识地减少或避免这种情况的发生，多观察和评估客户的经营情况、信誉等，多和企业、客户沟通、交流。同时，销售人员不要因为自私地想谋取高绩效而行销，否则，到头来受到困扰和损失的最终还是企业和销售人员自己。

第六节　做个"催账"高手

回收应收账款是应收账款管理的后期工作，销售人员应做好应收账款回收工作，尤其是拖欠的应收账款，更应该紧紧追讨，以免给企业带来困扰和损失。

那么，销售人员怎样才能百分之百地成功回收应收账款呢？这需要销售人员练就一手催账的好本领，做个不折不扣的"催账"高手。可是，"催账"高手又是怎样炼成的呢？这就需要销售人员熟练掌握并灵活运用应收账款催收的方式、技巧和要领了。

一、应收账款催收的方式

对于销售人员而言，常用的应收账款催收方式主要有电话催收、信函催收和上门追讨三种方式。在催收账款时，具体要采用哪种方式可根据实际情况而定。

1. 电话催收

如果销售人员或该企业在付款到期日没有收到欠款客户的付款，应立即着手进行催收。催收应收账款的首选方式就是电话催收（有时也可以发传真）。电话催收是应收账款回收最基本、最有效、最快捷的方式。电话已成为催收工作中最常用、最简便、最有力、最关键的收款"武器"，它能帮我们快速收回应收账款，具有速度快和回馈直接的优点。

（1）电话催收的适用范围。在企业拥有大量客户但每个客户的欠款金额都很小的情况下，采用电话进行催账也许会很不划算，因为不仅增加通信成本，也会耗费大量人力。但是，在客户数量不大，但每个客户欠款金额都比较大的情况下，采用电话催收会非常实用。

（2）电话催收的步骤。电话催收账款可以通过以下四个步骤来完成，如表7-5所示。

表7-5　电话催收的步骤

步　骤	具体内容
第一步 做好准备工作	销售人员应首先准备好相关资料，这是非常重要的一步，它可以防范欠款客户搪塞的借口，使收账工作有备无患，收账电话无懈可击 拨号之前，销售人员应准备好以下资料 ①客户的名称、地址和电话号码 ②订货资料，包括订单号码与订货人名字、赊销的货品、货品的单价、附收的款项（运费、快递费、保险费）等 ③发票复印件、出货日期、交货日期，以及双方交货情况的相关资料 ④客户的付款情况，包括已在付款期限内支付的金额、逾期金额 ⑤企业过去曾经采取过的收账行为 ⑥客户没有信守的承诺 同时，还应记住：收账电话是否有效，这与事前的准备工作息息相关。完整的催账资料和事先的准备将使你的收账电话加大胜算率
第二步 找准关键联系人	销售人员在催账时一定要找准关键人，如果向做不了主的人提结款要求，只能是徒劳无益，甚至会"打草惊蛇"，使结果适得其反。如果欠款客户是管理规范的大企业，应与指定付款联系人或财务人员联系；如果欠款客户是小型家族企业，最好直接与负责人或老板联系
第三步 展开对话	催款时，一开始就要开门见山，提出债务的准确数额并在谈话中和结束时重复提到这一数额；开始谈话的时候要以开放式问题了解客户拖欠账款的原因，问题应强调要点；客户会提出各种拖欠账款的借口，销售人员在电话前应准备好应对回答，通话时冷静地一一应对，态度始终是：很遗憾，我们确实需要你们立即付款
第四步 得到承诺，要求付款	此时，销售人员要从逻辑上迫使客户找不到任何拒绝支付逾期货款的理由。不要怕拒绝，要获得一个明确的付款承诺，然后，继续追踪客户的行动，直到其付款为止

（3）电话催收的礼仪。电话催收的礼仪有很多，最基本的礼仪如表7-6所示。

表7-6　电话催收的基本礼仪

礼　仪	具体内容
请对方重复话语	当对方的口音严重不清，而且使用你不太了解的语音时，不要假装明白，应请对方放慢语速，或向同事求助；将你所了解的部分重复说一遍，并请对方确认是否正确；请正确记下对方的姓名
不要催促欠款人	对于那些无法流利地使用中文与你沟通的欠款客户，不要催促他们。对他们来说，他们必须先听懂你所讲的话，然后翻译成他们所能了解的语言，以他们的思考方式对你的问题作出回应
不要粗鲁地对客户	不要对欠款客户大喊大叫，这样十分不礼貌
尊重生气的客户	如果你正与一个不可理喻、满口脏话的欠款客户交谈，那么，要设法打断他们无理的谩骂，对他们说："对不起，我可以处理你所面对的问题，但是我无法处理你无礼的语言。"请将谈话的主导权控制在你手上，明确告诉对方，能为他做些什么

2. 信函催收

尽管在收款过程中普遍使用电话和传真，但信函催收仍发挥着重要作用。因为催收信函的优点不可忽视：可以一次性发给众多的客户，价格便宜，较为正式，并通过其设计精美的格式和内容提高企业的信用管理形象，与传真相比，拥有更大的私密性。

（1）催收信函的四个特点，如图7-8所示。

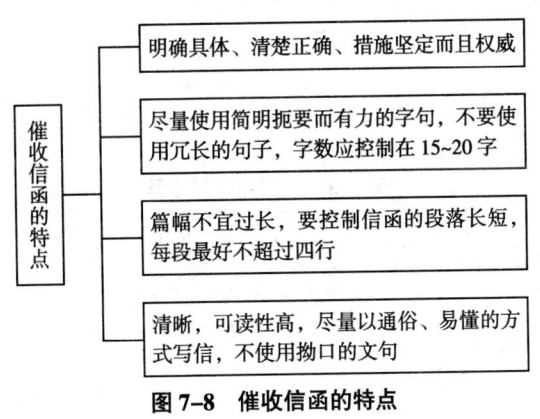

图7-8　催收信函的特点

（2）催收信函的发放要求，如表7-7所示。

表 7-7 催收信函的发放要求

名称	具体内容
催收信函的发放要求	逾期 15 天未付，发出第一封催收信函。第一封催收信函应直截了当，提醒客户未付的账单
	逾期 30 天未付，发出第二封催收信函。第二封催收信函语气要坚定，提出要求客户付款的明确期限。另外，签署人级别应高于第一封信，表明对该笔欠款的关注
	逾期 60 天未付，发出第三封催收信函。第三封催收信函语气要强硬、坚决，表明将要采取的措施，礼貌而坚定会增加效果
	逾期 90 天未付，发出最后的提醒信。第四封催收信函是最后的提醒信，所以在信的开头要提到客户对付款的消极反应，措施要严厉
	诉讼前的最后付款要求。为起到重要提醒作用，本信可打印成红色；措施应是对拖欠实施措施的陈述，而非威胁。另外，在法庭上，可能要出示此信的复印件

此外，使用信函催收账款时还应注意，催收信函的力度应依次递增，逐渐加大对欠款客户的收账压力。但是，由于催收信函属于单方面的联系方式，不易引起对方的重视，不能及时得到答复，收账力度较小。因此，收款时最好与其他收账方式配合使用。

3. 上门追讨

对于一些大客户而言，使用电话催收和信函催收两种方式都无效时，销售人员就要考虑通过上门访问直接与其交涉还款问题、了解拖欠的具体原因了。尽管上门追讨也许是向客户友好催账的手段中成本最高的一种，可是，因为这种方法催账效果好，所以对于那些欠款金额较高的客户来说，采用这种方法还是很有价值的。

上门追讨的具体步骤如表 7-8 所示。

表 7-8 上门追讨的步骤

步骤	具体内容
第一步 做好准备	追讨前，除了首先准备好相关资料外，销售人员还应多方了解客户情况，以辨明客户各种"借口"的真相，比如客户的结款时间、借款方式、结款签字负责人坐班时间、有无对账程序，以及须客户提供普通发票，还是增值税发票，何时提供等
第二步 上门追讨	做好准备工作后，销售人员就可以上门追讨了。管理规范的大公司一般都很重视自身的信誉，不希望拖欠事实公布于众，销售人员上门前应提前与合适级别的人预约好，精心计划、安排，深入讨论，搞清双方公司运转环节的各个方面会有助于加速未来的收款。但如果对方是小型企业，催收时最好找到老板或公司负责人。如果对方以各种理由推辞，销售人员应针对不同的拒付借口、不同类型的客户，选择合适的时间，作出灵活多变的处理

步骤	具体内容
第三步 索要确认函和书面付款计划书	在催收账款的过程中，获得客户对债务的书面确认或要求对方提供书面的付款计划是非常重要的。首先，书面确认和付款计划比较正式，能给客户留下比较深刻的印象。其次，书面确认和付款计划对于日后通过法律或其他严厉手段追讨欠款将起到至关重要的作用。而且，书面确认或付款计划拿到的越早越好

要知道，实施上门追讨应收账款是实行自行追讨的最后选择，因此，收款时要以理服人，灵活地采用各种战术。销售人员可以采用恻隐术、疲劳战术、激将法等，软硬兼施，不断地给客户施加压力。为了使自己的长远利益不受损害，客户一般均会如约付款。

二、应收账款催收的技巧

我们常听人说："催账是门技术活。"这句话是有一定道理的，要不世上就不会有那么多五花八门的讨债公司了。可是，催账有哪些技巧呢？表 7-9 总结几点供销售人员参考。

表 7-9　应收账款催收的技巧

催收技巧	具体内容
分清原因，对症"下手"	在催收账款之前，先弄清造成拖欠的原因：是疏忽，还是对产品不满；是资金紧张，还是故意，应针对下列不同的情况采取不同的收款技巧 ①对于的确是由于一时资金周转不灵的客户，在催账时应要求对方承诺回款的确切日期，并相应减少供贷或者停止供货。在收款日期一定要拜访，即使出纳不在，也应该尽可能要求支付。如果是有信誉，只是一时周转不灵的客户，应适当给予延期，并尽可能帮其出谋划策，帮其联系业务等，以诚心和服务打动客户 ②对于付账不干脆的客户，应该经常性上门催收，甚至蹲点守候，不达目的不罢休 ③对于赖账型的客户，销售人员更要有不达目的不罢休的精神。对信誉不佳，故意以手头紧为借口不付款的客户和经营的确面临危机的客户，要加紧催收，了解他的上下级单位，以断定可否追索，了解他的固定资产情况，看是否可用实物抵债。最好将导致麻烦的话率先说出来，不听对方的解释或说明苦衷，以免落入对方圈套。并要求对方核对账目，在相关单据上签字盖章，为最坏情况的发生做好一切准备
要直截了当	催账难，这是不争的事实。因为难，不少销售人员见客户一副讨好的样子以乞求对方理解、支持，一开口说话便羞羞答答、吞吞吐吐，好像理亏的不是欠款户，而是自己，让客户觉得"好欺负"，从而故意刁难或拒绝付款。因此，销售人员催账时必须首先摆正自己的位置，见到欠款客户的第一句话就得体现出来这一点。尤其是对那些付款情况不佳的客户，一碰面不必跟他寒暄太久，应赶在他向你表功或诉苦之前，直截了当地告诉他你来的目的——不是求他收购自己的货物，而是他应付一笔货款，让他打消任何拖、赖、躲的思想

销售人员必知的财务知识

催收技巧	具体内容
账龄不要拖长，要经常要账	美国一家相关机构研究表明：影响应收账款回笼的主要原因是账龄，其次才是账龄金额。研究显示，两年以上的欠款回收率平均只有20%，而两年以内的往往80%能够收回。另一个问题是有些销售人员有种多少算多少的心理，常常要求欠款人先付一部分款，而最终却导致了不能全额收款的结局，所以账龄不能拖长，要经常要账
收款要有韧劲	欠款客户往往不敢或不喜欢面对债权人，他们通常的策略就是一个字——躲，比如常常不在办公室。这时就要花点气力，比一比耐心了。因此，销售人员催款要有一种坚忍不拔的毅力，哪怕别人无理地像打发乞儿一般对待你，你也必须忍辱负重、坚守阵地。临阵逃脱，则会使催账一事前功尽弃
识破躲债借口，与欠款客户斗智	有时欠款客户会以各种借口不予还款，如管钱的不在、账上无钱、未到付款时间、产品没有销完或销路不好，等等。这就要求销售人员及时地掌握与结款相关的一切信息。只有这样，才能辨明欠款客户的各种"借口"真相，并对客户的销售工作作出指导，或将其产品转移到其他合作情况较好的客户那里去销售或干脆收回产品
有礼有节，动之以情	销售人员可能都经历过这样的事情：有的欠款客户对你板着脸，有的对你不屑一顾，有的甚至不让你进门等。此时，如果销售人员催账时受了气，再想办法出出气，甚至作出过激的行为，就太不可取了。脸皮一旦撕破，客户可能就此赖下去，收款将会越来越难。因此，在催账时，要做到有礼有节
帮助欠款客户打开销路	有时欠款客户不愿意回款，其重要原因是产品销售状况不好，对销售人员企业的产品没有信心，所以，想要从欠款客户那里收回欠款，最好的办法不是用嘴说服他们，而是通过自己的协销，用实际行动征服他们。只要让欠款客户有信心，他们当然愿意拿出真金白银给你结账了
当机立断	遇到难缠的欠款客户，应当机立断，及时中止供货，特别是针对客户"不供货就不再付款"的威胁，更要如此，否则只会越陷越深
杜绝部分付款	销售人员催账时最大的失策之一就是要求欠款客户先付一部分款。经验表明，应该要求全额付款，虽说拿到一点总比一点没拿到好，却不如收回更多款项
求助于专业收账人员或诉讼法律	总有一些骗子和不讲理的欠账客户存心赖账，与他们讲理无异于"对牛弹琴"，采取正常的收款方法往往难以奏效，而一些很不正规、甚至别出心裁的催账方法则有奇效。因此，当收款难度较大时，可以请那些有特殊收款能力和丰富收款经验的专业收账人员去收款。如果此法仍不能奏效，剩下的唯一选择就是直接诉诸法律，请求信用管理部门协助处理。逾15天仍未提出者，该笔逾期应收账款应由经办人负全额赔偿责任
广结人缘，成功催账	我们发现，在账款催收上，有些销售人员广结人缘，收款非常顺利，而有些销售人员却总是处处树敌，收款无能为力。因此可以说，良好的人际关系是催账成功的关键

三、应收账款催收的要领

做个"催账"高手除了要掌握催账的方式和技巧外，还要懂得应收账款的催收要领，如表7-10所示。

表 7-10　应收账款催收的要领

要领	具体内容
要与客户约好收款及付款的时间	"定期造访"是销售人员顺利回收货款的基本入门功夫，故把它列为收款的第一要领。销售人员催账时，应选择客户与自己都觉得方便和适当的时间。如果一味顺着客户的时间拜访，容易让客户对公司产生不良印象。但也不能强求客户配合自己的时间而得罪客户。也就是说，要寻找对双方均有利的收款时间
收款前应将账目事先确认	销售人员可在约定的催账时间前先行编制欠款客户的"账单清单明细表"，表内详细逐笔记载订货日期、数量、单价、总金额、统一发票号码等项目，邮寄给客户，供其作核对付款之用。这样，客户就可以根据双方约定的付款期限，预先签发票据或准备现金，等销售人员准时来收款时，双方就能在极短的时间内完成交款收款工作
先收后卖	许多销售人员为有效利用时间，常利用同一次拜访欠债客户的机会展开推销和收款。这样做的优点是可以节省专程收款的拜访时间，缺点是脚踏两只船，经常出现两头空的结果。要避免两头空的事情发生，必须坚持"先收后卖"的要领，先与客户结清积久的款项，再进一步探求客户的需要
碰到客户抱怨困难时，实行化整为零的收款方式	销售人员偶尔会遇到一些经济情况较差的欠款客户，这些客户会大念"赔钱经"，并表明，等经济情况好转一点时就会主动打电话通知你来收款，可也没有给出确定的付款日期，含糊其辞。面对这种情况，销售人员要特别谨慎提防，切莫上当中计，并且要拿出"全场紧逼盯人"的战术。根据客户的经济情况可考虑客户分期付款，但必须要求客户明确每期应付的金额及付款日期。这种"化整为零"的付款方式，对客户而言，不至于发生太大的财务困扰
对东折西扣型的客户先礼后兵	东折西扣型的客户最喜欢贪小便宜，在付款时，不是对于零头尾数拒绝给付，就是对于事先谈好的折扣要求降低。这类客户认为能多争取就不择手段地争取，为了自己的利益可以牺牲别人的利益，只要有利可图，必然在付款时设法将货款东折西扣。对付这类"死不要脸"的客户，收款时不妨采取下列对策： ①以和蔼的语气、坚决的态度，向其解说按契约条件付款的长期利益 ②验证该客户过去是否有短付的"前科" ③客户要求折扣的金额不多，且客户已付款信用良好，不妨适当将就一些 ④客户信用不佳，且经常短付，最好不要接受客户折让的要求，以建立"买卖算分"的收款形象。对于这类客户，不妨"先礼后兵"，"施以高压"，务必设法全数收回，绝对不可姑息养奸，给今后的收款增加更多的麻烦
对挖苦取乐型的客户应耐心争取	挖苦取乐型的客户经常在销售人员收款时，说些利润微薄、销路不佳等大吐苦水及挖苦人的话，他们想以此让销售人员给予特别的优惠。对于这类客户，可以按下列方式收款： ①多加倾听，让其适度地抱怨、挖苦，以解除其心理的压抑 ②向客户提供增加销售的秘诀和说明"同心协力"的重要性 ③激发其"荣誉心"，使其了解按时依约付款是善待客户的具体表现 ④以亲切的态度，赞扬客户提供的建议，并告诉客户今后将尽量采纳客户的意见，尽可能满足其要求
对自命清高型的客户多说赞美话	自命清高型的客户在处理结账事宜时通常都会摆出"买主是王"的傲慢态度。这类客户之所以如此表现，往往是自卑心理在作祟，故作冷酷无情，以免受害。应付这类自命清高、眼睛长在头顶上的客户，实施收款时，不妨依照下列步骤来进行： 第一步：多说些赞美、感谢的"奉承话"，设法化解其防御的心理 第二步：保持"若即若离"的距离，使其自觉"与众不同" 第三步：多向其请教成功经验，并做个良好的听众 第四步：多提供具体有效的服务，使其认识我方的存在价值，了解我方的重要性

要　领	具体内容
对看样学样型的客户晓以利害	看样学样型的客户在付款时，所表现出来的行为是举棋不定，犹豫不决。其心理特征是唯恐自己付款会吃亏，有暂时拒绝付款的意思，对付款所持的态度是谨慎保守，在别人付款后，才愿意有样学样地付款。对付这类客户，收款对策有以下几种方式： ①针对其模仿心理，举证说明其他客户付款的实情 ②晓以利害，说明不按时付款，将会面临的各种困扰 ③说明"信用第一"在商业往来中的无形价值，坚定其依约付款的信心和决心 ④拿出其他客户已付清货款的现金、支票或凭证，让其"看样学样"地付款
尽量避免争辩	收款不顺，有时往往起争辩。买卖双方争辩时，所用的无情、尖刻字眼和证据，很容易刺伤客户的自尊心。因此，当客户无理地争论付款票期比同业来得短，不合行情，要求比照同业票期支付货款时，销售人员一定要冷静对待，避免和客户直接争辩，设法和其以"心平气和"的方式"讨论"解决之道，千万不能以"辩"制"辩"。否则，纵然赢了争辩，而失去了收款的良机，这又有什么意义呢

第七节　巧妙识别信用风险

作为一名优秀而合格的销售人员，必须知道，企业成长的过程就是不断规避风险、获得收益的过程。企业的决策更多地表现为平衡收益和风险的决策。对于多数企业来讲，信用风险是仅次于投资风险的第二大类经营风险，而对于以贸易和销售为主的企业来讲，信用风险更是它们面临的主要经营风险。因此，做好应收账款管理要求销售人员必须在销售工作中能够巧妙识别信用风险，以免给企业和自己带来不必要的麻烦和损失。

一、信用风险的含义

信用风险是指在以信用关系为纽带的交易过程中，交易一方不能履行给付承诺从而给另一方造成损失的可能性。做好应收账款管理工作要求销售人员首先要正确识别信用风险。

二、信用风险的来源

在任何时候，只要获得某一产品或服务而不需立即付款，对提供产品或服务的企业来说就有信用风险存在。信用风险可能是坏账损失、利息成本和对延迟付款进行追踪调查的管理成本。一般企业的经营活动总是要面对信用风险，最主要的原因是存在赊销和应收账款。在大多数企业中，卖出产品或服务是企业的首要任务，而研究购买者是否能付款是次要的考虑。换句话说，大多数企业中的销售部门的地位通常要高于信用部门。

在市场经济条件下，由于存在着市场缺陷，信用风险是必然存在的。对于市场中占主体地位的企业而言，其信用风险主要来自交易过程，如表 7-11 所示。

表 7-11　信用风险的来源

来源	具体内容
客户开发	导致拖欠的根本原因是存在着信用不良的客户
争取订单	在与客户协商时，企业及其销售人员错误地选择信用条件（如给予过高的信用限额或信用期限）也是日后产生信用风险的重要原因
签约	信用的保障手段之一是合同，合同条款订立不当将使企业丧失应有的权利
发货	货物纠纷是日后货款拖欠的一个间接原因
收款	销售人员或财务人员能否积极主动地催收货款，在相当大的程度上决定了账款回收率
货款拖欠	货款拖欠是企业最不愿看到的情况，一旦发生，如不采取有效措施，企业将面临变成呆账、坏账的危险

应收账款管理的目的就是正确衡量信用成本和信用风险，合理确定信用政策，及时收回账款，保证流动资产的真实性。应该看到，管理好信用风险不是某一个销售人员所能及的，这好像超越了他们工作的范围。但是，如果销售人员在工作中搞不清信用风险的来源，企业就可能面临危机和损失，这对销售人员个人而言也将十分不利。

三、信用风险的表现形式

巧妙识别信用风险，除了要清楚信用风险的来源外，还应搞清楚信用风险的表现形式。一般地，信用风险最主要的表现形式有三种，如图 7-9 所示。

因此，合理控制应收账款要求销售人员根据企业和客户的实际情况确定信用销售的最佳额度。一方面，提高信用销售意味着企业会有相对较高的销售收入；另一方面，持有较高水平的应收账款，意味着企业同时发生较高的持有成本。

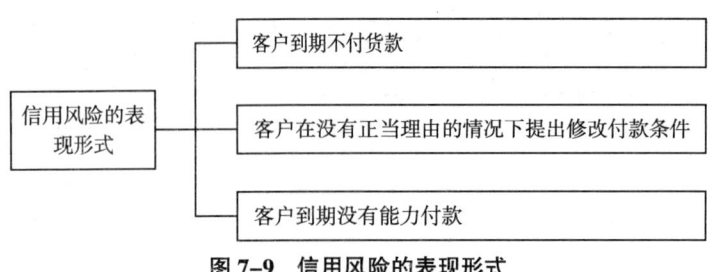

图7-9 信用风险的表现形式

第八节 维护企业信用风险"防火墙"

由于信用风险的存在，企业和销售人员稍不留神就会在业务往来中栽跟头，难以回收应收账款。因此，销售人员必须熟悉并维护企业的信用风险"防火墙"。这样，既能给自己的工作带来方便，也会最大限度地提高企业应收账款的回收率。

一般地，影响企业应收账款水平的主要因素有经营状况、产品定价、产品质量和信用政策。除了信用政策外，其他因素基本上都不是销售人员所能控制的。因此，从某种意义上说，销售人员维护企业的信用风险"防火墙"，就是要执行企业合理有效的信用政策。

信用政策是应收账款最有效的管理政策，是企业对应收账款进行管理与控制而制定的基本方针和策略，在成本效益分析的基础上制定适当的应收账款信用政策是企业财务决策的一个重要组成部分。企业的信用政策主要包括三大部分内容，即信用标准、信用条件和收账政策。因此，企业构筑信用风险"防火墙"一般都是从以下三个方面入手，如图7-10所示。

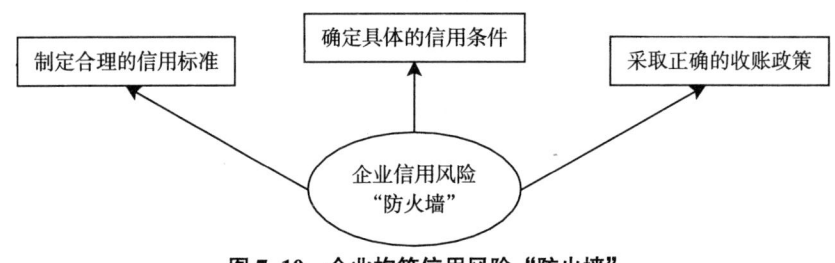

图7-10 企业构筑信用风险"防火墙"

一、制定合理的信用标准

信用标准是客户获得企业的商业信用所具备的最低条件，也是企业用来衡量是否给予客户赊销的基本条件，通常以预期的坏账损失率表示。如果客户达不到企业的信用标准，销售人员在销售工作中就不能让客户享受企业提供的商业信用。在确定对某个客户的信用标准时，销售人员应先对其资信状况进行评估。客户的资信程度通常决定于几个方面，即客户的信用品质、偿付能力、资本、抵押品、经济状况，简称"5C"原则（如表7-12所示）。

表7-12 决定客户资信程度的"5C"原则

"5C"原则	具体内容
信用品质 (Character)	信用品质是指客户的信誉，即履行偿债义务的可能性，是评价客户信用的首要因素。企业的销售人员必须设法了解到客户过去的付款记录，查实其是否有按期如数付款的一贯做法，及其与其他供货单位的关系是否良好
偿付能力 (Capacity)	偿付能力是指客户的实际偿债能力，它取决于客户的资产，特别是流动资产的数量、变现能力及其与流动负债的结构关系。客户的流动资产越多、质量越好，其转换现金偿债的能力越强，应付风险的能力越大
资本 (Capital)	资本是指客户的财务实力和财务状况，是客户偿付债务的最终保证，如注册资本、总资产、净资产和所有者权益等，表明客户可能偿债的背景。这些主要通过财务比率进行判断
抵押品 (Collateral)	抵押品是指如果客户恶意拒付款或无力偿债时能被用作抵押的资产或承担连带责任的担保人。这对于相互不知底细或信用状况有争议的客户提供信用尤为重要
经济状况 (Conditions)	经济状况是指分析可能影响客户偿债能力的经济环境，如经济衰退、金融风暴、通货膨胀等，对客户偿债能力的影响。这需要了解客户在过去类似环境中的偿债历史

设定信用标准，主要是评价客户赖账的可能性。如果企业的信用标准较严，只对信誉很好、坏账损失率很低的客户给予赊销，则会减少应收账款相应的管理成本，但这可能会使销售量减少，不利于市场竞争；反之，如果信用标准较宽，虽然会增加销售，但会相应增加应收账款的机会成本、管理成本和坏账成本。因此，企业必须在因扩大销售而增加的收入与增加的成本之间进行权衡，应根据具体情况，在不同时期针对不同的客户制定合理适当的信用标准。

下面我们通过实例来说明如何制定合理的信用标准。

【例7-1】北京某大型企业原来的信用标准是只对预计坏账损失率在10%以下的客户提供商业信用。后来，企业为了适应形势的需要，拟修改信用标准，现在，有甲、乙两种信用标准方案可供选择，有关资料如表7-13所示。

表 7-13　信用标准备选方案

项　目	方案甲	方案乙
信用标准（预计坏账损失率）(%)	8	12
年赊销额（元）	1000000	1500000
变动成本总额（元）	600000	900000
固定成本（元）	150000	150000
平均收账期（元）	60	90
管理成本（元）	30000	50000

假定这家企业的资金成本率为 10%，要求选择对企业有利的信用标准。根据表 7-14 的资料，计算甲、乙两种信用标准方案净收益，如表 7-14 所示。

表 7-14　甲、乙两种信用标准净收益计算表

单位：元

项　目	方案甲	方案乙
年赊销额	1000000	1200000
减：变动成本总额	600000	720000
固定成本	150000	150000
毛利	250000	330000
减：机会成本	$(1000000 \div 360) \times 60 \times 60\% \times 10\%$ $= 10000$	$(1200000 \div 360) \times 90 \times 60\% \times 10\%$ $= 18000$
管理成本	30000	50000
坏账成本	$1000000 \times 8\% = 80000$	$1200000 \times 12\% = 144000$
净收益	130000	118000

通过上面的计算结果可以看出，方案甲的净收益 130000 元，高于方案乙的净收益 118000 元，因此，应选择方案甲信用标准，也就是采用较严格的信用标准。

值得提醒销售人员的是，企业在信用标准的决策过程中，放宽信用标准会扩大销售，可以增加销售收入，但是平均收账期会延长，从而增加时间价值成本及机会成本，坏账成本也会由此增加。因此，信用标准的决策应综合考虑这些因素的影响，一般可以将不同方案的新增销售收入，扣除由此增加的机会成本、坏账成本、管理成本、利润最大为最优方案。

二、确定具体的信用条件

信用条件是指企业接受客户信用订单时所提出的付款要求，主要包括信用期限、现金折扣和折扣期限等（见表 7-15）。信用条件的基本表达方式如 3/20、n/60，它表示如果客户在发票开出后 20 天内付款，可以享受 3%的现金折扣；若不能在折扣期内付款，则款项必须在 60 天内全部付清，并且也不能获得现金折扣的好处。这种表示方法中，60 天是信用期限，20 天是折扣期限，3%是现金折扣率。这一点销售人员在与客户打交道的过程中必须搞清楚。

表 7-15　具体信用条件的确定

信用条件	具体内容
信用期限	信用期限是指企业允许客户从购货到支付货款的时间间隔，是企业要求客户付款的最长期限。客户必须在信用期限内支付货款，不然，就属于违约。信用期限和企业产品销售量之间存在着一定的依存关系。如果延长信用期限，则可以在一定程度上增加销售量，从而增加毛利，但也会相应地使应收账款成本上升；如果缩短信用期限，则可以降低应收账款成本，但也会一定程度上减少销售量，从而减少毛利。通常，如果企业延长信用期限所增加的边际收益大于增加的边际成本，就可以采用延长信用期限的信用条件；否则，就不能采用。一般来说，企业给予客户的信用期限越长，表明客户享受的信用条件越优越，对客户的吸引力也越强。但是，这同时又会增加企业的资金占用，加大企业的风险
现金折扣	现金折扣是指企业对客户在规定的优惠期限内提前支付货款而给予的一种现金收入扣减，它通常等于赊销额与现金折扣率的乘积。现金折扣是企业对客户在商品价格上所做的扣减，其主要目的是吸引客户为享受优惠而提前付款，缩短企业的平均收款期，也可借此扩大销售量，这是有利的一面，不利的一面是指价格折扣损失。企业采取什么样的现金折扣政策要结合信用期间来考虑，并分析折扣所带来的收益增量与成本孰高孰低，权衡利弊后确定最佳方案，具体计算方法与确定信用期间的方法和程式一致。尽管企业采用现金折扣的信用条件后，会大大缩短应收账款的平均收款期，降低相应的应收账款成本。但是，现金折扣同时也减少了企业的销售收入，降低了实际收益。因此，企业应在成本效益分析的基础上确定合适的信用条件。一般地讲，如果企业提供现金折扣后降低的应收账款成本大于现金折扣对收入的抵减额，就可以采用提供现金折扣的信用条件；否则，就不能采用
折扣期限	折扣期限是指企业为鼓励客户提前付款而给予享受现金折扣的一定优惠期间，如果客户超出这个期限付款则将不能获得现金折扣的好处

【例 7-2】河南省某大型日用品制造企业原来采用 30 日按发票金额付款的信用条件，现在，拟放宽信用期限，按发票金额不提供折扣，延长至 60 日。该企业的资金成本率为 15%，有关资料如表 7-16 所示。

表 7-16　信用条件备选方案

项　目	甲（30 日付款）	乙（60 日付款）
销售量（件）	100000	120000
单价（元）	5	5
赊销额（元）	500000	600000
销售成本：变动成本（每件 4 元）	400000	480000
固定成本（元）	50000	50000

项 目	甲（30日付款）	乙（60日付款）
毛利（元）	50000	70000
收账费用（元）	3000	4000
坏账损失（元）	5000	9000

要求：选择对企业有利的信用条件。

企业在决策过程中也可以采用差量分析法来比较放宽信用期限增加的收益与增加的成本之间的大小，然后做出选择，这个计算过程如表7-17所示。

表7-17　差量分析法比较

增加的收益	增加的收益＝增加的销售量×单位边际贡献＝（120000－100000）×（5－4）＝20000（元）
应收账款机会成本的增加额	30日信用期机会成本＝（500000÷360）×30×（400000÷500000）×15%＝5000（元） 60日信用期机会成本＝（600000÷360）×60×（480000÷600000）×15%＝12000（元） 机会成本增加额＝12000－5000＝7000（元）
收账费用和坏账损失增加额	收账费用增加额＝4000－3000＝1000（元） 坏账损失增加额＝9000－5000＝4000（元）
延长信用期的净收益	增加的收益－增加的成本＝20000－（7000＋1000＋4000）＝8000（元）

因为增加的收益大于增加的成本，所以，企业应采用延长信用期的信用条件，也就是采用信用期为60日的方案对企业有利。

【例7-3】现在仍以【例7-2】所列出的资料为例，如果该企业为加速收款，决定将信用条件改为"2/10，1/20，n/60"，我们把这个称为丙方案，按赊销额计算，估计约有50%的客户将利用2%的折扣；30%的客户将利用1%的折扣。假定在这个信用条件，销售量不变，坏账损失降为6000元，收账费用降为2000元。该企业能不能改变原来的信用条件？

根据上面的资料，我们可以计算出乙、丙两种信用条件方案净收益，如表7-18所示。

其中：方案丙的现金折扣＝600000×（2%×50%＋1%×30%）＝7800（元）

机会成本＝（600000÷360）×（10×50%＋20×30%＋60×20%）×（480000÷600000）×15%＝4600（元）

表 7-18　两种信用条件方案净收益计算

单位：元

项　目	方案乙	方案丙
赊销额	600000	600000
减：现金折扣	—	7800
赊销净额	600000	592200
减：变动成本总额	480000	480000
固定成本	50000	50000
毛利	70000	62200
减：机会成本	12000	46000
坏账成本	9000	6000
收账费用	4000	2000
净收益	45000	49600

通过表 7-18 计算的结果可知，方案丙的净收益 49600 元，比方案乙的净收益 45000 元高，因此，企业可以改变原来的信用条件，而采用新的信用条件。

其实，上面的分析也可以通过将方案丙提供现金折扣所降低的应收账款成本总和 12400 元：[(12000-4600)+(9000-6000)+(4000-2000)] 与现金折扣减少的收入额 7800 元进行比较，前者大于后者，因此，方案丙可行，其结论与上面的列表分析方法相同。

三、采取正确的收账政策

收账政策是指有些客户违反信用条件，拖欠或者拒付款项时，企业所采取的收账策略和措施。如果企业采取积极的收账政策，就会减少资金占用和坏账损失；如果企业采取消极的收账政策，则可能会增加应收账款投资，增加坏账损失及应收账款的机会成本，但会减少收账费用。一般来说，企业的收账费用支出越多，机会成本和坏账损失越少，但这两者并不一定存在线性关系。如果前者小于后者，则采用积极的收账政策；反之，则采用消极的收账政策或维持原来的收账政策。因此，企业在制定收账政策时，会充分考虑应收账款的机会成本和坏账损失与收账费用之间的这种此消彼长的关系，做到以最小的成本获取最大的收益。如图 7-11 所示。

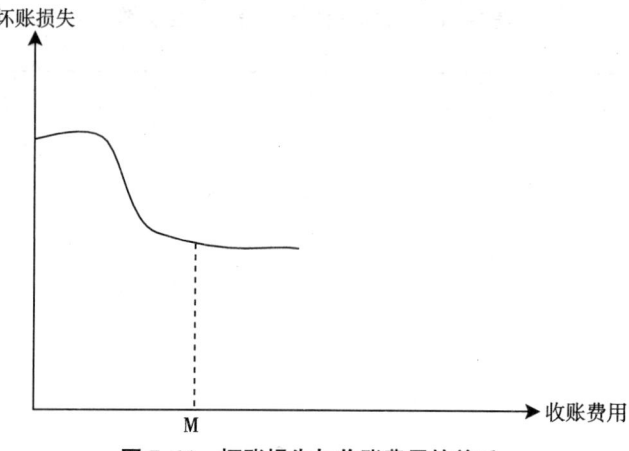

图 7-11 坏账损失与收账费用的关系

图 7-11 中，M 点称为收账费用的饱和点，在这一点之前，随着收账费用的增加，应收账款和坏账损失呈逐渐减少的趋势；当收账费用达到 M 点时，应收账款和坏账损失的减少就不再明显了。因此，企业在制定收账政策时，要在增加收账费用与减少坏账损失、减少应收账款机会成本之间进行比较、权衡，以前者小于后者为基本目标，掌握好宽严界限，拟定可取的收账计划。同时，销售人员在工作中也应严格遵守企业制定的正确的收账政策。

下面我们通过实例来说明如何采取正确的收账政策。

【案例 7-4】河南某大型机械公司拟变更收账政策，其当前收账方案和新方案有关资料如表 7-19 所示。

表 7-19　收账政策备选方案资料

项 目	当前方案	新方案
收账费用（万元）	40	50
平均收账期（天）	90	60
坏账损失率（%）	5	3

假设该企业的年赊销额是 300 万元，变动成本占销售额的比重为 80%，资金成本率为 10%，试问，这个企业能否变更收账政策？

根据表 7-19 资料计算和决策过程，可以知道：

当前方案应收账款的机会成本 = 300 ÷ 360 × 90 × 80% × 10% = 6（万元）

新方案应收账款的机会成本$=300\div360\times60\times80\%\times10\%=4$（万元）

采用新方案减少机会成本$=6-4=2$（万元）

当前方案应收账款的坏账损失$=300\times5\%=15$（万元）

新方案应收账款的坏账损失$=300\times3\%=9$（万元）

采用新方案减少坏账损失$=15-9=6$（万元）

可见，采用新方案减少的机会成本和坏账损失合计为8（即：2＋6）万元，小于增加的收账费用10（即：50－40）万元，因此，该企业不能变更收账政策。

企业在制定收账政策时，要在增加收账费用与减少坏账损失、减少应收账款机会成本之间进行比较、权衡，以前者小于后者为基本目标，掌握好宽严界限，拟定可取的收账计划。

第八章　销售人员如何掌控现金和现金流

第一节　看透现金和现金流

在业务往来过程中，和现金打交道成了销售人员每天的"家常便饭"，同时，现金流通在销售工作中也体现得极为频繁。那么，什么是现金？什么是现金流？想必很多销售人员都回答不上来。这一节我们就帮助销售人员揭开现金和现金流的"面纱"，看透现金和现金流。

一、现金

现金（Cash），是指可以立即投入流通的交换媒介。它具有普遍的可接受性，可以有效地立即用来购买商品、货物、劳务或偿还债务。

如果仅仅相对于企业而言，现金又称库存现金，是指存放在企业并由出纳人员保管的现钞，包括库存的人民币和各种外币，是可由企业任意支配使用的纸币、硬币。它可以随时用来购买所需物资、支付日常零星开支、偿还债务等，是企业中流通性最强的一种货币性资产。现金是我国企业会计中的一个总账账户，在资产负债表中并入货币资金，列作流动资产，但具有专门用途的现金只能作为基金或投资项目列为非流动资产。

总的来看，从国际惯例、会计范畴和理论上而言，现金的几种含义如图8-1所示。

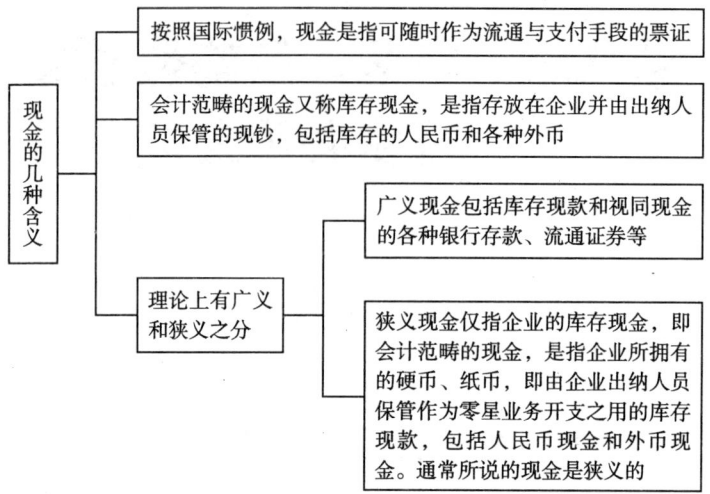

现金的几种含义

- 按照国际惯例，现金是指可随时作为流通与支付手段的票证
- 会计范畴的现金又称库存现金，是指存放在企业并由出纳人员保管的现钞，包括库存的人民币和各种外币
- 理论上有广义和狭义之分
  - 广义现金包括库存现款和视同现金的各种银行存款、流通证券等
  - 狭义现金仅指企业的库存现金，即会计范畴的现金，是指企业所拥有的硬币、纸币，即由企业出纳人员保管作为零星业务开支之用的库存现款，包括人民币现金和外币现金。通常所说的现金是狭义的

图8-1　现金的几种含义

特别需要指出的是，现金流量管理中的现金，不是我们通常所理解的手持现金，而是指企业的库存现金和银行存款，包括现金、可以随时用于支付的银行存款和其他货币资金。还包括现金等价物，即企业持有的期限短、流动性强、容易转换为已知金额现金、价值变动风险很小的投资等。另外，一项投资被确认为现金等价物必须同时具备四个条件：期限短、流动性强、易于转换为已知金额现金、价值改动风险小。

二、现金流

现金流是现金流量的简称。现金流量，我们又称它为现金流动或者现金流转，它是一个复合词，由"现金"和"流量"两个词组成。与我们通常所讲的库存现金不同，现金流量里所说的"现金"借用的是西方会计中的现金概念，它不仅包括我们通常所讲的库存现金，还包括银行存款、外埠存款、银行本票存款、银行汇票存款，另外还包括期限较短、流动性强、风险很小的投资，即现金等价物（约当现金）。

此外，有的国家如美国，还把商业票据纳入"现金"之列，那是因为票据可以背书转让或向银行贴现，这里的"流量"包括流入量、流出量和净流量三个部分。由于净流量为流入量减去流出量的差额，所以，通常讲的流量是指流入量与流出量。

可见，现金流量的概念不是唯一的。如表8-1所示。

表8-1 现金流量的几种定义

定义来源	具体定义
国际会计准则委员会对现金流量的定义	现金流量就是现金及现金等价物的流入和流出，排除汇率变动对现金及现金等价物的影响，因为汇率的变动实质上不涉及现金流量的流入与流出
美国对现金流量的定义	现金流量是由交易引起的现金及现金等价物的增加或减少
英国对现金流量的定义	现金流量是由交易引起的现金的增加或减少，没有现金等价物的概念
我国会计准则中对现金流量的定义	现金流量是指企业因交易或其他事项而引起的现金增加或减少量，即现金流入和流出的数量

其实，简单地说，现金流量就是企业现金增加或减少的数量。

在投资决策中，现金流量是指一个项目引起的企业现金支出和现金收入增加的数量。这里的"现金"是指广义的现金，不仅包括各种货币资金，而且包括项目需要投入的企业现有的非货币资源的变现价值。现金流量以收付实现制为基础，以反映广义现金运动为内容，是评价投资项目是否可行时必须事先计算和掌握的一个基础性指标。因此，可以说，现金流量是计算投资决策评价指标的主要依据和关键信息。

从对现金流量的理解中可以看出，现金流量是企业按现金收付制所反映的现金流入量、流出量和时间的总称。从内容上看，现金流量由现金流入量、现金流出量和现金净流量三部分构成。如图8-2所示。

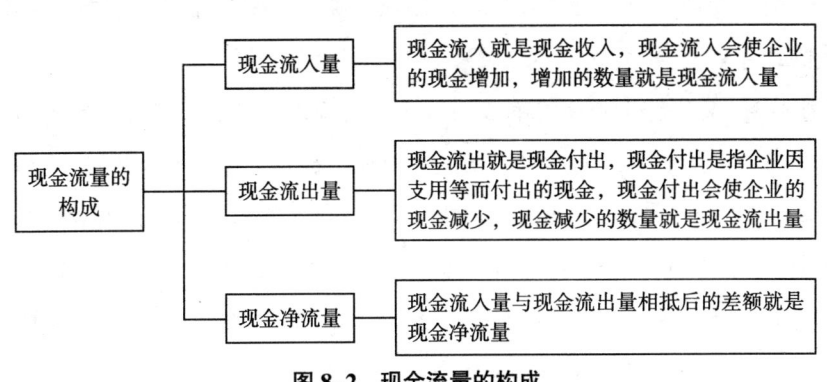

图8-2 现金流量的构成

下面这个案例表明，一个方案的现金流入量，是指该方案引起的企业现金收入的增加额。

【例8-1】 某大型企业要购置一条生产线，这家企业通常会引起下列现金流入：

（1）营业现金流入。购置生产线扩大了企业的生产能力，使企业销售收入增加。

（2）该生产线出售（报废）时的残值收入。资产出售或报废时的残值收入，是由于当初购置该生产线引起的，应当作为投资方案的一项现金流入。

（3）收回的流动资金。该生产线出售（或报废）时，企业可以相应减少流动资金，收回的资金可以用于别处，因此，应将其作为该方案的一项现金流入。

下面这个案例表明，一个方案的现金流出量，是指该方案引起的企业现金支出的增加额。

【例8-2】 某大型企业购置了一条生产线，这家企业通常会引起下列现金流出：

（1）购置生产线的价款。此价款可能是一次性支出，也可能分几次支出。

（2）生产线的维护、修理等费用。在该生产线的整个使用期限内，会发生保持生产能力的各种费用，它们都是由于购置生产线引起的，应列入该方案的现金流出量。

（3）垫支流动资金。由于该生产线扩大了企业生产能力，引起对流动资产需求的增加。企业需要追加的流动资金，也是购置该生产线引起的，应引入该方案的现金流出量。只有在营业终了或出售（报废）该生产线时才能收回这些资金，并用于别的目的。

为了能对投资项目进行正确评价，必须正确计算现金流量。下面举例说明现金流量的计算方法。

【例8-3】 某饮料生产公司准备购入一项设备以扩充生产能力。现在有A、B两个方案可以进行选择。A方案投资总额1000万元，有效期限为5年，采用直线法计提折旧，5年后无残值。每年销售收入1000万元，付现成本600万元。B方案投资总额1200万元，有效期限为5年，采用直线法计提折旧，5年后残值收入为200万元。投产开始时垫付流动资金200万元，结束时收回。每年销售收入1200万元，第一年付现成本700万元，以后每年增加30万元。假设所得税税率为40%，计算两个方案的现金流量。

接下来，让我们一起来计算两个方案的每年折旧额：

A方案的每年折旧额＝1000÷5＝200（万元）

B方案的每年折旧额＝(1200－200)÷5＝200（万元）

以下用表8-2和表8-3计算A方案、B方案的营业现金流量和全部现金流量。

表8-2　投资项目的营业现金流量的计算

单位：万元

方案＼年度	第一年	第二年	第三年	第四年	第五年
A方案					
销售收入（1）	1000	1000	1000	1000	1000
付现成本（2）	600	600	600	600	600
折旧（3）	200	200	200	200	200
税前利润（4）＝（1）－（2）－（3）	200	200	200	200	200
所得税（5）＝（4）×40%	80	80	80	80	80
税后净利（6）＝（4）－（5）	120	120	120	120	120
现金流量（7）＝（3）＋（6）	320	320	320	320	320
B方案					
销售收入（1）	1200	1200	1200	1200	1200
付现成本（2）	700	730	760	790	820
折旧（3）	200	200	200	200	200
税前利润（4）＝（1）－（2）－（3）	300	270	240	210	180
所得税（5）＝（4）×40%	120	108	96	84	72
税后净利（6）＝（4）－（5）	180	162	144	126	108
现金流量（7）＝（3）＋（6）	380	362	344	326	308

表8-3　投资项目的全部现金流量的计算

单位：万元

方案＼年度	第零年	第一年	第二年	第三年	第四年	第五年
A方案						
固定资产投资	－1000					
营业现金流量		320	320	320	320	320
现金流量合计	－1000	320	320	320	320	320
B方案						
固定资产投资	－1200					
流动资产投资	－200					

方案 \ 年度	第零年	第一年	第二年	第三年	第四年	第五年
营业现金流量		380	362	344	326	308
固定资产残值						200
流动资金回收						200
现金流量合计	-1400	380	362	344	326	708

从形态上看，现金净流量表现为滞留在企业内部的现金存量。假如我们把企业作为一个池子，而把现金比作水，那么，现金流入量就是流入这个池子的水，而现金流出量就是流出这个池子的水，而现金净流量就是流入的水减去流出的水后池子里增加的水。

上面这个生动的比喻可以用图 8-3 表示：

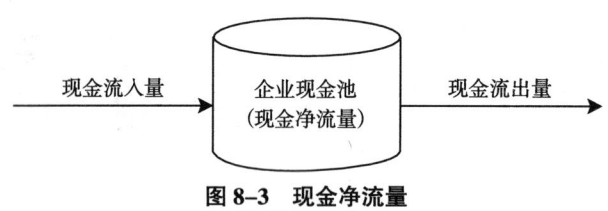

图 8-3　现金净流量

不难发现，现金流呈现的是一个动态的过程。因此，对于企业来说，总是不断有现金流入，同时又不断有现金流出，而流入的数量可能大于流出的数量，也有可能小于流出的数量，还有可能等于流出的数量。因此，现金净流量可能是正数、负数，也可能是零。如图 8-4 所示。

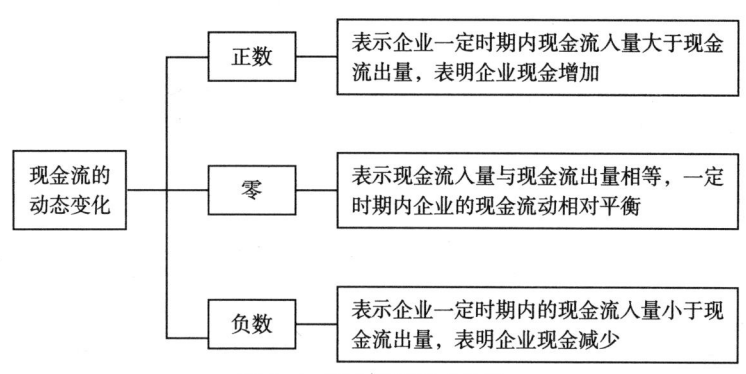

图 8-4　现金流的动态变化

实际上，现金流动相对平衡的情况在企业中极少出现，而现金流动的不平衡性却经常发生，这也就是要加强现金流量管理的初衷及必要性。

知识链接

任正非：华为的"棉袄"就是现金流
——华为总裁任正非 2002 年在公司会议上的讲话

谁消耗得最慢，谁就能活到最后，市场就是这种规律——华为经营哲学。

看看美国的现状：现在整个网络投资极度过剩，没有销售空间。大公司都没有生存空间了，小公司更加困难。大公司为什么死不了？是银行不让它死，不是它自己不想死。马可尼之所以宣布破产，其实就是和银行谈判失败——再借它 30 亿英镑，2004 年后把毛利提高到 24%（这个数值是很低的）；不借它 30 亿英镑，它就宣布破产，宣布破产后就可以赖账。最后和银行谈判失败，它就宣布破产了。环球电信破产了，银行就被套住了。这种连环性的社会影响还会在相当长一段时间内才能结束。在这种情况下，我们公司要以守为攻。

大家总说"华为的冬天"，那"棉袄"是什么？就是现金流。存在银行、仓库的钱算不算现金流呢？算，但总是会坐吃山空的。所以必须要有销售额。大家有时对销售额的看法有问题。大家以为我卖的设备原来是 100 元钱，我 90 元卖掉了就亏 10 元，这种合同坚决不做。但是如果坚决不做，公司就亏损了 23 元，因为所有的费用都分摊了，在座的开会用的桌子、屁股坐的椅子费用都分摊进去了，还要多拿 23 元贴进去才能解决这个问题，甚至可能还不止这个数。如果亏了 10 元钱卖，能维持多长时间呢？就是消耗库存的钱。消耗、消耗、消耗，看谁能耗到最后，谁消耗得最慢，谁就能活到最后。市场就是这种规律。所以说，现在对现金的把握是非常重要的。

几年前，我组织市场财经部，大家死都不愿意去，现在一看，市场财经部的人，哗啦啦老升官、升高官、到国外升官。大家看市场财经部的人升得很快，心里不舒服。没办法，不升他升谁呀？不升他，在国外那么大的合同，钱拿不回来怎么办？那是"棉袄"啊！大家（的思想）一定要转变啊！现在有市场经验的人

也可以转到市场财经部，用你的思维方法做这个事的话，你会更有前途。纯粹的财务人员就没有市场人员有前途。因为在国外做销售有两个条件：一是把技术澄清，讲清楚是怎么一回事；二是把商务澄清，商务澄清就是商务承诺，讲好融资条件和手段。现在国外销售前景越来越清晰，证明几年前成立市场财经部的建设是正确的。

现金流必须要有销售规模来支持。现在一投标，西方公司的价格与我们差不多，我们有什么优势，我们没有优势。我们以前说我们的优势是质量高价格低，现在价格低不敢说了，再说价格低就亏得厉害了。我们的优势在一定程度上消失和衰退。但是我们还是有比较好的方法手段。只要多（接上）几口气，我们就活过来了。"家有粮，心不慌"，在深圳，口袋里有钱，心就不慌。在最关键的历史时刻，我们一定要重视现金流对公司的支持。在销售方法和销售模式上，要改变以前的粗放经营模式。我宁肯卖得低一些，一定要拿到现金。这个冬天过去，没有足够现金流支撑的公司，在春天就不存在了。这个时候我们的竞争环境就会有大幅度的改善。西方公司由于巨大的财务泡沫而影响巨大，它们自己已经乱了阵脚。乱了阵脚我们做什么呢？乘胜追击，争取更多的市场、更多的机会，我们就能活到春天，活到春天，我们存的粮食吃光了，再种。

我认为大家要帮助安圣的工作。我认为，以后这种市场分析会应该通知安圣每个办事处都来一个主任培训培训。我们现在账上还有几十亿元现金存着，是谁送给我们的，是安圣，人家给我们送来"棉袄"够我们穿两年的啊！我们怎么能在"穿着棉衣暖和"的时候，忘了"做棉衣"的人，这怎么行啊！

第二节　现金管理的有关规定

现金，在销售工作中扮演着非常重要的角色，做好现金管理是销售人员的重要职责之一。那么，如何才能做好现金管理呢？这就要懂得并遵守现金管理的有关规定。

一、现金管理的原则

依据《现金管理暂行条例》规定，现金管理的原则如图 8-5 所示。

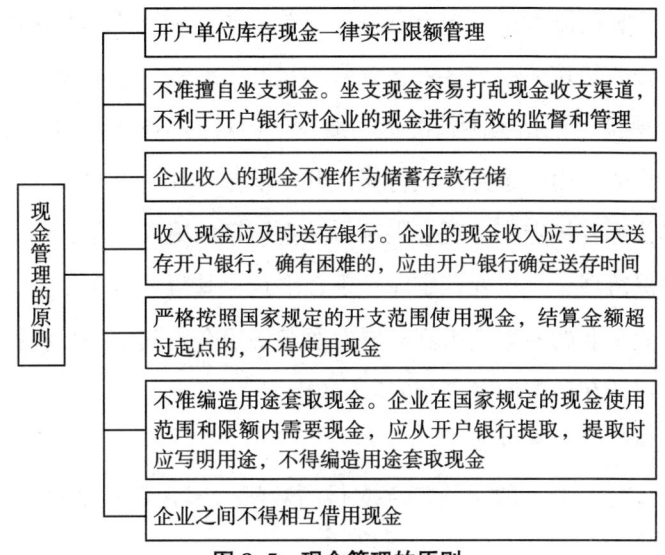

图 8-5　现金管理的原则

二、现金开支使用范围

按照国务院发布的《现金管理暂行条例》规定，开户单位可以在下列范围内使用现金，如图 8-6 所示。

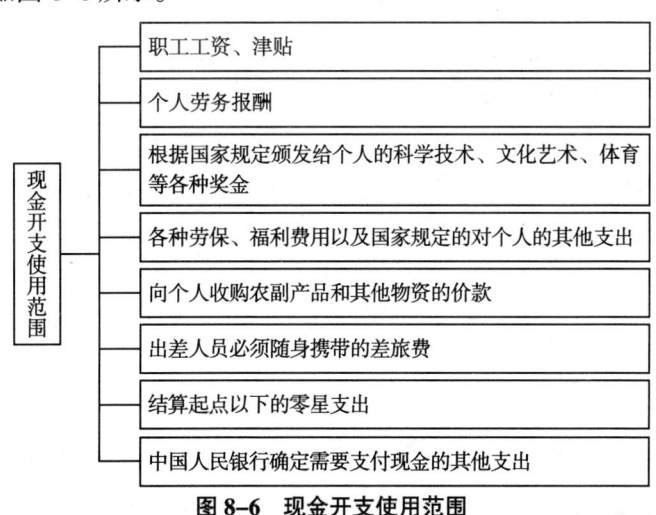

图 8-6　现金开支使用范围

三、核定库存现金限额

库存现金限额，是指为保证各单位日常零星支付按规定允许留存的现金的最高数额。库存现金的限额由开户行根据开户单位的实际需要和距离银行远近等情况核定。其限额一般按照单位 3~5 天日常零星开支所需现金确定。远离银行机构或交通不便的单位可依据实际情况适当放宽，但最高不得超过 15 天。一个单位在几家银行开户的，由一家开户银行核定开户单位库存现金限额。凡在银行开户的独立核算单位都要核定库存现金限额；独立核算的附属单位，由于没有在银行开户，但需要保留现金，也要核定库存现金限额，其限额可包括在其上级单位库存限额内；商业企业的零售门市部需要保留零备用金，其限额可根据业务经营需要核定，但不包括在单位库存现金限额之内。

库存现金限额的计算方式：

库存现金＝前一个月的平均每天支付的数额（不含每月平均工资数额）×限定天数

核定库存现金限额是现金管理的一项重要制度。办理库存现金限额的一般程序为：

首先，填制现金库存限额申请批准书格式如表 8-4 所示。

表 8-4　现金库存限额申请批准书

填制单位：　　　　　　开户银行：　　　　　　账号：　　　　　　单位：元

项　目	申请数	核定数	说　明
库存限额 其中：分限额 1. 出纳 2. 总务 3. 采购 …… ……			财务出纳部门每天平均零星开支的现金 _____ 元
申请单位 （盖章） 年　月　日	主管部门意见 （盖章） 年　月　日	银行审查意见 （盖章） 年　月　日	

然后，报送开户银行签署审查批准意见和核定数额。库存现金限额经银行核定批准后，开户单位应当严格遵守，每日现金的结存数不得超过核定的限额。如

库存现金不足限额时，可向银行提取现金，不得在未经开户银行准许的情况下坐支现金；库存现金限额一般每年核定一次，单位因生产和业务发展、变化需要增加或减少库存限额时，可向开户银行提出申请，经批准后，方可进行调整，单位不得擅自超出核定限额增加库存现金。

四、现金管理的"八不准"

按照《现金管理暂行条例》及其实施细则的规定，企业、事业单位和机关、团体、部队现金管理应遵守"八不准"。这"八不准"的详细内容如图 8-7 所示。

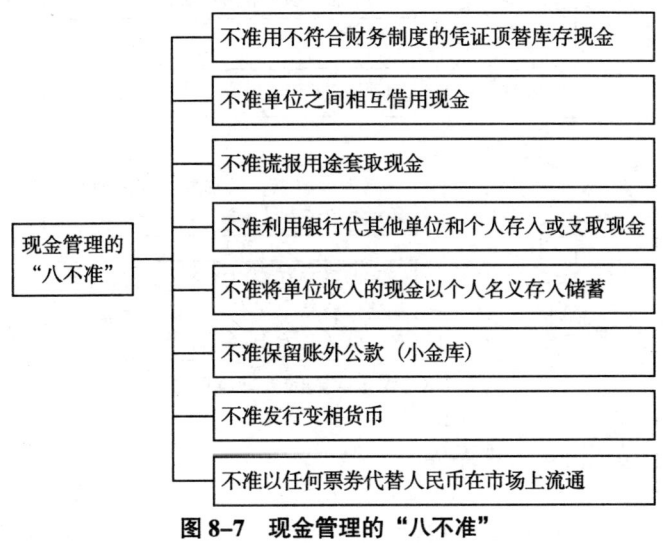

图 8-7 现金管理的"八不准"

开户单位如有违反现金管理"八不准"的任何一种情况，开户银行可按照《现金管理暂行条例》的规定，有权责令其停止违法活动，并根据情节轻重给予警告或罚款。

第三节 现金销售应注意的问题

现金销售，顾名思义就是以现金支付的方式产生的销售行为。现金销售在销

售活动中极为常见，但也常常会出现各种问题。因此，销售人员必须注意现金销售中产生的各种问题。

一、现金收入的处理程序

现金收入的处理程序是指办理现金收入时，从复核现金收入的来源到登记现金日记账的处理步骤和规则。因此，销售人员办理现金收入业务时应注意按照以下处理程序，如图8-8所示。

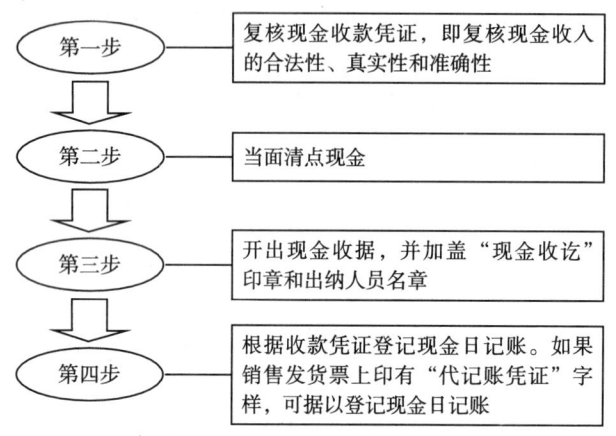

第一步	复核现金收款凭证，即复核现金收入的合法性、真实性和准确性
第二步	当面清点现金
第三步	开出现金收据，并加盖"现金收讫"印章和出纳人员名章
第四步	根据收款凭证登记现金日记账。如果销售发货票上印有"代记账凭证"字样，可据以登记现金日记账

图8-8　现金收入的处理程序

二、现金支出的处理程序

现金支出的处理程序是指办理现金支出时，从填制原始凭证到登记相关分类账的处理步骤和规则。因此，销售人员办理现金支出业务时应注意按照处理程序，如图8-9所示。

三、现金收款、付款中常见的差错

销售人员在现金收款、付款中一定要注意以下几种常见的差错，如图8-10所示。

四、查找现金差错的方法

关于如何查找现金差错，销售人员可以向专业的出纳员学习。出纳员查找现

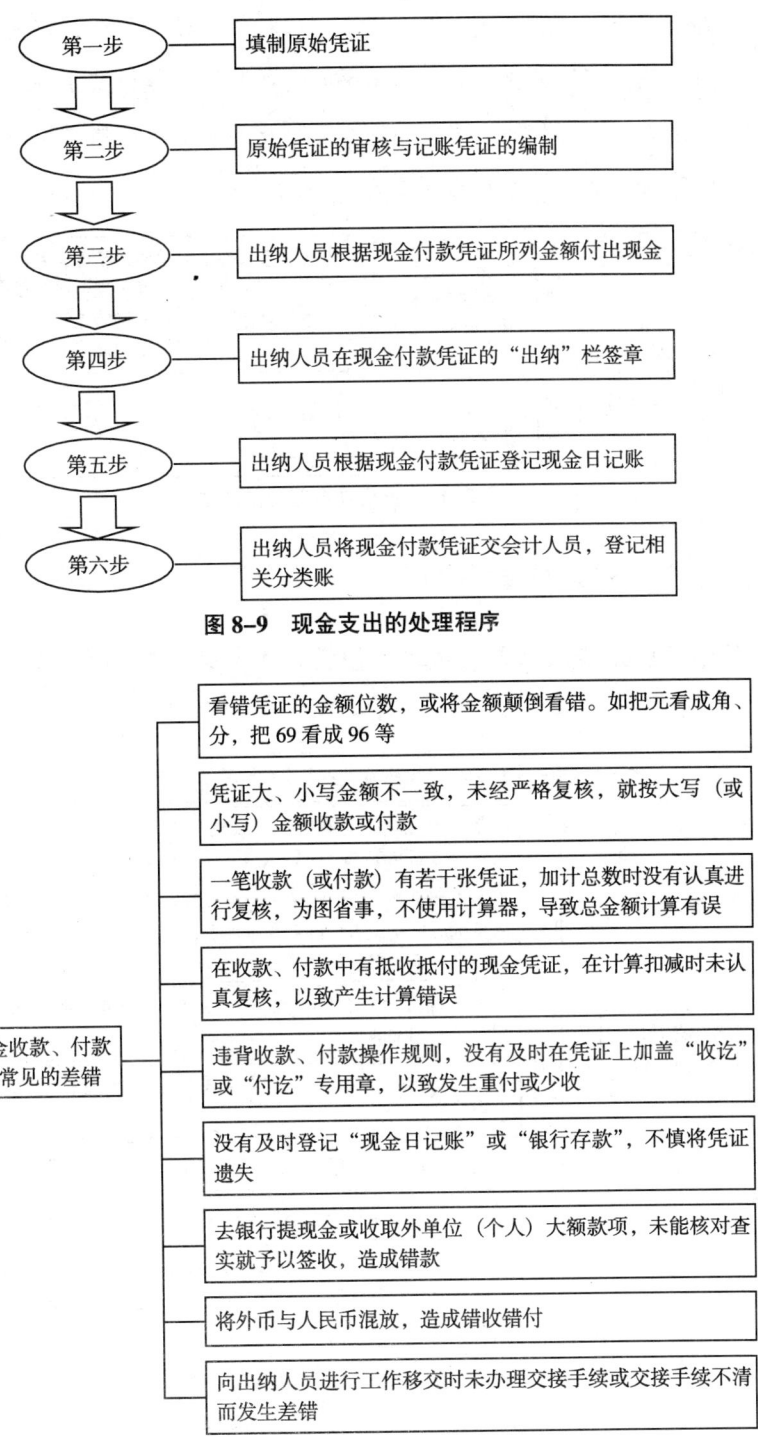

图 8-9　现金支出的处理程序

图 8-10　现金收款、付款中常见的差错

金差错时都有一套自己的方法。他们对账时，如发现现金差错，首先要根据差数多少和特点，确定查找方法。如当天出纳收付数与记账收付数相符，就确定现金保管没有出现差错；如数字不符，而差额数字正好是出纳对账时相关的金额，就要确定查账或查凭证。具体方法如图 8-11 所示。

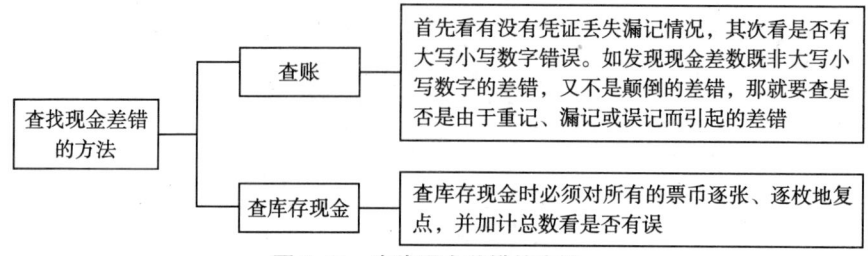

图 8-11 查找现金差错的方法

五、收款中造成差错的原因

收款中造成差错的原因有很多，但销售人员必须特别注意以下原因，如图 8-12 所示。

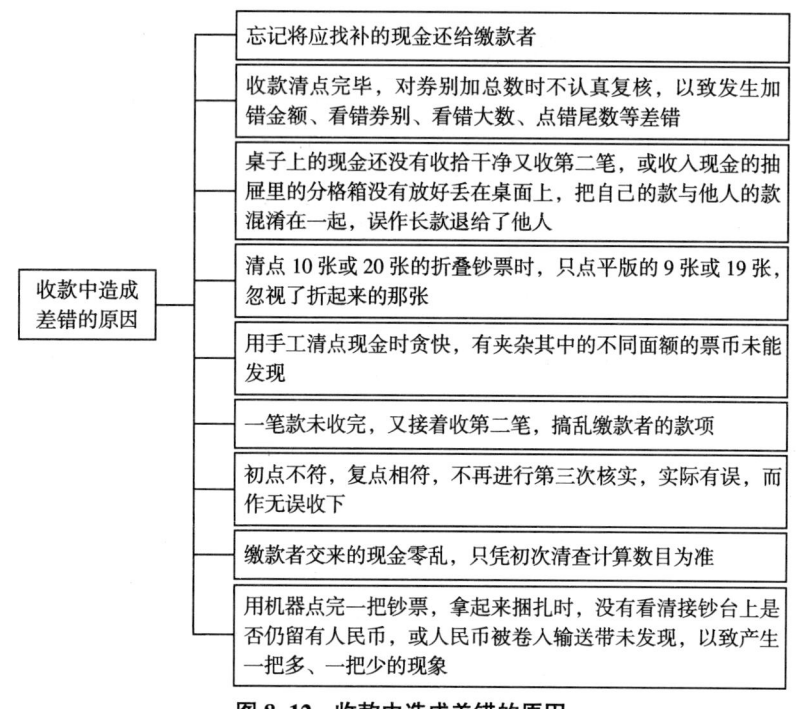

图 8-12 收款中造成差错的原因

六、付款中造成差错的原因

付款中造成差错的原因有很多，但销售人员必须特别注意以下原因，如图 8-13 所示。

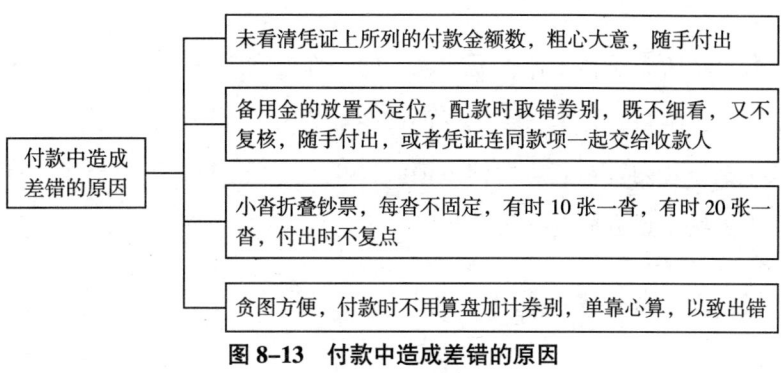

图 8-13 付款中造成差错的原因

七、现金收付业务容易发生差错的时间

现金收付业务容易发生差错的时间主要有以下几种（见图 8-14），销售人员在这段时间工作时务必要特别留心，以防给自己、他人和企业带来不必要的损失。

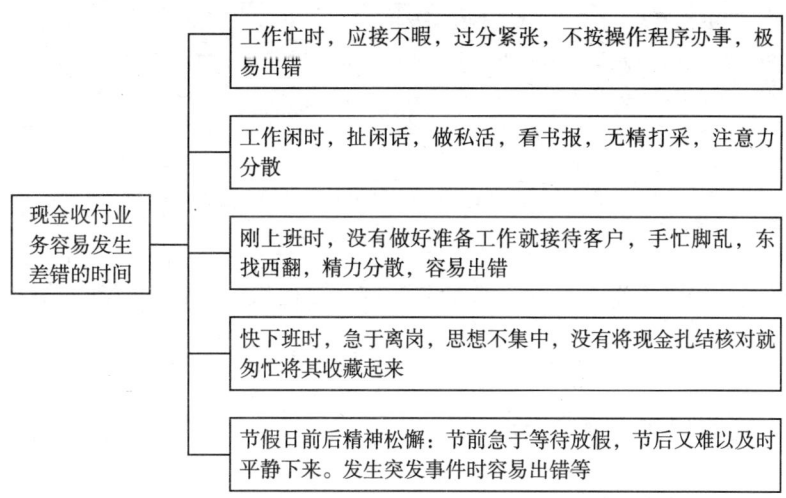

图 8-14 现金收付业务容易发生差错的时间

总之，销售人员在现金销售中一定要谨小慎微、认真细心地做好本职工作。

第四节　差旅费及报销流程和规定

差旅费是销售人员在工作中需要经手的一部分重要费用，也是企业的一项重要的经常性支出项目。几乎每家企业都会实行差旅费报销制度。那么，差旅费的开支范围包括哪些内容？差旅费的报销流程和规定是怎样的？这一节，我们就来帮助销售人员熟悉这方面的知识。

一、差旅费的开支范围

差旅费的开支范围一般包括交通费、住宿费、伙食补助费、邮电费、行李运费和杂费等，如表8-5所示。

表8-5　差旅费的开支范围

开支范围	具体内容
交通费	是指出差人员乘坐火车、飞机、轮船以及其他交通工具所支付的各种票价、手续费及相关支出
住宿费	是指出差人员因住宿需支付的房租及其他相关支出
伙食补助费	是指由于出差人员在外期间伙食费用较高等原因而按一定标准发给出差人员的补贴
邮电费	是指出差人员在出差期间因工作需要而支付的各种电话费、电报费、邮寄费等费用
行李运费	是指出差人员由于工作需要而需要携带较多行李时支付给铁路、民航、公路等运输单位的行李运输、搬运等费用
杂费	是指出差人员由于工作需要支付的除上述费用以外的其他费用

销售人员到财务部报销时常常都是在这些方面报销，除此之外一般不列入报销范围。

二、差旅费报销流程与规定

1. 差旅费报销流程

差旅费报销流程如图8-15所示。

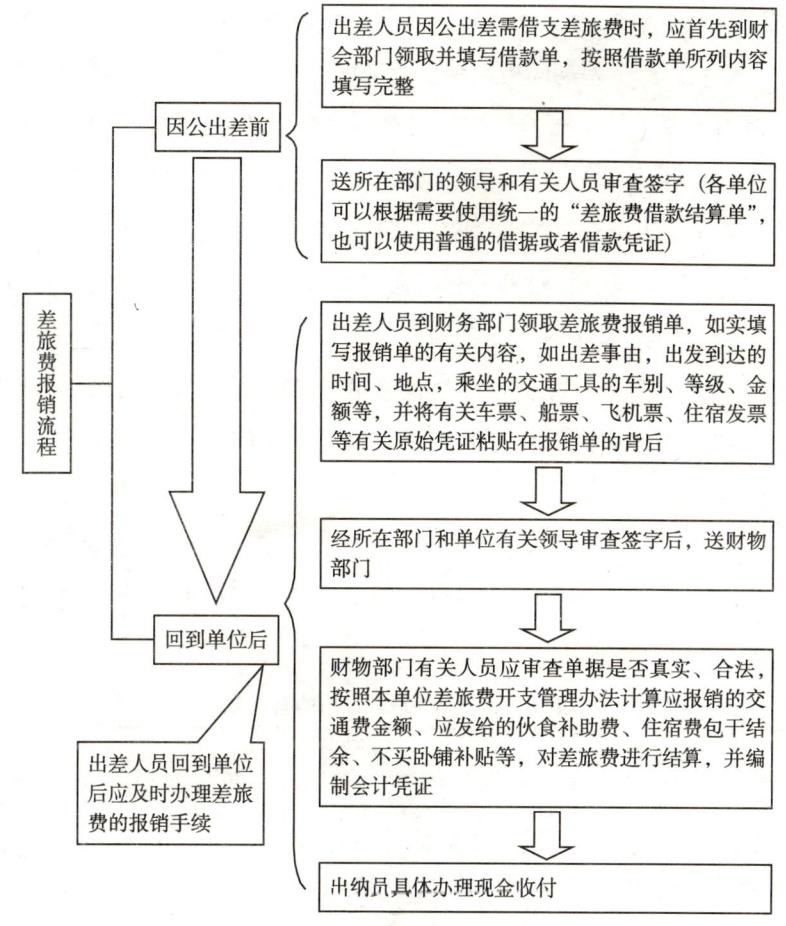

图 8-15　差旅费报销流程

2. 差旅费报销规定

对于差旅费的开支可以实行不同的管理办法。

各行政机关、事业单位、部队等一般都要求实行总额包干办法，即出差人员的住宿费、交通费、伙食补助费等实行分项计算，总额包干，调剂使用，节约奖励，超支不补的办法。对交通费、住宿费、伙食补助费等规定一定的包干标准，超过标准部分由出差人员自理，低于标准部分按一定比例发给出差人员作为奖励。

企业单位一般实行的是实报实销办法，也有的参照行政机关实行总额包干办法，还有一些企业单位会根据上级主管部门和本单位的具体情况，制定本单位人员的差旅费开支管理办法，以便于本单位有关人员遵照执行。

各单位制定本单位的差旅费开支管理办法时一般都规定有差旅费的开支标准。比如，出差人员出差期间可以乘坐卧铺而不买卧铺票的，按硬席座位票价的一定比例发给出差人员；出差伙食补助费不分途中和住勤，每人每天补助标准，一般地区 20 元，特殊地区 30 元等。

出纳人员应按规定对报销单据和记账凭证进行审核复算，如交通费、住宿费金额是否符合规定标准，伙食补助费、住宿费包干结余、不买卧铺补贴等的计算是否正确，记账凭证和报销单的金额是否一致等，审核无误后方可办理现金收付。对实行定额备用金的，按实际报销金额全部用现金付给报销单位或工作人员，实行非定额备用金的，将出差人员多借的现金收回，少借的部分补给出差人员。

表 8-6 是某公司差旅费报销的有关规定（为了合理控制差旅费，有效降低成本费用，本着"费用包干，超支自付"原则，经公司研究，特制定差旅费控制规定）。

表 8-6　某公司差旅费报销的有关规定

名称	具体内容
某公司差旅费报销的有关规定	出差实行审批制度，出差人员出差，由其填写申请（写明事由、时间等），所在单位负责人批准报分管副经理批准后，方可出差；不按规定办理的不予报销，费用自理
	差旅费必须当月发生，当月报销，当月不能返回报销的须经董事长或总经理批准同意后于次月报销；否则过期不予报销，票据作废，费用自理
	出差人员车票及补助费按一个往返填写一张报销凭证，超过范围和规定标准的部分不予报销；会议安排的住宿和陪同客人一起住宿的，超标准部分经董事长或总经理批准，方可报销
	出差实行只往返车票、火车票补助和每天给予的规定费用补助（补助包括住宿费、市区内交通费、通信费、生活补助等）。出租车费原则上一律不予报销。如有特殊情况事前必须请示总经理，报销时总经理在出租车票上签字方可办理
	不同单位人员一起出差的要分别填写、报销
	承包单位人员从事承包内容以外的额外工作，所发生的差旅费由公司承担，须由董事长批准后报销
	差旅费报销时，有经办人填写"差旅费报销单"，经单位负责人签字，审计人员签字或盖章，分管副总签字，报董事长（总经理）审批，财务副总签批后，到财务部报销。审计人员可按合理审减额提成，如出现敷衍了事，一经查出，对审计人员处于违规金额一倍的处罚。报销时，员工应填写"差旅费报销单"，并附有车、船、机票、住宿单等需报销的发票，住宿单据一定要填写齐全，如住宿人、时间、天数、人数等，否则不予报销
	乘坐火车软卧、轮船二等以上舱位、游轮、飞机、豪华卧铺汽车事前须总经理请示，报销时有总经理签字批准；否则，费用自理
	一次报销费用超过 500 元的，必须有董事长批准
	费用报销时，财务账面有借款的，要先冲销借款，不得支付现金

表 8-6 中的规定想必很多销售人员都很熟悉。然而，光熟悉还不够，在实际工作中，销售人员还应提高自身的思想、道德素养，严格遵守公司关于差旅费报销的规定，不该自己多拿的一点不拿，不贪图公司的便宜，做一名合格而优秀的员工。

第五节　人民币的防伪与鉴别

人民币是我国唯一的法定流通货币，销售人员工作中经手的现金主要是人民币。目前，在流通领域中出现了一些伪造的人民币。因此，为了避免收到假人民币，保护企业现金的安全，防止发生经济损失及后果自负，销售人员必须掌握一些人民币防伪与鉴别的常识。

一、假币的类型

1. 伪造的人民币

伪造的人民币是指依据真币的用纸、图案、水印和安全线等的原样，运用各种手段模仿而制造出的假币。这种假币的识别比较困难，尤其是国外一些不法集团用现代高科技手段制造出的假币，几乎可以乱真。但是，只要我们掌握了真币和假币的主要特点，通过细心检查，一般还是能够区分出真伪的。如表 8-7 所示。

表 8-7　伪造人民币的类型及特征

类型	特征
机制假币	这种假币采用的是普通胶版纸，纸张弹性较差；纸张内无水印图案，票面上的水印是用浅色油墨加盖在纸面上的，模糊不清；主景图案层次不丰富；在紫外灯下有明显的荧光反应，且水印发暗，和纸张本身的荧光相比显得发黑
复印假币	这种假币采用的是复印机专用纸，弹性差，手感光滑；使用的墨粉与印钞时用的油墨完全不同，而且在空白处通常会有少量墨粉；正反面出现色差，正面人像偏红或偏黄；水印是用白色油墨加盖在背面的；在紫外灯下有明显的荧光反应；复印出来的线条不很光洁、整齐，用放大镜看会发现毛边
拓印假币	纸质差，不挺括，纸张由三层组成，正背两面各为一张薄纸，且在纸面上涂了一层油渍，中间为一层白纸；水印描绘在中间的那层白纸上；在紫外灯下有明显的荧光反应；大小一般要比真币小

类型	特 征
手工刻印或刻版印刷的假币	纸质无弹性，由正反两面粘合而成；水印为手工描绘而成，模糊不清；在紫外灯下有强烈的荧光反应；油墨无光泽，色彩暗淡
照相版假币	纸面光滑，人像、图案无立体感，墨色有色差，手工描绘水印失真较大
石、木版印制假币	手工制版，人像、图案粗糙、失真，水印多为描绘
剪制假币	从有货币图案的印刷品中剪制的货币，纸张异于真币

2. 变造的人民币

变造的人民币是指利用各种方法，对真币进行加工处理，改变其原有形态，并使其升值的假币。这种假币只要留心检查是很容易识别的。变造人民币的类型及特征如表 8-8 所示。

表 8-8　变造人民币的类型及特征

类型	特 征
揭张变造币	将真币经过处理，揭开为正背面两张，再在另一面贴上其他纸张，折叠混用。这种假币的主要特征是：揭张后的钞票比原有的钞票纸质薄，挺度差。只要将其伸开，正反面对比一看就可发现
拼凑变造币	用剪贴的方法，将多张真钞经过拼凑，多拼出张数以达到非法牟利的目的。其主要特征是：拼出的钞票一般比真钞短一截，且花纹不衔接，背面有纸条或叠压粘贴的痕迹

二、可疑人民币的特征

在销售工作中，销售人员可能会遇到一些可疑人民币。其特征如表 8-9 所示。

表 8-9　可疑人民币的特征

可疑点	特 征
纸质	可疑人民币一般纸质过厚、过薄、过滞涩、过光滑、过脆、过硬或过软。韧性差、易断裂、抖动或指弹时声音发闷等
印刷效果	图案略异、变形，颜色过于鲜艳或过于暗淡，纹络不连接或紊乱，线条有断点且粗细不等，数张纸币同一号码
水印	图案变形，水印模糊无立体感，由于用浅色油墨直接加印在纸张正、背面，因此不需避光透视即可看出
凹凸技术	人物、字体、国徽、盲文点等无凹凸感
荧光	紫外线灯光下无荧光暗记的规范字样显示
安全线	手工描绘或印刷而成，或外加立体实物使之与票面皱格分离

三、真假人民币对比

真假人民币是有很多不同点的，通过对比我们就能发现。通过对比，真假人民币的不同点如表8–10所示。

表8–10　真假人民币的不同点

不同点	具体内容
水印	真钞：嵌于纸张内部，层次丰富
	假钞：在纸张夹层中涂有白色浆料，层次较差
荧光防伪印记	真钞：紫外光照射时发出黄绿色荧光
	假钞：紫外光照射时发出的荧光极为暗淡
纸张荧光	真钞：无荧光反映
	假钞：有强烈的蓝色荧光
印刷方式	真钞：正背面均采用胶印，以凹印和凸印方式印刷
	假钞：正背面均采用全胶印方式印刷
安全线	真钞：嵌于纸张内部，纸与线融为一体
	假钞：在纸张夹层中放置，纸与线有分离感
冠号的磁性	真钞：专用设备测试冠号，显现磁性特征
	假钞：无磁性特征

四、鉴别假币的方法

从大体上看，鉴别假币的方法主要有两种，即感观鉴别法和仪器鉴别法。

1. 感观鉴别法

感观鉴别法也叫人工鉴别法，是最初步的，也是最基本的鉴别方法。销售人员在办理现金收付的过程中通过眼、手、耳等感官的感觉，从钞票纸质、印刷效果、颜色图案、水印、弹捻、声音等几个方面即可将可疑币剔出，并与真币对比，从而判别真伪。如表8–11所示。

表8–11　感观鉴别法

方法	具体内容
眼看法	现在流通的100元和50元人民币都有防伪金属线；50元券在钞票正面左侧有一个"工人半侧面头像"图案固定水印，100元券在正面左侧有一个"毛泽东浮雕半侧面头像"图案固定水印，对着灯光，水印图案很容易看出。真币的颜色鲜亮、纹路清晰，这些通过眼看就可以发现真伪

方法	具体内容
手摸法	真币通常是采用手工雕刻的方法制版，以凹版和凸版印刷，具有版纹深、油层厚等特点。用手触摸时，其行名、盲文点、国徽、主景图案及花边等部位有凹凸感，且纸质挺括，不易折断
耳听法	因为真币是由特殊的纸制造的，纸质比较好。用手抖动、甩动或弹拉时，真币会发出清脆的声音，而假币的声音则比较沉闷
比较法	假币的长度和宽度通常都会略小于真币，尤其是拼凑的假币。因此把不确定真假的钞票与真币放在一起比较大小就很容易辨别真假
水印识别法	面额为10元以上的人民币左侧均有水印的图和像，立体感很强，迎光透照即可看清。假钞看来也有图像，但非水印，在光下一照，模糊不清，或消失。此外，为增加防伪效果，1990年版50元和100元钞票还增加了防伪金属线和荧光字母。1999年版100元钞票纸中的安全线，迎光观察，可显"RMB100"微小文字
磁性油墨识别法	油墨因其自身特性必然会成为防伪的手段之一。真钞采用磁性油墨，在紫外光照射下发荧光；而假钞在紫外光照射下没有荧光

2. 仪器鉴别法

仪器鉴别法是运用仪器来鉴别人民币真假的方法。目前鉴别人民币的仪器可分为普及型和专用型两种。专用型鉴别仪器价格昂贵，操作复杂，是专门机构用来分析伪造人民币制伪手段的专用设备，这里主要是介绍几种普及型鉴别仪。如表8-12所示。

表8-12　仪器鉴别法

方法	具体内容
借助点钞机法	一般的点钞机都有验钞的功能。机器查验一般是查验钞票的荧光反应。人民币一般是无荧光反应的，有荧光反应的一般都是假币，在验到假币时，机器会发出报警声。钞票防伪检测机构多采用复杂的精密检测仪器，如磁性油墨检测仪、多功能伪钞检测仪等
借助放大镜法	借助于放大6~10倍的放大镜，从钞票特征上仔细核对，如透过光线观察水印质量，包括位置、尺寸、大小、深浅层次、人物表情等是否与真钞相同，通过对比，就能得出人民币是真是假的结论
使用单功能紫外光鉴别仪	利用波长为3650埃的紫外光照射，激发荧光物质发光，以发光或不发光的区别来鉴别真假。如1990年版的50元、100元券，普通纸在制造过程中加入荧光增白剂，在紫光灯下呈强烈的白色反光，而真钞无此反应。在紫光灯下检查钞票上的荧光油墨会有不同的反应，如可见荧光油墨在紫光灯下显示荧光反射，而不可见荧光油墨印刷的暗记符号只有在紫光灯下才能被肉眼看到
使用磁感应鉴别仪	主要用于检测钞票特定部分有无磁感应，真币有，假币无
使用透射光鉴别仪	主要用来检测钞票水印的真伪，一般为多功能鉴别仪中的一种功能。真币水印清晰，有立体感；而伪币水印模糊，立体感差
使用多功能鉴别仪	多功能鉴别仪一般含有放大镜、单功能紫外光、磁感应、透射光四种功能。其功能为上述四种的不同形式的组合

以上各种鉴别假币的方法，均比较简单易学，容易掌握。如果运用得当，是比较有效的人民币防伪鉴别法宝，能帮助销售人员最有效地鉴别假币。

第六节　现金流的循环

企业是一个十分复杂的大系统，其最大特点就是经营业务流和现金流的相互融合。每一次生产循环开始，总是伴随着现金流量循环的开始，由现金变为非现金资产，非现金资产又变为现金，形成一个完整的现金流动链条。这种伴随着企业的生产经营不间断地进行而形成的现金循环运动，称为现金流量循环，或称现金循环。

现在，我们已经知道：企业的现金流是企业经营活动的核心，也是企业理财的精髓所在。因此，对企业现金流转循环的预测和控制自然就成了企业理财工作的重心。那么，现金流是怎样循环的呢？相信下面这张现金流转循环图（见图8-16）能给你提供最佳答案。

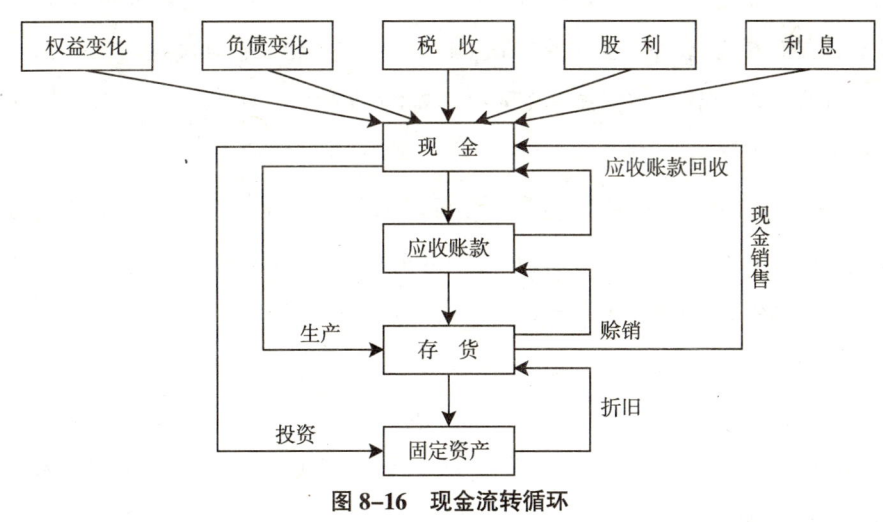

图8-16　现金流转循环

以上现金流转循环图强调了以下两点内容：

第一，理财和经营之间一脉相承，紧密相连，是一种水乳交融的关系，没有经营就无所谓理财，没有理财也不会维持高效的经营。一个企业的经营策略、生产技术、存货管理和信贷控制系统等基本上决定了公司的财务状况。

第二，现金流自身形成一种周而复始的循环运动，企业在这种循环运动中创造价值。但利润和现金流截然不同。企业处于盈利状态也可能出现现金危机，不能保证其偿债能力。

【例8-4】 戴尔公司的现金转换周期。

戴尔公司崇尚的一句话是：在瞬息万变的电脑行业中，速度才是企业的生存之道。至1995年下半年，戴尔公司的财务改造工作已经势在必行，公司的存货迅速膨胀，应收账款的增加速度超过了收入增长率，因此公司必须卸下阻碍收入增长的包袱，把工作放在流动性和盈利能力上。戴尔公司财务集中做好三件事——资产管理、投资收益率以及现金转换。

速度是至关重要的，戴尔公司主要聚焦于如何把市场直接销售的东西尽可能地转换为现金，戴尔公司用它自己的方式实现了这一点，并且从员工、供应商、销售商到客户人人参与其中。为了改善投资收益率，戴尔公司建立了一套内部衡量指标。这些衡量指标包括应收账款周转天数（DSO）、库存周转天数（DSI）以及应付账款周转天数（DPO）。将（DSO）与（DSI）相加，再减去（DPO），就得到衡量资金流动性的主要指标：现金转换周期（CCC），即：

$$CCC = DSO + DSI - DPO$$

这些衡量指标创造了奇迹。戴尔公司的现金转换周期从原来的40天缩短到了1997年第四季度惊人的5天，库存周转天数从30多天缩短到了13天，这得益于公司分析了关键的库存驱动因素。在一年之内，公司的应收账款周转天数从本来不错的42天减少到了37天，这是由于戴尔公司的客户财政服务部门运用了新的收款工具，改进了订单处理与收款工作。戴尔公司在应付账款的衡量指标方面也取得了类似的进展，其应付账款天数从33天延长至54天。戴尔公司的现金流管理实践如表8-13所示。

表 8-13　戴尔公司的现金流管理实践

名称	具体内容
戴尔公司的现金流管理实践	通过强调使用衡量投资收益率及减少现金转换周期的指标，达到流动性、盈利性及增长性三者之间优先顺序的平衡
	让员工、供应商、销售商及客户都投入到制定现金转换的战略攻势中来
	让业务单位（部门）对赊销及收款过程负完全责任
	将财务再造与现金流管理结合起来，开发系统以改进销售商、客户及其相关现金流程

从这个案例可以看出，戴尔公司最初问题出在现金管理上，营运资本周期中占用过多现金流量，引起巨大的流动性问题。加之戴尔公司处于扩张阶段，销售旺盛，现金转换周期长。因此，如果企业不能很好地解决其内部的现金流管理的问题，那么有再多的现金也可能被无效占用和消耗，而对企业的发展起不到任何效果。

戴尔公司通过采用上述现金流管理措施，现金转换周期得到大幅改进，缩短到了 5 天。也就是说，戴尔公司已不是在营运资本周期中消耗现金，而事实上正在创造现金了。

总之，现金流就像企业的"血液"一样，只有让企业的"血液"顺畅循环，企业才能健康成长。现金流有力地支撑着企业价值，换言之，增进现金流就是创造价值。因此，销售人员要永远牢记一种卓越的财务理念——现金至尊，现金流至上。

第七节　改善现金流的策略与技巧

长江实业集团董事局主席兼总经理、亚洲首富李嘉诚曾经说过："我的一生就是追求稳定的现金流，当我在做一个投资的时候，首先不是想到我能赚多少钱，而是如果我把那个做垮的话我拿哪一块来补。"显然，改善现金流是需要费一番脑筋的。销售人员应该熟练掌握改善现金流的策略和技巧，帮助自己的企业从各个环节有效地改善现金流。当你掌握了改善现金流的策略和操作技巧时，你

就会在实践中发现，现金流真的就是那么重要。

一、资金周转不灵的原因

现金流犹如企业的血液。企业资不抵债不一定破产清算，但如果没有现金流量就一定会破产清算，爱多、秦池、巨人等企业的破产都是缘于现金流的问题。据统计，破产倒闭的企业中有85%是盈利情况非常好的企业。为什么盈利的企业还是缺钱？甚至倒闭呢？一个最根本的原因就是企业的资金周转不灵。那么，导致企业资金周转不灵的原因有哪些？表8-14诠释了企业资金周转不灵的原因。

表8-14　企业资金周转不灵的原因

原因	具体内容
库存积压	我们都听过"流水不腐，户枢不蠹"的道理，无效的停顿、积压是一种浪费，尤其是非计划的存货积压，采购进来的商品卖不出去，畅销的商品没资金去采购，从而造成恶性循环
应收款收回太慢	应收款收不回或收回太慢，直接的结果是入不敷出、打破营运平衡，造成拖欠供应商，而损害与供应商的伙伴关系，最终损害企业本身。销售只有在收回货款后才能算数，在此之前，与无偿赠送没多大区别
固定资产扩张过度	企业经营是个积累的过程，而固定资产投资多是一次性的，除非企业有很高的现金储备，否则用营运资金进行固定资产扩张，会对经营的成长造成影响，如直接影响或供应链的失衡影响
营业发生亏损	如今，市场竞争的外部环境日益激烈，毛利率不断降低是必然趋势，留给企业能自主控制的只有费用了，费用过高势必会收不抵支，而使企业难以为继。因此，量入为出，合理地、有效地控制费用会带来现金流的直接贡献，并实现利润与现金流的双赢
负债结构不合理	通常企业经营不能完全由自有资金来支持，适度举债被广大企业采用，这有助于提高股东的投资回报，因为资产收益率通常会大于借款利率。然而，收益与风险总是共生共长的，债务一般来源于供应商信用、银行短期借款、银行长期借款、发行债券等，企业的现金流转周期一旦与这些债务偿还周期不一致，极易导致收支不配比，而陷入现金流危机

二、如何改善销售业务的现金流

销售业务包括从接受订单至回收现金的整个业务循环，其基本流程如图8-17所示。

1.客户选择

客户开发对于销售人员而言并非易事，但也切忌"拿到篮里都是菜"。我们追求的是与客户共同成长，为企业能带来增值的客户是我们所期待的，无论是现实的还是长远的。因此，客户也是要选择的。现实中，往往客户有需求却因为货

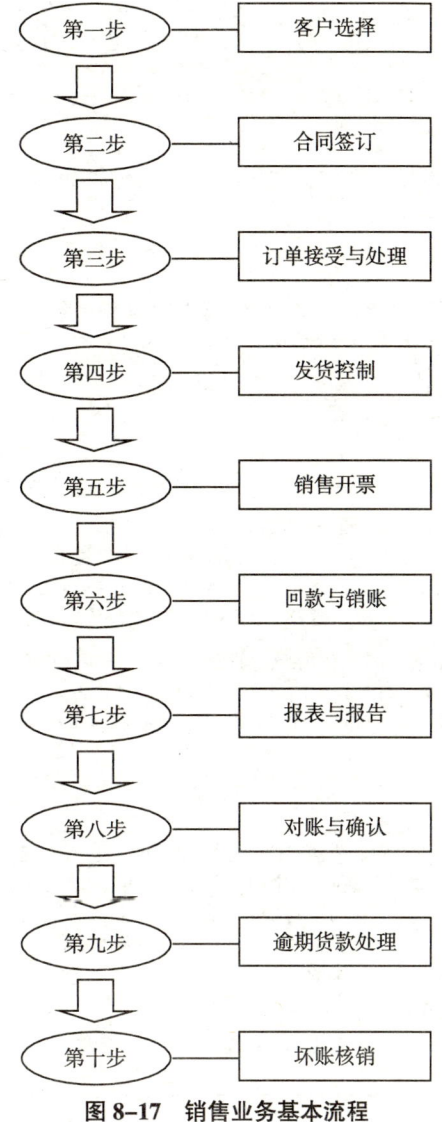

图 8-17　销售业务基本流程

期原因不能满足，有时客户又因各种原因不能按时提货，库存积压就会在矛盾中滋生。对于行业的选择、客户的选择均与供应链的稳定息息相关，因此客户的选择要结合公司的行业战略和库存特点，卖我们想卖的，卖我们能卖的。当然，对于客户自身的了解也是非常重要的，通常我们要关注企业素质、资金实力、信用政策、盈利能力、发展前景等。在企业素质方面关键是企业的领导素质、职工素质、管理水平，良好的企业素质是实现良性、有效销售的基础，其他方面很多信

息都可通过政府机关、网络、同行来获取，以此来评估企业是否是我们的价值客户。

2. 合同签订、订单接受与处理

与客户交易前，我们必须签订合同，以明确彼此的权利与义务，在合同条款中有几个因素对现金流影响重大。如表 8-15 所示。

表 8-15　对现金流影响重大的因素

因素	具体内容
质量标准	接到客户订单我们往往欣喜若狂，而在质量标准上存在侥幸。到了交货时却被客户拒收，甚至使用后以质量原因拒付货款，这样的案例在企业中存在不少。因此，在签订合同时，应充分理解客户所需的质量标准在我们能力范围内所能提供，否则，侥幸只能让货款难以收回，而最终让企业遭受损失
验收条款	通常合同都会写上"验收合格后……"但在企业追求零库存，视现金为王的年代，很多客户往往牺牲供应商的利益，真正领用时，才开始验收，因此在合同中明确约定验收时间是非常重要的。比如，"货到后三天内完成验收，否则视为验收合格……"因为很多客户只有在验收合格入库后才开始计算付款期
信用条款	在一般合同中的信用条款，我们只关注"多少天以内付款"，而很少会有早付或晚付的奖惩，即所谓的"胡萝卜加大棒政策"。例如，在合同条款中约定 60 天付款，如果 30 天付款给予 1% 的付款折扣，而超过 60 天则要求相应的罚息。在价格谈判过程中，不能只谈一个单纯的价格，而是一个价格政策，即把价格与付款期限、付款方式、交易数量等联系起来，充分使用付款折扣、规模返利等措施促使客户及时甚至提前回款
交货期	交货期是个很头痛的问题，很多情况下，我们都受制于供应商，但也并非凭天由命。比如，可以在合同中约定"交货时间"的修改提前期。在企业的现实案例中，我们往往是销售与采购信息不能及时传递给客户，而在延期交货时被客户拒收或收货后以晚交为名拖欠货款。因此，在合同中我们要尽量争取更多的有利于我们的保护条款，晚交的预期信息应及时与客户沟通协调，或重新书面确定新的交货期，或取消向供应商提货，或开拓新的需求来源
违约条款	违约条款是一把双刃剑，要充分了解自身的能力，从保护自己的角度出发，谨慎约定该项目条款

3. 发货控制

发货控制是事中控制，通常由财务部门负责，主要依据是信用额度与信用期限。但在此过程中，销售一线人员掌握客户的动态也至关重要。客户中不乏有拖延付款习惯的，因而发货控制应关注的特征如表 8-16 所示。

表 8-16　发货控制应关注的特征

名　称	具体内容
发货控制应关注的特征	客户借以拖延或拒付货款的理由是否不合理，甚至是在强词夺理拖延偿付
	客户一向是按期付款的，而最近突然延期或拒付，并没有正当理由说明
	客户承认财务状况困难并请求延期付款。在这种情形下，如果是暂时性困难，如季节性企业的淡季资金短缺或超负荷经营等，尚可继续与该客户业务往来，如果发现客户破产已无可挽回时就应立即与其断绝交易关系，以减少客户破产带来的损失
	违约后未作出偿付承诺，在客户违约后负责人不对偿付作出书面承诺是一个危险的信号。同样，该负责人作出正式承诺后并未履行，也是其财务状况恶化的信号。因此，销售人员代客户向单位财务人员申请展期时，一定要充分说明客户的状况及展期理由，附上来自客户的偿付承诺，并促使客户信守承诺

4. 销售开票

在销售活动中，不可避免地要开具发票。开具发票是业务成交、风险转移的重要单据，也是收款的依据，客户往往以收到发票开始计算信用期，及时地开出发票是及时收回货款的重要因素。因此，在合同中应约定验收时限、开票时限。

5. 回款与销账、报表与报告、对账与确认

在销售过程中，做好回款与销账、报表与报告、对账与确认工作，能及时地、清晰地处理并传递客户的交易记录，这是信用分析的前提，也是修订信用政策的依据。

信用政策的松紧与销售增长贡献有一个平衡问题。对于企业整体或是客户个体的信用政策需要不断地评估和检讨，以期现金流持续稳定增长。

6. 逾期货款处理、坏账核销

俗话说："常在河边走，哪有不湿鞋"，逾期货款难免发生。逾期货款发生时通常采用的催款方式有：电话催收、传真催收、信函催收、上门催收（这几种催款方式我们在前面已经详细地讲述过，不再赘述），目前企业采用催账代理公司也取得不少成效。逾期货款发生后的积极处理很关键，否则就会形成坏账，进入更麻烦的坏账核销阶段。

以上是从"接受订单到回收现金的业务循环"来关注现金流的。无论是事前评估、事中控制还是事后分析，每一个环节的投入都能使销售回款多一分把握。在这个循环中，还有很多因素非常重要，如定期或不定期地对客户进行拜访，对大客户建立高层互信，对专项订货的预付款要求等。凡此种种只有一个目的，订

的货要按时卖出去，卖出去的货要按时收回款。

三、如何改善采购业务的现金流

采购业务包括从采购到支付现金的整个业务循环，其基本流程如图 8-18 所示。

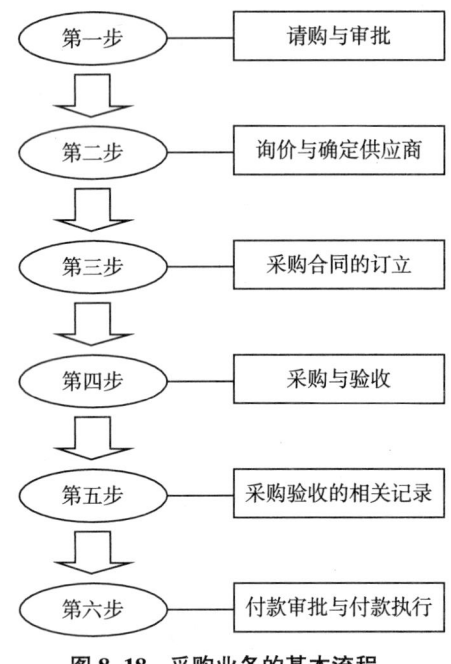

图 8-18　采购业务的基本流程

1. 请购与审批

采购申请依据来源于销售，销售预测的随意性难以保证采购的准确性。因此，采购审批环节要掌握的信息要异常丰富，应关注订货客户的信用记录、要求的交货期、是否分批交货、要求的质量标准、已有库存等，以确保采购合理、适时。

2. 询价与确定供应商

在日常生活中，我们买东西总喜欢"货比三家"。其实，这也是确定供应商的必经程序，但比的不仅仅是价格这个因素，还应包括供货质量的稳定性、供货的及时性、供货数量的准确性等。实际上，确定供应商是个评审的过程，在整个供应链中供应商的稳定至关重要，因此供应商不宜过多。价格又是必须要考虑的因素，因此此时与供应商确定相对稳定的价格政策就十分必要了，无论是从流程效率还是从操作透明上，均应如此。

3. 采购合同的订立

采购合同的订立是采购业务基本流程中最为关键的一环。采购合同如同销售合同一样，同样需要关注质量标准、验收、信用条件、交货期、违约等条款，其重要性不再赘述。在实际操作过程中，我们有很多情况是销售订单（合同）转采购订单（合同），因此销售合同与采购合同的重要条款要予以比较，特别是预付款、违约条款、分批交货等条款。客户要求分批交货我们也应积极要求供应商分批交货，预付款也应努力保持平等。这样做并非想做无本买卖，而是要尽量转嫁由于质量、货期等原因而遭客户拒绝提货甚至拒付货款的风险；并非将公司非计划的库存积压降到最低，而是防止现金流恶化导致的财务危机。

4. 采购与验收

采购与验收是事中控制环节，也是对采购合同执行的验证环节，在这个过程中，要关注数量、品种、时间和质量几个重要方面。具体内容如图 8-19 所示。

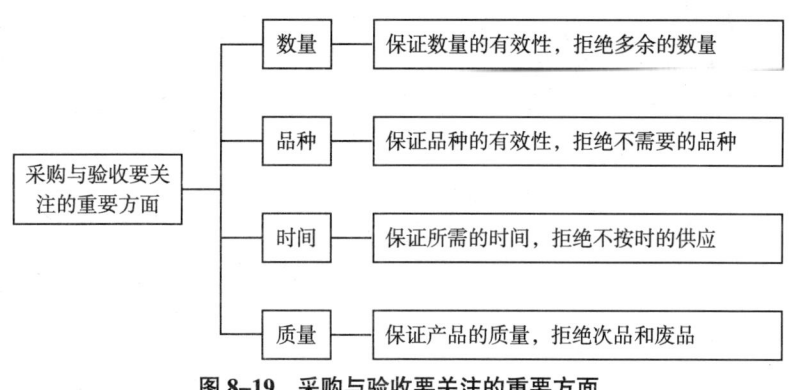

图 8-19 采购与验收要关注的重要方面

5. 采购与验收的相关记录

及时、准确、完整地传递和记录业务信息，是进行分析、评估的基础，也是往来货款结算的依据。在这个过程中，最重要的是记录库存的流转过程，使每一件产品都具有可追溯性，从而能获悉发生质量等问题的产品的来源及入库时间等

信息。而产品的整个进、销、存等信息涉及多个部门，每个部门、每个岗位及时、准确和完整的数据录入都是至关重要的。因此，在此过程中，任何一个环节的疏忽，都会影响付款信息的准确，从而影响现金流，造成该付的没付，不该付的早付，退货的、有质量问题的还在付等问题。

6. 付款审批与付款执行

本环节是采购与付款流程的现金实际流出环节，在付款之前对采购合同的实际履行信息要充分掌握，因此要对采购合同中品种、数量、时间、质量再次审视。特别要关注来自客户的质量反馈，包括历史交易和当前交易。信息越丰富，越有助于我们在付款上掌握主动权。当然，我们按时付款也是良性循环的关键。供应商同样是我们的上帝，是我们共同成长的伙伴，帮助其合理经营、回收账款也是我们稳定供应链的根本，是有助于我们稳定现金流的贡献者。因此，可以说，没有供应质量保证，就没有销售回款保证。

附录8-1　《中华人民共和国现金管理暂行条例》

（中华人民共和国国务院令第12号，1988年9月8日发布）

第一章　总　则

第一条　为改善现金管理，促进商品生产和流通，加强对社会经济活动的监督，制定本条例。

第二条　凡在银行和其他金融机构（以下简称开户银行）开立账户的机关、团体、部队、企业、事业单位和其他单位（以下简称开户单位），必须依照本条例的规定收支和使用现金，接受开户银行的监督。

国家鼓励开户单位和个人在经济活动中，采取转账方式进行结算，减少使用现金。

第三条　开户单位之间的经济往来，除按本条例规定的范围可以使用现金外，应当通过开户银行进行转账结算。

第四条　各级人民银行应当严格履行金融主管机关的职责，负责对开户银行的现金管理进行监督和稽核。

开户银行依照本条例和中国人民银行的规定，负责现金管理的具体实施，对开户单位收支、使用现金进行监督管理。

第二章　现金管理和监督

第五条　开户单位可以在下列范围内使用现金：

（一）职工工资、津贴；

（二）个人劳务报酬；

（三）根据国家规定颁发给个人的科学技术、文化艺术、体育等各种奖金；

（四）各种劳保、福利费用以及国家规定的对个人的其他支出；

（五）向个人收购农副产品和其他物资的价款；

（六）出差人员必须随身携带的差旅费；

（七）结算起点以下的零星支出；

（八）中国人民银行确定需要支付现金的其他支出。

前款结算起点定为 1000 元。结算起点的调整，由中国人民银行确定，报国务院备案。

第六条 除本条例第五条第（五）、（六）项外，开户单位支付给个人的款项，超过使用现金限额的部分，应当以支票或者银行本票支付；确需全额支付现金的，经开户银行审核后，予以支付现金。

前款使用现金限额，按本条例第五条第（二）款的规定执行。

第七条 转账结算凭证在经济往来中，具有同现金相同的支付能力。

开户单位在销售活动中，不得对现金结算给予比转账结算优惠待遇；不得拒收支票、银行汇票和银行本票。

第八条 机关、团体、部队、全民所有制和集体所有制企业事业单位购置国家规定的专项控制商品，必须采取转账结算方式，不得使用现金。

第九条 开户银行应当根据实际需要，核定开户单位 3~5 天的日常零星开支所需的库存现金限额。

边远地区和交通不便地区的开户单位的库存现金限额，可以多于 5 天，但不得超过 15 天的日常零星开支。

第十条 经核定的库存现金限额，开户单位必须严格遵守。需要增加或者减少库存现金限额的，应当向开户银行提出申请，由开户银行核定。

第十一条 开户单位现金收支应当依照下列规定办理：

（一）开户单位现金收入应当于当日送存开户银行。当日送存确有困难的，由开户银行确定送存时间。

（二）开户单位支付现金，可以从本单位库存现金限额中支付或者从开户银行提取，不得从本单位的现金收入中直接支付（坐支）。因特殊情况需要坐支现金的，应当事先报经开户银行审查批准，由开户银行核定坐支范围和限额。坐支单位应当定期向开户银行报送坐支金额和使用情况。

（三）开户单位根据本条例第五条和第六条的规定，从开户银行提取现金，应当写明用途，由本单位财会部门负责人签字盖章，经开户银行审核后，予以支付现金。

（四）因采购地点不固定，交通不便，生产或者市场急需，抢险救灾以及其他特殊情况必须使用现金的，开户单位应当向开户银行提出申请，由本单位财会部门负责人签字盖章，经开户银行审核后，予以支付现金。

第十二条 开户单位应当建立健全现金账目，逐笔记载现金支付。账目应当日清月结，账款相符。

第十三条 对个体工商户、农村承包经营户发放的贷款，应当以转账方式支付。对确需在集市使用现金购买物资的，经开户银行审核后，可以在贷款金额内支付现金。

第十四条 在开户银行开户的个体工商户、农村承包经营户异地采购所需贷款，应当通过银行汇兑方式支付。因采购地点不固定，交通不便必须携带现金的，由开户银行根据实际需要，予以支付现金。

未在开户银行开户的个体工商户、农村承包经营户异地采购所需货款，可以通过银行汇兑方式支付。凡加盖现金字样的结算凭证，汇入银行必须保证支付现金。

第十五条 具备条件的银行应当接受开户单位的委托，开展代发工资、转存储蓄业务。

第十六条 为保证开户单位的现金收入及时送存银行，开户银行必须按照规定做好现金收款工作，不得随意缩短收款时间。大中城市和商业比较集中的地区，应当建立非营业时间收款制度。

第十七条 开户银行应当加强柜台审查，定期和不定期地对开户单位现金收支情况进行检查，并按规定向当地人民银行报告现金管理情况。

第十八条 一个单位在几家银行开户的，由一家开户银行负责现金管理工作，核定开户单位库存现金限额。

各金融机构的现金管理分工，由中国人民银行确定。有关现金管理分工的争议，由当地人民银行协调、裁决。

第十九条 开户银行应当建立健全现金管理制度，配备专职人员，改进工作作风，改善服务设施。现金管理工作所需经费应当在开户银行业务费中解决。

第三章　法律责任

第二十条　开户单位有下列情形之一的，开户银行应当依照中国人民银行的规定，责令其停止违法活动，并可根据情节轻重处以罚款：

（一）超出规定范围、限额使用现金的；

（二）超出核定的库存现金限额留存现金的。

第二十一条　开户单位有下列情形之一的，开户银行应当依照中国人民银行的规定，予以警告或者罚款；情节严重的，可在一定期限内停止对该单位的贷款或者停止对该单位的现金支付：

（一）对现金结算给予比转账结算优惠待遇的；

（二）拒收支票、银行汇票和银行本票的；

（三）违反本条例第八条规定，不采取转账结算方式购置国家规定的专项控制商品的；

（四）用不符合财务会计制度规定的凭证顶替库存现金的；

（五）用转账凭证套换现金的；

（六）编造用途套取现金的；

（七）互相借用现金的；

（八）利用账户替其他单位和个人套取现金的；

（九）将单位的现金收入按个人储蓄方式存入银行的；

（十）保留账外公款的；

（十一）未经批准坐支或者未按开户银行核定的坐支范围和限额坐支现金的。

第二十二条　开户单位对开户银行作出的处罚决定不服的，必须首先按照处罚决定执行，然后可在 10 日内向开户银行的同级人民银行申请复议。同级人民银行应当在收到复议申请之日起 30 日内作出复议决定。开户单位对复议决定不服的，可以在收到复议决定之日起 30 日内向人民法院起诉。

第二十三条　银行工作人员违反本条例规定，徇私舞弊、贪污受贿、玩忽职守、纵容违法行为的，应当根据情节轻重，给予行政处分和经济处罚；构成犯罪的，由司法机关依法追究刑事责任。

第四章　附　则

第二十四条　本条例由中国人民银行负责解释；施行细则由中国人民银行制定。

第二十五条　本条例自 1988 年 10 月 1 日起施行。1977 年 11 月 28 日发布的《国务院关于实行现金管理的决定》同时废止。

附录 8–2　《中华人民共和国现金管理暂行条例实施细则》

(1988 年 9 月 12 日中国人民银行发布)

第一条　为了更好地贯彻执行国务院 1988 年发布的《现金管理暂行条例》，特制定本细则。

第二条　凡在银行和其他金融机构（以下简称"开户银行"）开立账户的机关、团体、部队、企业、事业单位（以下简称"开户单位"），必须执行本细则，接受开户银行的监督。开户银行包括：各专业银行，国内金融机构，经批准在中国境内经营人民币业务的外资、中外合资银行和金融机构。企业包括：国营企业、城乡集体企业（包括村办企业）、联营企业、私营企业（包括个体工商户、农村承包经营户）。

中外合资和合作经营企业原则上执行本细则，具体管理办法由中国人民银行各省、自治区、直辖市分行根据当地实际情况制订。

部队、公安系统所属的保密单位和其他保密单位的现金管理，原则上执行本细则。具体管理办法和其他单位可以有所区别（见第四条）。

第三条　中国人民银行总行是现金管理的主管部门。各级人民银行要严格履行金融主管机关的职责，负责对开户银行的现金管理进行监督和稽核。

开户银行负责现金管理的具体执行，对开户单位的现金收支、使用进行监督管理。

一个单位在几家银行开户的，只能在一家银行开设现金结算户，支取现金，

并由该家银行负责核定现金库存限额和进行现金管理检查。当地人民银行要协同各开户银行，认真清理现金结算账户，负责将开户单位的现金结算户落实到一家开户银行。

第四条　各开户单位的库存现金都要核定限额。库存现金限额应由开户单位提出计划，报开户银行审批。经核定的库存现金限额，开户单位必须严格遵守。

部队、公安系统的保密单位和其他保密单位的库存现金限额的核定和现金管理工作检查事宜，由其主管部门负责，并由主管部门将确定的库存现金限额和检查情况报开户银行。

各开户单位的库存现金限额，由于生产或业务变化，需要增加或减少时，应向开户银行提出申请，经批准后再行调整。

第五条　开户银行根据实际需要，原则上以开户单位 3~5 天的日常零星开支所需核定库存现金限额。边远地区和交通不发达地区的开户单位的库存现金限额可以适当放宽，但最多不得超过 15 天的日常零星开支。

对没有在银行单独开立账户的附属单位也要实行现金管理，必须保留的现金，也要核定限额，其限额包括在开户单位的库存限额之内。

商业和服务行业的找零备用现金也要根据营业额核定定额，但不包括在开户单位的库存现金限额之内。

第六条　开户单位之间的经济往来，必须通过银行进行转账结算。根据国家有关规定，开户单位只可在下列范围内使用现金：

（一）职工工资、各种工资性津贴；

（二）个人劳务报酬，包括稿费和讲课费及其他专门工作报酬；

（三）支付给个人的各种奖金，包括根据国家规定颁发给个人的各种科学技术、文化艺术、体育等各种奖金；

（四）各种劳保、福利费用以及国家规定的对个人的其他现金支出；

（五）收购单位向个人收购农副产品和其他物资支付的价款；

（六）出差人员必须随身携带的差旅费；

（七）结算起点以下的零星支出；

（八）确实需要现金支付的其他支出（见第十一条第（四）项）。

第七条　结算起点为 1000 元，需要增加时由中国人民银行总行确定后，报国务院备案。

第八条　除本条例第六条第（五）、（六）项外，开户单位支付给个人的款项中，支付现金每人一次不得超过 1000 元，超过限额部分，根据提款人的要求在指定的银行转为储蓄存款或以支票、银行本票支付。确需全额支付现金的，应经开户银行审查后予以支付。

第九条　转账结算凭证在经济往来中具有同现金相同的支付能力。开户单位在购销活动中，不得对现金结算给予比转账结算优惠的待遇；不得只收现金拒收支票、银行汇票、银行本票和其他转账结算凭证。

第十条　开户单位购置国家规定的社会集团专项控制商品，必须采取转账方式，不得使用现金，商业单位也不得收取现金。

第十一条　开户单位现金收支按下列规定办理：

（一）开户单位收入现金应于当日送存开户银行，当日送存确有困难的，由开户银行确定送存时间。

（二）开户单位支付现金，可以从本单位现金库存中支付或者从开户银行提取，不得从本单位的现金收入中直接支付（坐支）。

需要坐支现金的单位，要事先报经开户银行审查批准，由开户银行核定坐支范围和限额。坐支单位必须在现金账上如实反映坐支金额，并按月向开户银行报送坐支金额和使用情况。

（三）开户单位根据本细则第六条和第七条的规定，从开户银行提取现金的，应当如实写明用途，由本单位财会部门负责人签字盖章，并经开户银行审查批准，予以支付。

（四）因采购地点不确定、交通不便、抢险救灾以及其他特殊情况，办理转账结算不够方便，必须使用现金的开户单位，要向开户银行提出书面申请，由本单位财会部门负责人签字盖章，开户银行审查批准后，予以支付现金。

第十二条　开户单位必须建立健全现金账目，逐笔记载现金收付，账目要日清月结，做到账款相符。不准用不符合财务制度的凭证顶替库存现金；不准单位之间相互借用现金，不准谎报用途套取现金；不准利用银行账户代其他单位和个

人存入或支取现金；不准将单位收入的现金以个人名义存入储蓄；不准保留账外公款（小金库）；禁止发行变相货币，不准以任何票券代替人民币在市场上流通。

第十三条　对个体工商户、农村承包户发放的货款，应以转账方式支付；对于确需在集市使用现金购买物资的，由承贷人提出书面申请，经开户银行审查批准后，可以在贷款金额内支付现金。

第十四条　在银行开户的个体工商户、农村承包经营户异地采购的贷款，应当通过银行以转账方式进行结算。因采购地点不确定、交通不方便必须携带现金的，由客户提出申请，开户银行根据实际需要予以支付现金。

未在银行开户的个体工商户、农村承包经营户异地采购，可以通过银行以汇兑方式支付。凡加盖"现金"字样的结算凭证，汇入银行必须保证支付现金。

第十五条　具备条件的银行应当积极开展代发工资、转存储蓄业务。

第十六条　为保证开户单位的现金收入及时送存银行，开户银行必须按照规定做好现金收款工作，不得随意缩短收款时间。大中城市和商业比较集中的地区，要建立非营业时间收款制度。

第十七条　开户银行应当加强柜台审查，定期和不定期地检查开户单位执行国务院《现金管理暂行条例》和本细则的情况，并按规定向其上级单位和当地人民银行报告现金管理情况。

各级人民银行要定期和不定期地对同级专业银行和其他金融机构（包括经营人民币业务的外资、中外合资银行和金融机构）的现金管理情况进行检查监督，并及时解决有关现金管理中的问题。

各开户单位要向银行派出的检查人员提供有关资料，如实反映情况。

第十八条　各开户单位的主管部门要定期和不定期地检查所属单位执行国务院《现金管理暂行条例》和本细则的情况，发现问题及时纠正，并将检查情况书面通知开户银行。

第十九条　各级银行要支持敢于坚持原则、严格执行现金管理的财会人员，对模范遵守国务院《现金管理暂行条例》和本细则的单位和个人应给予表彰和奖励。

第二十条　开户单位如违犯《现金管理暂行条例》，开户银行有权责令其停止违法活动，并根据情节轻重给予警告或罚款。

有下列情况之一的，给予警告或处以罚款：

（一）超出规定范围和限额使用现金的，按超过额的 10%~30%处罚；

（二）超出核定的库存现金限额留存现金的，按超出额的 10%~30%处罚；

（三）用不符合财务制度规定的凭证顶替库存现金的，按凭证额 10%~30%处罚；

（四）未经批准坐支或者未按开户银行核定坐支额度和使用范围坐支现金的，按坐支金额的 10%~30%处罚；

（五）单位之间互相借用现金的，按借用金额 10%~30%处罚。

有下列情况之一的，一律处以罚款：

（六）保留账外公款的，按保留金额 10%~30%处罚；

（七）对现金结算给予比转账结算优惠待遇的，按交易额的 10%~50%处罚；

（八）只收现金拒收支票、银行汇票、本票的，按交易额的 10%~50%处罚；

（九）开户单位不采取转账结算方式购置国家规定的专项控制商品的，按购买金额 50%~100%对买卖双方处罚；

（十）用转账凭证套取现金的，按套取金额 30%~50%处罚；

（十一）编造用途套取现金的，按套取金额 30%~50%处罚；

（十二）利用账户替其他单位和个人套取现金的，按套取金额 30%~50%处罚；

（十三）将单位的现金收入以个人储蓄方式存入银行的，按存入金额 30 %~50%处罚；

（十四）发行变相货币和以票券代替人民币在市场流通的，按发行额或流通额 30%~50%处罚。

第二十一条 中国人民银行各省、自治区、直辖市分行根据本细则第二十条的原则和当地实际情况制订具体处罚办法。所得的罚没款项一律上缴国库。

第二十二条 开户单位如对开户银行的处罚决定不服，必须首先按照处罚决定执行，然后在 10 日内向当地人民银行申请复议；各级人民银行应自收到复议申请之日起 30 日内作出复议决定。开户单位如对复议决定不服，应自收到复议决定之日起 30 日内向人民法院起诉。

第二十三条 开户银行不执行或违犯《现金管理暂行条例》及本细则，由当

地人民银行负责查处；当地人民银行根据其情节轻重，可给予警告、追究行政领导责任直至停止其办理现金结算业务等处罚。

银行工作人员违犯《现金管理暂行条例》和本细则，徇私舞弊、贪污受贿、玩忽职守纵容违法行为的，根据情节轻重给予行政处分和经济处罚；构成犯罪的，由司法机关依法追究刑事责任。

第二十四条 各开户银行要建立健全现金管理制度，配备专职人员，改进工作作风，改善服务设施，方便开户单位。现金管理工作所需经费应当在各开户银行业务费用中解决。

第二十五条 现金管理工作政策性强、涉及面广，各级银行要加强调查研究，根据实际情况，实事求是地解决各种问题，及时满足单位正常的、合理的现金需要。

第二十六条 本细则由中国人民银行总行负责解释。

本细则自 1988 年 10 月 1 日起施行，过去发布的各项规定同时废除，一律以《现金管理暂行条例》和本细则为准。

参 考 文 献

［1］代义国. 人力资源主管财务一点通. 北京：机械工业出版社，2010.

［2］财政部会计资格评价中心. 财务管理. 北京：中国财政经济出版社，2011.

［3］索晓辉. 无师自通，极速晋身纳税高手. 北京：中国宇航出版社，2009.

［4］王福利. 财务主管业务精修快易通. 北京：中国纺织出版社，2006.

［5］李丰凡. 财务作弊与预防管理. 广州：广东经济出版社，2004.

［6］滕宝红，李建华. 出纳人员技能手册. 北京：人民邮电出版社，2009.

［7］鞠岗，史璞. 出纳实务. 杭州：浙江大学出版社，2008.

［8］蔡昌. 管理也要懂财务. 上海：立信会计出版社，2009.

［9］蔡昌. 销售也要懂财务. 上海：立信会计出版社，2009.

［10］张敏. 会计报表编制与分析. 北京：北京交通大学出版社，2010.

［11］周琼芳，孔庆林. 会计学概论. 北京：清华大学出版社，2009.

［12］蔡万程. 基础会计学（第2版）. 北京：清华大学出版社，2009.

［13］张志凤，崔也光. 简单轻松阅读财务报表. 北京：中国物价出版社，2006.

［14］吴晶. 企业实用税务筹划300问答. 北京：中国纺织出版社，2007.

［15］温亚丽. 私营企业主必备财会知识. 北京：中国华侨出版社，2006.

［16］孙健，马麟. 外贸接单员高效工作手册. 北京：人民邮电出版社，2007.

［17］刘晓斌. 现金为王. 武汉：武汉大学出版社，2009.

［18］师萍. 新编财务会计学. 广州：华南理工大学出版社，2009.

［19］雅雯. 新编初当会计一本通. 北京：蓝天出版社，2008.

［20］王树. 新编会计入门一本通. 北京：中国纺织出版社，2009.

[21] 宋智勇. 信用销售管理实务. 广州：广东经济出版社，2002.

[22] 聂兴凯. 账款催收技巧. 北京：北京大学出版社，2008.

[23] 董新凯. 征税纳税 160 问. 南京：江苏人民出版社，2000.

[24] 张志宏. 创业之初必知必会的财务知识. 北京：中华工商联合出版社，2010.

[25] 周纳，王宛秋. 现金流量分析. 北京：企业管理出版社，2007.

[26] 段九利. 企业如何掌控现金流. 北京：中国市场出版社，2007.

[27] 姜秀珍. 现金流量与企业投融资决策. 东营：中国石油大学出版社，2006.

[28] 任淑美. 弱势企业管理：财务管理. 北京：经济管理出版社，2005.

[29] 周华洋. 怎样合理避税. 北京：中国物资出版社，2004.

[30] 本书编写组. 合理避税与反避税操作技巧. 北京：企业管理出版社，2005.

[31] 吴井红. 财务管理学. 上海：东方出版中心，2001.

[32] 财政部企业司. 企业财务风险管理. 北京：经济科学出版社，2004.

[33] 蔡昌. 如何掌控企业的第一枚多米诺骨牌——现金流. 北京：东方出版社，2007.

[34] 陈志斌. 现金流创值管理论. 南京：南京大学出版社，2007.

[35] 王亚卓. 现金流、应收账款、存货管理必备手册. 北京：经济科学出版社，2006.

[36] 钟庆红，郑晶. 如何制单、记账、报表、报税. 北京：民主与建设出版社，2010.

[37] 石庆年. 企业财务人员凭证与票据管理技巧与错弊防范. 北京：中国经济出版社，2008.

[38] 王钊. 财务报表一看就懂. 北京：人民邮电出版社，2010.